本书编写人员

主　编：杨合庆

撰稿人：高　飞 林一英 赵　光

李翔宇 曹丹萍

中华人民共和国个人信息保护法导读与释义

杨合庆/主编

中国民主法制出版社

图书在版编目（CIP）数据

《中华人民共和国个人信息保护法》导读与释义 / 杨合庆主编．—北京：中国民主法制出版社，2022.3

ISBN 978-7-5162-2790-9

Ⅰ.①中… Ⅱ.①杨… Ⅲ.①个人信息—法律保护—法律解释—中国 Ⅳ.①D923.75

中国版本图书馆 CIP 数据核字（2022）第 047720 号

图书出品人：刘海涛
出 版 统 筹：乔先彪
责 任 编 辑：乔先彪　贾萌萌
图 书 策 划：贾萌萌

书　　名 / 《中华人民共和国个人信息保护法》导读与释义
作　　者 / 杨合庆　主编

出版 · 发行 / 中国民主法制出版社
地址 / 北京市丰台区右安门外玉林里 7 号（100069）
电话 /（010）63055259（总编室）　63058068　63057714（营销中心）
传真 /（010）63055259
http://www.npcpub.com
E-mail:mzfz@npcpub.com
经销 / 新华书店
开本 / 16 开　710 毫米 × 1000 毫米
印张 / 15　**字数** / 218 千字
版本 / 2022 年 4 月第 1 版　2023 年 2 月第 2 次印刷
印刷 / 三河市宏图印务有限公司

书号 / ISBN 978-7-5162-2790-9
定价 / 45.00 元

目　　录

001　中华人民共和国主席令（第九十一号）
002　中华人民共和国个人信息保护法

第一部分　导　　读

019　个人信息保护法导读
020　　一、确立个人信息保护原则
020　　二、构建以“告知—同意”为核心的个人信息处理规则
021　　三、规范自动化决策
022　　四、严格保护敏感个人信息
022　　五、规范国家机关处理个人信息的活动
023　　六、赋予个人充分的权利
023　　七、强化个人信息处理者的义务
023　　八、赋予大型网络平台个人信息保护特别义务
024　　九、规范个人信息跨境流动
025　　十、健全个人信息保护工作机制
025　　十一、加大违法处理个人信息行为的惩戒力度

第二部分　释　　义

029　第一章　总　　则
056　第二章　个人信息处理规则
102　第三章　个人信息跨境提供的规则
113　第四章　个人在个人信息处理活动中的权利
127　第五章　个人信息处理者的义务

144　第六章　履行个人信息保护职责的部门
155　第七章　法律责任
163　第八章　附　　则

第三部分　附　　录

169　附录一
169　关于《中华人民共和国个人信息保护法（草案）》的说明
174　中华人民共和国个人信息保护法（草案）
185　全国人民代表大会宪法和法律委员会关于《中华人民共和国个人信息保护法（草案）》修改情况的汇报
187　全国人民代表大会宪法和法律委员会关于《中华人民共和国个人信息保护法（草案）》审议结果的报告
191　全国人民代表大会宪法和法律委员会关于《中华人民共和国个人信息保护法（草案三次审议稿）》修改意见的报告
193　附录二
193　国外关于个人信息保护基本原则的规定
204　境外立法关于个人信息定义的规定
208　一些国家和地区死者个人信息保护的规定
210　个人信息可携带权制度介绍
213　数据跨境流动制度情况介绍
217　一些国家和地区个人信息保护机构介绍
223　美国《公平信用报告法》的主要内容
228　欧盟《关于非个人数据自由流动的框架条例》介绍
231　附录三
231　民法典中关于个人信息保护的有关规定
233　刑法中关于个人信息保护的有关规定

中华人民共和国主席令

第九十一号

《中华人民共和国个人信息保护法》已由中华人民共和国第十三届全国人民代表大会常务委员会第三十次会议于2021年8月20日通过，现予公布，自2021年11月1日起施行。

中华人民共和国主席　习近平

2021年8月20日

中华人民共和国个人信息保护法

（2021 年 8 月 20 日第十三届全国人民代表大会
常务委员会第三十次会议通过）

目　　录

第一章　总　　则
第二章　个人信息处理规则
　　第一节　一般规定
　　第二节　敏感个人信息的处理规则
　　第三节　国家机关处理个人信息的特别规定
第三章　个人信息跨境提供的规则
第四章　个人在个人信息处理活动中的权利
第五章　个人信息处理者的义务
第六章　履行个人信息保护职责的部门
第七章　法律责任
第八章　附　　则

第一章　总　　则

第一条　为了保护个人信息权益，规范个人信息处理活动，促进个人信息合理利用，根据宪法，制定本法。

第二条　自然人的个人信息受法律保护，任何组织、个人不得侵害自然人的个人信息权益。

第三条　在中华人民共和国境内处理自然人个人信息的活动，适用本法。

在中华人民共和国境外处理中华人民共和国境内自然人个人信息的活动，有下列情形之一的，也适用本法：

（一）以向境内自然人提供产品或者服务为目的；

（二）分析、评估境内自然人的行为；

（三）法律、行政法规规定的其他情形。

第四条 个人信息是以电子或者其他方式记录的与已识别或者可识别的自然人有关的各种信息，不包括匿名化处理后的信息。

个人信息的处理包括个人信息的收集、存储、使用、加工、传输、提供、公开、删除等。

第五条 处理个人信息应当遵循合法、正当、必要和诚信原则，不得通过误导、欺诈、胁迫等方式处理个人信息。

第六条 处理个人信息应当具有明确、合理的目的，并应当与处理目的直接相关，采取对个人权益影响最小的方式。

收集个人信息，应当限于实现处理目的的最小范围，不得过度收集个人信息。

第七条 处理个人信息应当遵循公开、透明原则，公开个人信息处理规则，明示处理的目的、方式和范围。

第八条 处理个人信息应当保证个人信息的质量，避免因个人信息不准确、不完整对个人权益造成不利影响。

第九条 个人信息处理者应当对其个人信息处理活动负责，并采取必要措施保障所处理的个人信息的安全。

第十条 任何组织、个人不得非法收集、使用、加工、传输他人个人信息，不得非法买卖、提供或者公开他人个人信息；不得从事危害国家安全、公共利益的个人信息处理活动。

第十一条 国家建立健全个人信息保护制度，预防和惩治侵害个人信息权益的行为，加强个人信息保护宣传教育，推动形成政府、企业、相关社会组织、公众共同参与个人信息保护的良好环境。

第十二条 国家积极参与个人信息保护国际规则的制定，促进个人信息保护方面的国际交流与合作，推动与其他国家、地区、国际组织之间的个人信息保护规则、标准等互认。

第二章　个人信息处理规则

第一节　一般规定

第十三条　符合下列情形之一的，个人信息处理者方可处理个人信息：

（一）取得个人的同意；

（二）为订立、履行个人作为一方当事人的合同所必需，或者按照依法制定的劳动规章制度和依法签订的集体合同实施人力资源管理所必需；

（三）为履行法定职责或者法定义务所必需；

（四）为应对突发公共卫生事件，或者紧急情况下为保护自然人的生命健康和财产安全所必需；

（五）为公共利益实施新闻报道、舆论监督等行为，在合理的范围内处理个人信息；

（六）依照本法规定在合理的范围内处理个人自行公开或者其他已经合法公开的个人信息；

（七）法律、行政法规规定的其他情形。

依照本法其他有关规定，处理个人信息应当取得个人同意，但是有前款第二项至第七项规定情形的，不需取得个人同意。

第十四条　基于个人同意处理个人信息的，该同意应当由个人在充分知情的前提下自愿、明确作出。法律、行政法规规定处理个人信息应当取得个人单独同意或者书面同意的，从其规定。

个人信息的处理目的、处理方式和处理的个人信息种类发生变更的，应当重新取得个人同意。

第十五条　基于个人同意处理个人信息的，个人有权撤回其同意。个人信息处理者应当提供便捷的撤回同意的方式。

个人撤回同意，不影响撤回前基于个人同意已进行的个人信息处理活动的效力。

第十六条　个人信息处理者不得以个人不同意处理其个人信息或者撤回同意为由，拒绝提供产品或者服务；处理个人信息属于提供产品或者服务所必需的除外。

第十七条 个人信息处理者在处理个人信息前，应当以显著方式、清晰易懂的语言真实、准确、完整地向个人告知下列事项：

（一）个人信息处理者的名称或者姓名和联系方式；

（二）个人信息的处理目的、处理方式，处理的个人信息种类、保存期限；

（三）个人行使本法规定权利的方式和程序；

（四）法律、行政法规规定应当告知的其他事项。

前款规定事项发生变更的，应当将变更部分告知个人。

个人信息处理者通过制定个人信息处理规则的方式告知第一款规定事项的，处理规则应当公开，并且便于查阅和保存。

第十八条 个人信息处理者处理个人信息，有法律、行政法规规定应当保密或者不需要告知的情形的，可以不向个人告知前条第一款规定的事项。

紧急情况下为保护自然人的生命健康和财产安全无法及时向个人告知的，个人信息处理者应当在紧急情况消除后及时告知。

第十九条 除法律、行政法规另有规定外，个人信息的保存期限应当为实现处理目的所必要的最短时间。

第二十条 两个以上的个人信息处理者共同决定个人信息的处理目的和处理方式的，应当约定各自的权利和义务。但是，该约定不影响个人向其中任何一个个人信息处理者要求行使本法规定的权利。

个人信息处理者共同处理个人信息，侵害个人信息权益造成损害的，应当依法承担连带责任。

第二十一条 个人信息处理者委托处理个人信息的，应当与受托人约定委托处理的目的、期限、处理方式、个人信息的种类、保护措施以及双方的权利和义务等，并对受托人的个人信息处理活动进行监督。

受托人应当按照约定处理个人信息，不得超出约定的处理目的、处理方式等处理个人信息；委托合同不生效、无效、被撤销或者终止的，受托人应当将个人信息返还个人信息处理者或者予以删除，不得保留。

未经个人信息处理者同意，受托人不得转委托他人处理个人信息。

第二十二条 个人信息处理者因合并、分立、解散、被宣告破产等原因需要转移个人信息的，应当向个人告知接收方的名称或者姓名和联系方式。接收方应当继续履行个人信息处理者的义务。接收方变更原先的处理目的、处理方式的，应当依照本法规定重新取得个人同意。

第二十三条 个人信息处理者向其他个人信息处理者提供其处理的个人信息的，应当向个人告知接收方的名称或者姓名、联系方式、处理目的、处理方式和个人信息的种类，并取得个人的单独同意。接收方应当在上述处理目的、处理方式和个人信息的种类等范围内处理个人信息。接收方变更原先的处理目的、处理方式的，应当依照本法规定重新取得个人同意。

第二十四条 个人信息处理者利用个人信息进行自动化决策，应当保证决策的透明度和结果公平、公正，不得对个人在交易价格等交易条件上实行不合理的差别待遇。

通过自动化决策方式向个人进行信息推送、商业营销，应当同时提供不针对其个人特征的选项，或者向个人提供便捷的拒绝方式。

通过自动化决策方式作出对个人权益有重大影响的决定，个人有权要求个人信息处理者予以说明，并有权拒绝个人信息处理者仅通过自动化决策的方式作出决定。

第二十五条 个人信息处理者不得公开其处理的个人信息，取得个人单独同意的除外。

第二十六条 在公共场所安装图像采集、个人身份识别设备，应当为维护公共安全所必需，遵守国家有关规定，并设置显著的提示标识。所收集的个人图像、身份识别信息只能用于维护公共安全的目的，不得用于其他目的；取得个人单独同意的除外。

第二十七条 个人信息处理者可以在合理的范围内处理个人自行公开或者其他已经合法公开的个人信息；个人明确拒绝的除外。个人信息处理者处理已公开的个人信息，对个人权益有重大影响的，应当依照本法规定取得个人同意。

第二节 敏感个人信息的处理规则

第二十八条 敏感个人信息是一旦泄露或者非法使用，容易导致自然人的人格尊严受到侵害或者人身、财产安全受到危害的个人信息，包括生物识别、宗教信仰、特定身份、医疗健康、金融账户、行踪轨迹等信息，以及不满十四周岁未成年人的个人信息。

只有在具有特定的目的和充分的必要性，并采取严格保护措施的情形下，个人信息处理者方可处理敏感个人信息。

第二十九条 处理敏感个人信息应当取得个人的单独同意；法律、行政法规规定处理敏感个人信息应当取得书面同意的，从其规定。

第三十条 个人信息处理者处理敏感个人信息的，除本法第十七条第一款规定的事项外，还应当向个人告知处理敏感个人信息的必要性以及对个人权益的影响；依照本法规定可以不向个人告知的除外。

第三十一条 个人信息处理者处理不满十四周岁未成年人个人信息的，应当取得未成年人的父母或者其他监护人的同意。

个人信息处理者处理不满十四周岁未成年人个人信息的，应当制定专门的个人信息处理规则。

第三十二条 法律、行政法规对处理敏感个人信息规定应当取得相关行政许可或者作出其他限制的，从其规定。

第三节 国家机关处理个人信息的特别规定

第三十三条 国家机关处理个人信息的活动，适用本法；本节有特别规定的，适用本节规定。

第三十四条 国家机关为履行法定职责处理个人信息，应当依照法律、行政法规规定的权限、程序进行，不得超出履行法定职责所必需的范围和限度。

第三十五条 国家机关为履行法定职责处理个人信息，应当依照本法规定履行告知义务；有本法第十八条第一款规定的情形，或者告知将妨碍国家机关履行法定职责的除外。

第三十六条 国家机关处理的个人信息应当在中华人民共和国境内存储；确需向境外提供的，应当进行安全评估。安全评估可以要求有关部门提供支持与协助。

第三十七条 法律、法规授权的具有管理公共事务职能的组织为履行法定职责处理个人信息，适用本法关于国家机关处理个人信息的规定。

第三章 个人信息跨境提供的规则

第三十八条 个人信息处理者因业务等需要，确需向中华人民共和国境外提供个人信息的，应当具备下列条件之一：

（一）依照本法第四十条的规定通过国家网信部门组织的安全评估；

（二）按照国家网信部门的规定经专业机构进行个人信息保护认证；

（三）按照国家网信部门制定的标准合同与境外接收方订立合同，约定双方的权利和义务；

（四）法律、行政法规或者国家网信部门规定的其他条件。

中华人民共和国缔结或者参加的国际条约、协定对向中华人民共和国境外提供个人信息的条件等有规定的，可以按照其规定执行。

个人信息处理者应当采取必要措施，保障境外接收方处理个人信息的活动达到本法规定的个人信息保护标准。

第三十九条 个人信息处理者向中华人民共和国境外提供个人信息的，应当向个人告知境外接收方的名称或者姓名、联系方式、处理目的、处理方式、个人信息的种类以及个人向境外接收方行使本法规定权利的方式和程序等事项，并取得个人的单独同意。

第四十条 关键信息基础设施运营者和处理个人信息达到国家网信部门规定数量的个人信息处理者，应当将在中华人民共和国境内收集和产生的个人信息存储在境内。确需向境外提供的，应当通过国家网信部门组织的安全评估；法律、行政法规和国家网信部门规定可以不进行安全评估的，从其规定。

第四十一条 中华人民共和国主管机关根据有关法律和中华人民共和国缔结或者参加的国际条约、协定，或者按照平等互惠原则，处理外国司法或者执法机构关于提供存储于境内个人信息的请求。非经中华人民共和国主管机关批准，个人信息处理者不得向外国司法或者执法机构提供存储于中华人民共和国境内的个人信息。

第四十二条 境外的组织、个人从事侵害中华人民共和国公民的个人信息权益，或者危害中华人民共和国国家安全、公共利益的个人信息处理活动的，国家网信部门可以将其列入限制或者禁止个人信息提供清单，予以公告，并采取限制或者禁止向其提供个人信息等措施。

第四十三条 任何国家或者地区在个人信息保护方面对中华人民共和国采取歧视性的禁止、限制或者其他类似措施的，中华人民共和国可以根据实际情况对该国家或者地区对等采取措施。

第四章 个人在个人信息处理活动中的权利

第四十四条 个人对其个人信息的处理享有知情权、决定权，有权限制或者拒绝他人对其个人信息进行处理；法律、行政法规另有规定的除外。

第四十五条 个人有权向个人信息处理者查阅、复制其个人信息；有本法第十八条第一款、第三十五条规定情形的除外。

个人请求查阅、复制其个人信息的，个人信息处理者应当及时提供。

个人请求将个人信息转移至其指定的个人信息处理者，符合国家网信部门规定条件的，个人信息处理者应当提供转移的途径。

第四十六条 个人发现其个人信息不准确或者不完整的，有权请求个人信息处理者更正、补充。

个人请求更正、补充其个人信息的，个人信息处理者应当对其个人信息予以核实，并及时更正、补充。

第四十七条 有下列情形之一的，个人信息处理者应当主动删除个人信息；个人信息处理者未删除的，个人有权请求删除：

（一）处理目的已实现、无法实现或者为实现处理目的不再必要；

（二）个人信息处理者停止提供产品或者服务，或者保存期限已届满；

（三）个人撤回同意；

（四）个人信息处理者违反法律、行政法规或者违反约定处理个人信息；

（五）法律、行政法规规定的其他情形。

法律、行政法规规定的保存期限未届满，或者删除个人信息从技术上难以实现的，个人信息处理者应当停止除存储和采取必要的安全保护措施之外的处理。

第四十八条 个人有权要求个人信息处理者对其个人信息处理规则进行解释说明。

第四十九条 自然人死亡的，其近亲属为了自身的合法、正当利益，可以对死者的相关个人信息行使本章规定的查阅、复制、更正、删除等权利；死者生前另有安排的除外。

第五十条 个人信息处理者应当建立便捷的个人行使权利的申请受理和处理机制。拒绝个人行使权利的请求的，应当说明理由。

个人信息处理者拒绝个人行使权利的请求的，个人可以依法向人民法院提起诉讼。

第五章 个人信息处理者的义务

第五十一条 个人信息处理者应当根据个人信息的处理目的、处理方式、个人信息的种类以及对个人权益的影响、可能存在的安全风险等，采取下列措施确保个人信息处理活动符合法律、行政法规的规定，并防止未经授权的访问以及个人信息泄露、篡改、丢失：

（一）制定内部管理制度和操作规程；

（二）对个人信息实行分类管理；

（三）采取相应的加密、去标识化等安全技术措施；

（四）合理确定个人信息处理的操作权限，并定期对从业人员进行安全教育和培训；

（五）制定并组织实施个人信息安全事件应急预案；

（六）法律、行政法规规定的其他措施。

第五十二条 处理个人信息达到国家网信部门规定数量的个人信息处理者应当指定个人信息保护负责人，负责对个人信息处理活动以及采取的保护措施等进行监督。

个人信息处理者应当公开个人信息保护负责人的联系方式，并将个人信息保护负责人的姓名、联系方式等报送履行个人信息保护职责的部门。

第五十三条 本法第三条第二款规定的中华人民共和国境外的个人信息处理者，应当在中华人民共和国境内设立专门机构或者指定代表，负责处理个人信息保护相关事务，并将有关机构的名称或者代表的姓名、联系方式等报送履行个人信息保护职责的部门。

第五十四条 个人信息处理者应当定期对其处理个人信息遵守法律、行政法规的情况进行合规审计。

第五十五条 有下列情形之一的，个人信息处理者应当事前进行个人信息保护影响评估，并对处理情况进行记录：

（一）处理敏感个人信息；

（二）利用个人信息进行自动化决策；

（三）委托处理个人信息、向其他个人信息处理者提供个人信息、公开个人信息；

（四）向境外提供个人信息；

（五）其他对个人权益有重大影响的个人信息处理活动。

第五十六条 个人信息保护影响评估应当包括下列内容：

（一）个人信息的处理目的、处理方式等是否合法、正当、必要；

（二）对个人权益的影响及安全风险；

（三）所采取的保护措施是否合法、有效并与风险程度相适应。

个人信息保护影响评估报告和处理情况记录应当至少保存三年。

第五十七条 发生或者可能发生个人信息泄露、篡改、丢失的，个人信息处理者应当立即采取补救措施，并通知履行个人信息保护职责的部门和个人。通知应当包括下列事项：

（一）发生或者可能发生个人信息泄露、篡改、丢失的信息种类、原因和可能造成的危害；

（二）个人信息处理者采取的补救措施和个人可以采取的减轻危害的措施；

（三）个人信息处理者的联系方式。

个人信息处理者采取措施能够有效避免信息泄露、篡改、丢失造成危害的，个人信息处理者可以不通知个人；履行个人信息保护职责的部门认为可能造成危害的，有权要求个人信息处理者通知个人。

第五十八条 提供重要互联网平台服务、用户数量巨大、业务类型复杂的个人信息处理者，应当履行下列义务：

（一）按照国家规定建立健全个人信息保护合规制度体系，成立主要由外部成员组成的独立机构对个人信息保护情况进行监督；

（二）遵循公开、公平、公正的原则，制定平台规则，明确平台内产品或者服务提供者处理个人信息的规范和保护个人信息的义务；

（三）对严重违反法律、行政法规处理个人信息的平台内的产品或者服务提供者，停止提供服务；

（四）定期发布个人信息保护社会责任报告，接受社会监督。

第五十九条 接受委托处理个人信息的受托人，应当依照本法和有关法律、行政法规的规定，采取必要措施保障所处理的个人信息的安全，并协助个人信息处理者履行本法规定的义务。

第六章 履行个人信息保护职责的部门

第六十条 国家网信部门负责统筹协调个人信息保护工作和相关监督管理工作。国务院有关部门依照本法和有关法律、行政法规的规定，在各自职责范围内负责个人信息保护和监督管理工作。

县级以上地方人民政府有关部门的个人信息保护和监督管理职责，按照国家有关规定确定。

前两款规定的部门统称为履行个人信息保护职责的部门。

第六十一条 履行个人信息保护职责的部门履行下列个人信息保护职责：

（一）开展个人信息保护宣传教育，指导、监督个人信息处理者开展个人信息保护工作；

（二）接受、处理与个人信息保护有关的投诉、举报；

（三）组织对应用程序等个人信息保护情况进行测评，并公布测评结果；

（四）调查、处理违法个人信息处理活动；

（五）法律、行政法规规定的其他职责。

第六十二条 国家网信部门统筹协调有关部门依据本法推进下列个人信息保护工作：

（一）制定个人信息保护具体规则、标准；

（二）针对小型个人信息处理者、处理敏感个人信息以及人脸识别、人工智能等新技术、新应用，制定专门的个人信息保护规则、标准；

（三）支持研究开发和推广应用安全、方便的电子身份认证技术，推进网络身份认证公共服务建设；

（四）推进个人信息保护社会化服务体系建设，支持有关机构开展个人信息保护评估、认证服务；

（五）完善个人信息保护投诉、举报工作机制。

第六十三条 履行个人信息保护职责的部门履行个人信息保护职责，可以采取下列措施：

（一）询问有关当事人，调查与个人信息处理活动有关的情况；

（二）查阅、复制当事人与个人信息处理活动有关的合同、记录、账簿以及其他有关资料；

（三）实施现场检查，对涉嫌违法的个人信息处理活动进行调查；

（四）检查与个人信息处理活动有关的设备、物品；对有证据证明是用于违法个人信息处理活动的设备、物品，向本部门主要负责人书面报告并经批准，可以查封或者扣押。

履行个人信息保护职责的部门依法履行职责，当事人应当予以协助、配合，不得拒绝、阻挠。

第六十四条 履行个人信息保护职责的部门在履行职责中，发现个人信息处理活动存在较大风险或者发生个人信息安全事件的，可以按照规定的权限和程序对该个人信息处理者的法定代表人或者主要负责人进行约谈，或者要求个人信息处理者委托专业机构对其个人信息处理活动进行合规审计。个人信息处理者应当按照要求采取措施，进行整改，消除隐患。

履行个人信息保护职责的部门在履行职责中，发现违法处理个人信息涉嫌犯罪的，应当及时移送公安机关依法处理。

第六十五条 任何组织、个人有权对违法个人信息处理活动向履行个人信息保护职责的部门进行投诉、举报。收到投诉、举报的部门应当依法及时处理，并将处理结果告知投诉、举报人。

履行个人信息保护职责的部门应当公布接受投诉、举报的联系方式。

第七章　法律责任

第六十六条 违反本法规定处理个人信息，或者处理个人信息未履行本法规定的个人信息保护义务的，由履行个人信息保护职责的部门责令改正，给予警告，没收违法所得，对违法处理个人信息的应用程序，责令暂停或者终止提供服务；拒不改正的，并处一百万元以下罚款；对直接负责的主管人员和其他直接责任人员处一万元以上十万元以下罚款。

有前款规定的违法行为，情节严重的，由省级以上履行个人信息保护职责的部门责令改正，没收违法所得，并处五千万元以下或者上一年度营业额百分之五以下罚款，并可以责令暂停相关业务或者停业整顿、通报有关主管部门吊销相关业务许可或者吊销营业执照；对直接负责的主管人员和其他直接责任人员处十万元以上一百万元以下罚款，并可以决定禁止其在一定期限内担任相关企业的董事、监事、高级管理人员和个人信息保护负责人。

第六十七条 有本法规定的违法行为的，依照有关法律、行政法规的规定记入信用档案，并予以公示。

第六十八条 国家机关不履行本法规定的个人信息保护义务的，由其上级机关或者履行个人信息保护职责的部门责令改正；对直接负责的主管人员和其他直接责任人员依法给予处分。

履行个人信息保护职责的部门的工作人员玩忽职守、滥用职权、徇私舞弊，尚不构成犯罪的，依法给予处分。

第六十九条 处理个人信息侵害个人信息权益造成损害，个人信息处理者不能证明自己没有过错的，应当承担损害赔偿等侵权责任。

前款规定的损害赔偿责任按照个人因此受到的损失或者个人信息处理者因此获得的利益确定；个人因此受到的损失和个人信息处理者因此获得的利益难以确定的，根据实际情况确定赔偿数额。

第七十条 个人信息处理者违反本法规定处理个人信息，侵害众多个人的权益的，人民检察院、法律规定的消费者组织和由国家网信部门确定的组织可以依法向人民法院提起诉讼。

第七十一条 违反本法规定，构成违反治安管理行为的，依法给予治安管理处罚；构成犯罪的，依法追究刑事责任。

第八章 附　　则

第七十二条 自然人因个人或者家庭事务处理个人信息的，不适用本法。

法律对各级人民政府及其有关部门组织实施的统计、档案管理活动中的个人信息处理有规定的，适用其规定。

第七十三条 本法下列用语的含义：

（一）个人信息处理者，是指在个人信息处理活动中自主决定处理目的、处理方式的组织、个人。

（二）自动化决策，是指通过计算机程序自动分析、评估个人的行为习惯、兴趣爱好或者经济、健康、信用状况等，并进行决策的活动。

（三）去标识化，是指个人信息经过处理，使其在不借助额外信息的情况下无法识别特定自然人的过程。

（四）匿名化，是指个人信息经过处理无法识别特定自然人且不能复原的过程。

第七十四条 本法自 2021 年 11 月 1 日起施行。

第一部分

导　　读

个人信息保护法导读

在信息化时代，个人信息保护已成为广大人民群众最关心最直接最现实的利益问题之一。党中央对此高度重视，习近平总书记多次强调，要坚持网络安全为人民、网络安全靠人民，保障个人信息安全，维护公民在网络空间的合法权益。个人信息保护受到社会各方面广泛关注，全国人大代表、全国政协委员提出了许多议案、建议和提案，呼吁出台专门的个人信息保护法，维护广大人民群众个人信息权益。

随着信息化与经济社会持续深度融合，网络已成为生产生活的新空间、经济发展的新引擎、交流合作的新纽带。据统计，截至 2020 年底，我国互联网用户已达 9.89 亿，互联网网站和应用程序数量分别超过 440 万个和 340 万个①，个人信息的收集、使用更为广泛。与此同时，个人信息利用与保护之间的矛盾也越发突出，现实生活中一些企业、机构甚至个人，从商业利益等出发，随意收集、违法获取、过度使用、非法买卖个人信息，利用个人信息侵扰人民群众生活安宁、危害人民群众生命健康和财产安全等问题十分突出。

在数字经济发展和法治建设进程中，我国的个人信息保护法律制度逐步建立并不断发展完善。全国人大及其常委会高度重视个人信息保护相关立法工作。2012 年通过关于加强网络信息保护的决定，确立了个人信息保护的基本原则；2016 年通过网络安全法，建立了个人信息保护的主要制度规则；2020 年编纂出台民法典，将个人信息保护作为了一项重要的民事权利。此外，在修改消费者权益保护法、广告法、刑法，制定电子商务法等立法工作中，对个人信息保护的有关问题作出了规定。同时，有关方面出台了一系列配套法规、规章、标准和司法解释。近年来，信息领域新技术、新业态、新模式不断涌现，个人信息应

---

① 《构建权责明确的个人信息处理和保护制度规则》，载光明网，https：//m. gmw. cn/baijia/2021－08/24/35103922. html，最后访问时间：2022 年 2 月 16 日。

用领域更加宽广，处理主体和处理场景更加复杂多样，个人信息保护的任务更加艰巨，亟须进一步增强法律规范的系统性、权威性和针对性，在个人信息保护方面形成更加完备的制度、提供更加有力的法律保障。

全国人大常委会贯彻落实党中央部署要求，及时回应广大人民群众的呼声和期待，积极推进个人信息保护立法工作。全国人大常委会法制工作委员会会同有关方面在深入调查研究、广泛征求意见的基础上，研究起草了个人信息保护法草案，于2020年10月由全国人大常委会委员长会议提请十三届全国人大常委会第二十二次会议进行了初次审议；2021年4月，十三届全国人大常委会第二十八次会议对草案进行了再次审议；2021年8月20日，十三届全国人大常委会第三十次会议表决通过了个人信息保护法，于2021年11月1日起施行。个人信息保护法坚持和贯彻以人民为中心的法治理念，牢牢把握保护人民群众个人信息权益的立法定位，聚焦个人信息保护领域的突出问题和人民群众的重大关切，在有关法律的基础上，进一步细化、完善个人信息保护应遵循的原则和个人信息处理规则，明确个人信息处理活动中的权利义务边界，健全个人信息保护工作体制机制，切实将广大人民群众网络空间合法权益维护好、保障好、发展好，使广大人民群众在数字经济发展中享受更多的获得感、幸福感、安全感。

个人信息保护法共8章74条，主要包括以下11个方面的内容。

一、确立个人信息保护原则

个人信息保护的原则是收集、使用个人信息的基本遵循，是构建个人信息保护具体规则的制度基础。个人信息保护法借鉴国际经验并立足我国实际，确立了个人信息处理应遵循的原则，强调处理个人信息应当遵循合法、正当、必要和诚信原则，具有明确、合理的目的并与处理目的直接相关，采取对个人权益影响最小的方式，限于实现处理目的的最小范围，公开处理规则，保证信息质量，采取安全保护措施等，这些原则应当贯穿于个人信息处理的全过程、各环节。

二、构建以“告知—同意”为核心的个人信息处理规则

个人信息保护法紧紧围绕规范个人信息处理活动、保障个人信息权益来构

建个人信息保护法律制度。“告知—同意”是法律确立的个人信息保护核心规则，是保障个人对其个人信息处理知情权和决定权的重要手段。个人信息保护法要求处理个人信息，应当在事先充分告知的前提下取得个人同意，个人信息处理的重要事项发生变更的应当重新向个人告知并取得同意。同时，针对现实生活中社会反映强烈的一揽子授权、强制同意等问题，个人信息保护法特别要求个人信息处理者在处理敏感个人信息、向他人提供或公开个人信息、跨境转移个人信息等环节应取得个人的单独同意，明确个人信息处理者不得过度收集个人信息，不得以个人不同意为由拒绝提供产品或者服务，并赋予个人撤回同意的权利，在个人撤回同意后，个人信息处理者应当停止处理或及时删除其个人信息。此外，考虑到经济社会生活的复杂性，个人信息处理的场景日益多样，个人信息保护法还对取得个人同意以外可以合法处理个人信息的特定情形作出了规定。

同时，个人信息保护法分别对共同处理、委托处理等实践中较为常见的处理情形作出有针对性规定。在共同处理方面，明确两个以上的个人信息处理者共同决定处理目的和处理方式的属于共同处理，个人可向任一共同处理者要求行使本法规定的权利，因共同处理侵害个人权益造成损害的，共同处理者应当依法承担连带责任。在委托处理方面，要求个人信息处理者应当与受托人明确约定委托处理个人信息的相关事项，并对受托人的处理活动进行监督，同时要求受托人不得超出约定事项处理个人信息，不得在委托处理活动结束后保留个人信息，未经个人信息处理者同意不得转委托他人处理个人信息。

三、规范自动化决策

当前，越来越多的企业利用大数据分析、评估消费者的个人特征用于商业营销，这有利于提高经济活动的效率，提升消费者的消费体验。同时，也有一些企业通过掌握消费者的经济状况、消费习惯、对价格的敏感程度等信息，对消费者在交易价格等方面实行歧视性的差别待遇，误导、欺诈消费者，其中最典型的就是社会反映突出的“大数据杀熟”，此类行为违反了诚实信用原则，侵犯了消费者权益保护法规定的消费者享有公平交易条件的权利，应当在法律上予以禁止。对此，个人信息保护法明确规定：个人信息处理者利用个人信息进行自动化决策，应当保证决策的透明度和结果公平、公正，不得对个人在交易价格等交易条件上实行不合理的差别待遇。一方面，经营者应当按照法律规定，遵循公开、公平、公正的原则设定算法模型、制定自动化决策规则，不得对消费者实行歧视性、不公平的差别待遇；另一方面，个人信息处理者应当保障消费者的知情权和选择权，向个人进行信息推送、商业营销时，应当同时提供不针对其个人特征的选项，或者向个人提供便捷的拒绝方式。

四、严格保护敏感个人信息

个人信息保护法将生物识别、宗教信仰、特定身份、医疗健康、金融账户、行踪轨迹等信息，以及不满十四周岁未成年人的个人信息列为敏感个人信息。主要是考虑此类信息一旦泄露或者被非法使用，极易导致自然人的人格尊严受到侵害或者人身、财产安全受到危害，对处理敏感个人信息的活动应当作出更加严格的限制。对此，个人信息保护法要求只有在具有特定的目的和充分的必要性，并采取严格保护措施的情形下，方可处理敏感个人信息，同时应当事前进行影响评估，并向个人告知处理的必要性以及对个人权益的影响。

考虑到少年儿童在生理上和心理上尚不成熟，认知能力和控制自己行为的能力都较弱，容易受到信息推送和商业营销的诱导，在面对违法处理行为侵害其合法权益时缺乏必要的分辨能力和充分的自我保护能力，为保护未成年人的个人信息权益和身心健康，个人信息保护法特别将不满十四周岁未成年人的个人信息确定为敏感个人信息予以严格保护。同时，与未成年人保护法有关规定相衔接，个人信息保护法要求处理不满十四周岁未成年人个人信息应当取得未成年人的父母或者其他监护人的同意，并应当对此制定专门的个人信息处理规则。

五、规范国家机关处理个人信息的活动

为履行维护国家安全、惩治犯罪、管理经济社会事务等职责，国家机关需要处理大量个人信息。与其他个人信息处理者一样，保护个人信息权益、保障个人信息安全是国家机关应尽的义务和责任，但近年来发生的一些个人信息泄露事件，也反映出个别国家机关存在个人信息保护意识不强、处理流程不规范、安全保护措施不到位等问题。对此，个人信息保护法对国家机关处理个人信息的活动作出专门规定，特别强调国家机关处理个人信息的活动适用本法，即国

家机关处理个人信息也应遵循本法规定的个人信息保护的基本原则、处理规则，除本法和有关法律另有规定可以不需要告知、不需要取得同意之外，也应当向个人告知、取得个人同意，并且处理个人信息应当依照法律、行政法规规定的权限和程序进行，不得超出履行法定职责所必需的范围和限度。

六、赋予个人充分的权利

个人信息保护法将个人在个人信息处理活动中的各项权利，包括知悉个人信息处理规则和处理事项、同意和撤回同意，以及个人信息的查询、复制、更正、删除等总结提升为知情权、决定权，明确个人有权限制对其个人信息的处理。同时，为了适应互联网应用和服务多样化的实际，满足日益增长的跨平台转移个人信息的需求，个人信息保护法对个人信息可携带权作出了原则规定，要求在符合国家网信部门规定条件的情形下，个人信息处理者应当为个人提供转移其个人信息的途径。

此外，个人信息保护法还对死者个人信息的保护作出了专门规定，明确在尊重死者生前安排的前提下，其近亲属为自身合法、正当利益，可以对死者个人信息行使查阅、复制、更正、删除等权利。

七、强化个人信息处理者的义务

个人信息处理者是个人信息保护的第一责任人。个人信息保护法强调，个人信息处理者应当对其个人信息处理活动负责，并采取必要措施保障所处理的个人信息的安全。在此基础上，个人信息保护法设专章明确了个人信息处理者的合规管理和保障个人信息安全等义务，要求个人信息处理者按照规定制定内部管理制度和操作规程，采取相应的安全技术措施，指定负责人对其个人信息处理活动进行监督，定期对其个人信息活动进行合规审计，对处理敏感个人信息、利用个人信息进行自动化决策、对外提供或公开个人信息等高风险处理活动进行事前影响评估，履行个人信息泄露通知和补救义务等。

八、赋予大型网络平台个人信息保护特别义务

互联网平台服务是数字经济区别于传统经济的显著特征。互联网平台为商品和服务的交易提供技术支持、交易场所、信息发布和交易撮合等服务。在个

人信息处理方面，互联网平台为平台内经营者处理个人信息提供基础技术服务、设定基本处理规则，是个人信息保护的关键环节。提供重要互联网平台服务、用户数量巨大、业务类型复杂的个人信息处理者对平台内的交易和个人信息处理活动具有强大的控制力和支配力，因此在个人信息保护方面应当承担更多的法律义务。据此，个人信息保护法对这些大型互联网平台设定了特别的个人信息保护义务，包括：按照国家规定建立健全个人信息保护合规制度体系，成立主要由外部成员组成的独立机构对个人信息保护情况进行监督；遵循公开、公平、公正的原则，制定平台规则；对严重违法处理个人信息的平台内产品或者服务提供者，停止提供服务；定期发布个人信息保护社会责任报告，接受社会监督。个人信息保护法的上述规定是为了提高大型互联网平台经营业务的透明度，完善平台治理，强化外部监督，形成全社会共同参与的个人信息保护机制。

九、规范个人信息跨境流动

随着经济全球化、数字化的不断推进以及我国对外开放的不断扩大，个人信息的跨境流动日益频繁，但由于遥远的地理距离以及不同国家法律制度、保护水平之间的差异，个人信息跨境流动面临更大风险。个人信息保护法构建了一套清晰、系统的个人信息跨境流动规则，以满足保障个人信息权益和安全的客观要求，适应国际经贸往来的现实需要。一是明确以向境内自然人提供产品或者服务为目的，或者分析、评估境内自然人的行为等，在我国境外处理境内自然人个人信息的活动适用本法，并要求符合上述情形的境外个人信息处理者在我国境内设立专门机构或者指定代表，负责个人信息保护相关事务；二是明确向境外提供个人信息的途径，包括通过国家网信部门组织的安全评估、经专业机构认证、订立标准合同、按照我国缔结或参加的国际条约和协定等；三是要求个人信息处理者采取必要措施，保障境外接收方的处理活动达到本法规定的保护标准；四是对跨境提供个人信息的“告知—同意”作出更严格的要求，切实保障个人的知情权、决定权等权利；五是为维护国家主权、安全和发展利益，对跨境提供个人信息的安全评估、向境外司法或执法机构提供个人信息、限制跨境提供个人信息的措施、对外国歧视性措施的反制等作了规定。

十、健全个人信息保护工作机制

个人信息保护涉及的领域广，相关制度措施的落实有赖于完善的监管执法机制。根据个人信息保护工作实际，个人信息保护法明确国家网信部门和国务院有关部门在各自职责范围内负责个人信息保护和监督管理工作，同时对个人信息保护和监管职责作出规定，包括开展个人信息宣传教育、指导监督个人信息保护工作、接受处理相关投诉举报、组织对应用程序等进行测评、调查处理违法个人信息处理活动等。为了加强个人信息保护监管执法的协同配合，个人信息保护法还进一步明确了国家网信部门在个人信息保护监管方面的统筹协调职责。

十一、加大违法处理个人信息行为的惩戒力度

个人信息保护法根据个人信息处理的不同情况，对违法处理个人信息的行为设置了不同梯次的行政处罚。对未造成严重后果的轻微或一般违法行为，可由执法部门责令改正、给予警告、没收违法所得，对拒不改正的最高可处一百万元罚款；对情节严重的违法行为，最高可处五千万元或上一年度营业额百分之五的罚款，并可以对相关责任人员作出有关从业禁止的处罚。同时，个人信息保护法还专门规定，对违法处理个人信息的应用程序，可以责令暂停或终止提供服务。

在民事责任方面，个人信息保护法明确，处理个人信息侵害个人信息权益造成损害的，个人信息处理者如不能证明自己没有过错的，应当承担损害赔偿等侵权责任。同时，个人信息保护法还对侵害众多个人权益的民事公益诉讼作了规定。

网络空间是亿万民众共同的家园，以数据为新生产要素的数字经济是高质量发展的新动力。个人信息保护法以严密的制度、严格的标准、严厉的责任，构建了权责明确、保护有效、利用规范的个人信息处理和保护制度规则。社会各方面应当加强个人信息保护宣传教育，提升个人信息保护法治意识，推动个人信息保护法落地实施，助力网络强国、数字中国、智慧社会建设。

第二部分

释　　义

第一章　总　　则

第一条　为了保护个人信息权益，规范个人信息处理活动，促进个人信息合理利用，根据宪法，制定本法。

［释义］本条是关于本法立法目的的规定。

个人信息保护是数字化时代的重要问题。计算机的发明，使得传统纸质记录的信息可以通过电子数据的形式保存，互联网的出现极大地提升了各类数据资源交互、传播的效率，大数据、人工智能等新技术更是突破了数据大规模处理的技术“瓶颈”，为数据的利用带来了无限可能。而个人信息是大数据的核心和基础，在数字化时代，每个人的一举一动、一言一行皆可被记录，并通过数据挖掘、分析技术被不断开发出新的用途，不论是私营企业还是公共部门都认识到个人信息所蕴含的巨大价值，对个人信息的收集和使用达到了空前的规模。信息技术的进步和普及，一方面，拓展了人们参与社会活动的广度和深度，为数字经济的发展注入了新的驱动力；另一方面，个人信息获取的便利化和公开化、个人信息的不当利用，让个人的隐私空间被压缩，不断侵蚀数字经济发展的信任基石。因此，与数字化时代同行，制定个人信息保护相关法律成为世界各国应对数字化挑战的重要举措，这些法律承载着保护公众合法权益、维护网络空间良好生态、促进数字经济健康发展等多重使命。同样，我国的个人信息保护法明确将“保护个人信息权益，规范个人信息处理活动，促进个人信息合理利用”作为本法的立法目的，以此为出发点构建了全面的个人信息保护法律制度规范。

一、保护个人信息权益

近年来，我国在立法、执法、司法方面不断加大对个人信息的保护力度，但现实生活中，一些企业、机构甚至个人，为了经济利益，随意收集、违法获取、过度使用、非法买卖个人信息，利用个人信息侵扰人民群众生活安宁、危害人民群众生命健康和财产安全等问题仍较为突出。从最高人民法院、最高人民检察院、公安部、中国人民银行、国家市场监督管理总局等司法、执法机关发布的典型案例和数据看，侵犯公民个人信息的行为虽得到一定遏制，但总体上仍呈现出量大面广的特征，个人信息保护的形势依然严峻。此外，当前非法获取、非法买卖个人信息也成为电信网络诈骗、敲诈勒索、套路贷等违法犯罪活动的上游环节，并催生了相关黑灰产业链。2016 年山东考生徐玉玉因被电信网络诈骗 9900 元学费，郁结于心，年仅 18 岁的花样生命逝去，而导致这一悲剧的源头就是犯罪分子通过非法获取的考生个人信息以发放助学金为名实施精准诈骗。

在信息化时代，个人信息保护已成为广大人民群众最关心、最直接、最现实的利益问题之一。党中央高度重视网络空间法治建设，对个人信息保护立法工作作出部署。习近平总书记多次强调，要坚持网络安全为人民、网络安全靠人民，保障个人信息安全，维护公民在网络空间的合法权益。《国家信息化发展战略纲要》、“十三五”规划纲要等多个重要文件均强调要加强个人信息保护，“十四五”规划和 2035 年远景目标纲要明确提出：加强涉及国家利益、商业秘密、个人隐私的数据保护，加快推进数据安全、个人信息保护等领域基础性立法。社会各方面也广泛关注个人信息保护问题，全国人大代表、全国政协委员提出了许多议案、建议和提案，呼吁出台专门的个人信息保护法，维护广大人民群众个人信息权益。

个人信息保护法贯彻以人民为中心的法治理念，将保护人民群众个人信息权益作为首要目标，聚焦人民群众重大关切，确立了合法正当必要、最小化处理、公开透明等个人信息处理应遵循的原则，构建以“告知—同意”为核心的一系列规则，对社会反映突出的一揽子授权、强制同意、大数据杀熟、人脸识别等问题作出有针对性规定，严格保护敏感个人信息，规范国家机关处理个人信息的活动，赋予个人充分的权利以保障其知情权和决定权，强化个人信息处理者的义务，并设置了严格的法律责任。个人信息保护法通过全方位的制度规范，撑起个人信息权益的保护伞，将使广大人民群众在数字经济发展中享受更多的获得感、幸福感、安全感。

二、规范个人信息处理活动

党的十八大以来，我国个人信息保护法律制度逐步建立。全国人大及其常委会在制定关于加强网络信息保护的决定、网络安全法、电子商务法，修改消费者权益保护法等立法工作中，确立了个人信息保护的主要规则；在刑法的修改中，完善了惩治侵害个人信息犯罪的刑事法律责任；在民法典人格权编中，设专章对隐私权和个人信息保护作出规定。近年来，信息技术变革日新月异，新业态新模式不断涌现，个人信息应用领域更加宽广，处理主体和处理场景更加多样，个人信息保护的任务更加艰巨，亟须针对新情况、新问题完善个人信息处理活动的相关规则，以适应信息化快速发展的现实情况。

个人信息保护法在现行有关法律的基础上，进一步充实完善个人信息保护制度规范，明确处理个人信息的合法情形，细化“告知—同意”规则，并对个人信息的共同处理、委托处理、对外提供和公开、处理已公开的个人信息、自动化决策、跨境转移等各环节作出有针对性规定，同时健全个人信息保护工作机制，明确有关主管部门的个人信息保护监管职责。通过更加完备的制度规则，进一步增强法律规范的系统性、针对性和可操作性，为个人信息处理活动提供更加清晰的法律遵循，从源头上维护个人信息权益。

三、促进个人信息合理利用

近年来，我国大力推进网络强国、数字中国、智慧社会建设，以数据为新生产要素的数字经济蓬勃发展，取得了令人瞩目的成就，国际竞争力不断增强。随着信息化与经济社会持续深度融合，个人信息的收集、使用更为广泛。通过个人信息的大规模应用，一方面，促进了技术和商业模式的创新，提高了产品供需匹配的效率，降低了商业交易的成本，增强了经济社会发展的创新活力；另一方面，大数据的运用也提升了政府在经济社会治理方面的决策、管理、服务水平，特别是新冠肺炎疫情发生以来，通过对个人信息的快速收集和分析，为科学精准作出防控决策、稳妥推进复工复产提供了有力支撑，充分体现出在推进国家治理体系和治理能力现代化方面的重要作用。

个人信息保护法着眼数字经济发展长远需要，构建了权责明确、保护有效、利用规范的制度框架，填补了数字治理重要的法律板块，也将与网络安全法、数据安全法、电子商务法等法律一同构筑起保障数字经济健康发展的制度体系。

本条还对本法的立法依据作了阐释，即“根据宪法，制定本法”，这是在草案三审时对各方面意见深入研究后增加的。个人信息保护的核心是保护个人的人格尊严这一基本权利。我国宪法虽没有对个人信息保护问题作出直接规定，但宪法第三十三条中规定，国家尊重和保障人权；第三十八条中规定，公民的人格尊严不受侵犯；第四十条中规定，公民的通信自由和通信秘密受法律的保护。加强个人信息保护与宪法上对公民人格尊严和权利的尊重和保护是一致的。在个人信息保护法中明确“根据宪法，制定本法”是体现宪法精神、保障宪法实施的重要举措。

第二条　自然人的个人信息受法律保护，任何组织、个人不得侵害自然人的个人信息权益。

［**释义**］本条是关于自然人的个人信息受法律保护的宣示性规定。

近年来，我国高度重视个人信息相关保护立法，从民事、刑事、行政法律各方面加强个人信息保护。2012 年全国人大常委会通过关于加强网络信息保护的决定，确立了个人信息保护的基本原则；2009 年和 2015 年通过刑法修正案（七）和刑法修正案（九），增加并完善了侵犯公民个人信息的犯罪及刑罚；2013 年修改消费者权益保护法，对消费者个人信息保护作出专门规定；2016 年通过网络安全法，建立了个人信息保护的主要制度规则；2020 年编纂出台民法典，在总则编和人格权编中均明确规定“自然人的个人信息受法律保护”。个人信息保护法第二条再次强调“自然人的个人信息受法律保护”，充分体现了本法的立法定位。

个人信息保护法对个人信息处理活动各环节作出规范，赋予个人查询、复制、更正、删除等一系列工具性权利，保障个人对其个人信息处理的知情权、决定权，从而实现对个人信息上承载的隐私权、不受歧视的权利以及财产权等广泛权利和利益的保护，并将这些权利和利益界定为“个人信息权益”。

第三条　在中华人民共和国境内处理自然人个人信息的活动，适用本法。

在中华人民共和国境外处理中华人民共和国境内自然人个人信息的活动，有下列情形之一的，也适用本法：

（一）以向境内自然人提供产品或者服务为目的；

（二）分析、评估境内自然人的行为；

（三）法律、行政法规规定的其他情形。

［释义］本条是关于本法地域效力的规定。

一、本法的域内适用效力

本条第一款对本法的域内适用效力作了规定。个人信息保护法是全国人大常委会制定的法律，其效力在我国境内统一适用是题中应有之义。这里，有几点需要说明：

一是本法适用的主体不仅包括各类法人、非法人组织，也适用于个人所开展的个人信息处理活动。这样规定的主要考虑是，随着技术的快速发展和应用，个人同样可能具备大规模处理个人信息的能力，实践中也大量存在个人为营利等目的收集、使用个人信息的情况。此外，个人的不当处理行为同样可能对相关个人权益造成损害。因此，有必要将个人的处理行为纳入法律规范。同时，本法第七十二条对自然人因个人或者家庭事务处理个人信息的活动作了适用排除，据此，本法主要规范商业和公共领域的个人信息处理活动，纯粹私人领域的个人信息处理活动适用民法典的有关规定。

二是本款调整的行为是在我国境内处理个人信息的活动，而不论处理者是否设立于中国境内或具有中国国籍。个人信息处理的环节众多，按照通常的理解，应以个人信息处理行为的实际发生地或者服务器所在地是否位于我国境内作为境内处理的判断标准，纯粹的不经停留的网络数据过境传输通常不视为在我国境内处理个人信息。

三是本款中的“自然人”，不仅包括中国公民，也包括外国人，只要处理活动发生在我国境内，其个人信息均受到我国法律的同等保护。

二、本法的域外适用效力

随着经济全球化、数字化的不断推进，国际经贸往来更加便利，与之相伴的个人信息跨境处理活动也大幅增加。与此同时，因各国法律制度和保护水平的差异，个人信息跨境处理的安全风险问题日益突出，单纯的属地管辖原则已不能适应个人信息保护的需要。个人信息保护法借鉴有关国家和地区的做法，明确本法必要的域外适用效力，以充分保护我国境内个人的权益。

本条第二款规定了三类境外处理活动的适用情形：

一是以向境内自然人提供产品或者服务为目的，即以我国境内为目标市场并以个人为对象的跨境交易。随着我国不断推进高水平对外开放，更加深度融入全球化进程中，一些境外商业主体不断加大中国市场的开拓力度，特别是电子商务的迅猛发展，为跨境供应产品和服务提供了更多便利，促使我国消费者的跨境消费日益频繁，而以我国消费者为目标人群的经营活动，也必然涉及大规模处理我国境内自然人的个人信息。对于相关境外个人信息处理者是否以我国境内为目标市场，应当综合多种因素对其商业意图作出判断，如境外处理者的网站、应用程序使用中文对相关产品和服务进行标识、介绍，将人民币作为支付货币或者接入我国境内支付工具，则可以表明该境外处理者将我国作为目标市场，其处理我国境内自然人个人信息的活动应当适用本法。如我国境内消费者仅凭其个人意愿自主跨境消费，或者境外处理者仅零星少量处理我国境内自然人的个人信息，并综合其他因素能够确认境外处理者不以我国为目标市场，则其处理我国境内自然人个人信息的活动不适用本法。

二是分析、评估境内自然人的行为。利用个人信息进行分析、评估活动，通常需要持续记录、追踪相关个人信息，并通过后续的处理技术，对个人的行为习惯、兴趣爱好或者经济、健康、信用状况等作出分析或预测，典型的如利用用户画像进行营销或者作出自动化决策。此类行为对个人信息的收集、挖掘相比一般的处理行为更易侵害个人隐私等权益。因此，个人信息保护法明确，在境外分析、评估境内自然人行为的个人信息处理活动适用本法，这一适用情形不区分该处理活动是商业行为还是非商业行为。

三是法律、行政法规规定的其他情形。考虑到当前在个人信息处理方面，新技术、新应用快速迭代发展并可能带来新的挑战，个人信息跨境处理的风险尚未充分显现，在今后实践中还可能遇到新情况、新问题，这样规定可以为相关法律、行政法规有针对性加强跨境处理活动的管理提供必要的空间。

第四条　个人信息是以电子或者其他方式记录的与已识别或者可识别的自然人有关的各种信息，不包括匿名化处理后的信息。

个人信息的处理包括个人信息的收集、存储、使用、加工、传输、提供、

公开、删除等。

［**释义**］本条是关于个人信息以及个人信息处理定义的规定。

个人信息和个人信息处理，是个人信息保护法中的两个基础性概念。不同国家和地区对个人信息和个人信息处理的界定有一定差异，我国个人信息保护法参考有关国家立法，并结合我国相关法律规定和个人信息保护实践情况，对个人信息和个人信息处理的定义作了规定。

一、部分国家和地区关于个人信息的定义

从一些国家和地区的个人信息保护立法看，在定义中可能使用“个人信息”“个人数据”“个人资料”等多种表述，其基本含义是指与特定自然人相关的各种信息。在界定方式上，通常采用概括加列举的方式，也有的采用概括式定义。

英国《1998 年个人数据保护法》规定，个人数据是指与自然人相关的，可以单独或与其他由数据控制者占有的数据组合后识别特定自然人的数据，以及数据控制者或其他主体对特定自然人的看法或评价。

日本《个人信息保护法》规定，个人信息包括：（1）可以单独或与其他信息对照后识别特定个人的信息，如姓名、出生年月日或其他个人信息中包含的表述。（2）个人标识符，包括以电子方式记录的可以识别特定个人的特征信息，以及能够识别出服务的使用者或货物的购买者的相关标志、卡片或其他文件。

韩国《个人信息保护法》规定，个人信息是指与自然人相关的，可以通过姓名、居民身份证号码及影像等对个人进行识别的信息（包含与其他信息结合后即可识别个人的信息）。

新加坡《个人数据保护法》规定，个人数据是指不论真实与否，可以直接或与有关组织和个人获取的其他信息结合后识别出特定自然人的数据。

欧盟《通用数据保护条例》规定，个人数据是指任何与已识别或可识别的自然人相关的信息；可识别的自然人是指可以通过相关信息直接或间接识别的自然人，这些据以识别的信息主要包括姓名、身份证号、地理位置、在线身份标识，或者身体、生理、遗传、心理、经济、文化、社会身份等。

美国《加州消费者隐私法案》规定，个人信息是指直接或间接地识别、关系、描述、能够关联或可合理地链接到特定消费者或家庭的信息，包括但不限于：(1) 姓名、别名、邮政地址、唯一个人标识符、在线标识符、互联网协议地址、电子邮箱地址、账户名称、社会安全号码、驾驶证号码、护照号码的标识符或其他类似标识符。(2) 商业信息，包括购买、获得或意向购买的财产、产品、服务或其他消费的记录。(3) 生物信息，即个人的生理、生物或行为特征，包括基因、虹膜、视网膜、指纹、脸部、手掌、静脉图案和声纹图像等数据，以及可识别个人的步态节奏、睡眠、健康、运动数据。(4) 网络活动信息，包括浏览历史、搜索历史以及与网站、应用程序或广告的交互信息等数据。(5) 地理位置数据。(6) 音频、电子、视觉、热量、嗅觉或类似信息。(7) 专业或就业相关信息。(8) 从已识别的任何信息中得出的推论，并可以用于创建反映消费者偏好、特征、心理倾向、行为、态度、智力、能力和资质的画像。个人信息不包括公开可用的信息和去标识化的消费者信息或信息集合。(9) 家庭教育权利和隐私法、民法典等法律中所规定的其他个人信息或个人分类特征。

德国《联邦个人数据保护法》规定，个人数据是指与已识别、可识别的自然人（数据主体）的客观情况相关的数据。

俄罗斯《联邦个人数据法》规定，个人数据是指任何直接或间接属于特定的或可识别的自然人（个人数据主体）的信息。

巴西《通用数据保护法》规定，个人数据是指与已识别或可识别的自然人有关的信息。

印度《个人数据保护法草案》规定，个人数据是指与可直接或间接识别的自然人相关的数据，包括线上和线下涉及自然人的身份、特点、属性等特征，这些特征的组合或这些特征与其他信息的组合，以及从上述数据中得出的任何用于分析或预测数据主体行为、属性或者兴趣的推论（数据画像）。

二、我国关于个人信息的定义

我国香港特别行政区《个人资料（私隐）条例》规定，个人资料是指能够直接或间接识别个人身份并与自然人相关的，且能够实际查询或处理的资料。澳门特别行政区《个人资料保护法》规定，个人资料是指与某个身份已确定或可确定的自然人（数据当事人）相关的任何性质或载体形式的信息，包括声音和影像，尤其是特定的识别编码，以及身体、生理、心理、经济、文化或社会身份等相关信息。

我国内地在个人信息保护法出台之前，一些法律、法规、标准等对个人信息作了界定。全国人大常委会关于加强网络信息保护的决定规定，个人信息是指能够识别公民个人身份和涉及公民个人隐私的电子信息。网络安全法规定，个人信息是指以电子或者其他方式记录的能够单独或者与其他信息结合识别自然人个人身份的各种信息，包括但不限于自然人的姓名、出生日期、身份证件号码、个人生物识别信息、住址、电话号码等。民法典基本沿用了网络安全法的定义，在列举的信息类型上增加了电子邮箱、健康信息、行踪信息。工信部制定的《电信和互联网用户个人信息保护规定》将个人信息界定为，用户姓名、出生日期、身份证件号码、住址、电话号码、账号和密码等能够单独或者与其他信息结合识别用户的信息以及用户使用服务的时间、地点等信息。最高人民法院、最高人民检察院颁布的《关于办理侵犯公民个人信息刑事案件适用法律若干问题的解释》规定，公民个人信息是指以电子或者其他方式记录的能够单独或者与其他信息结合识别特定自然人身份或者反映特定自然人活动情况的各种信息，包括姓名、身份证件号码、通信通讯联系方式、住址、账号密码、财产状况、行踪轨迹等。推荐性国家标准《信息安全技术　个人信息安全规范》将个人信息界定为，以电子或者其他方式记录的、能够单独或者与其他信息结合识别特定自然人身份或者反映特定自然人活动情况的各种信息，包括姓名、出生日期、身份证件号码、个人生物识别信息、住址、通信通讯联系方式、通信记录和内容、账号密码、财产信息、征信信息、行踪轨迹、住宿信息、健康生理信息、交易信息等。

个人信息保护法在有关法律法规等的基础上，将个人信息界定为："以电子或者其他方式记录的与已识别或者可识别的自然人有关的各种信息，不包括匿名化处理后的信息。"对此，可以从以下几个方面理解该定义：

第一，在载体形式方面，突出强调以电子方式记录的个人信息，这是因为信息技术的进步极大地拓展了个人信息的范围和规模，许多在传统条件下难以收集、利用的个人信息都可以通过电子数据的方式记录、保存，同时以电子方式记录的个人信息以其结构化、通用性的特点，为大规模自动化的个人信息处理创造了条件，由此也带来了更多风险，需要予以重点规范。本法也未排除以纸质等其他方式记录的个人信息，主要是考虑到虽然信息时代的个人信息处理活动主要是通过信息技术进行电子化信息的处理，但非电子化的个人信息对个人也十分重要，对其不当地收集、利用、传播也可能损害个人权益，因此将其纳入个人信息保护法调整范围。

第二，个人信息具有可识别性，即某一自然人的身份能够直接或者通过相关信息间接识别。

第三，个人信息具有相对性，即对个人信息处理者而言，只要其已经识别、确定了特定个人的身份（即“已识别”），或者具备识别、确定特定个人身份的能力（即“可识别”），则与该特定个人有关的各种信息均应作为个人信息予以保护。

三、关于个人信息的匿名化

通过匿名化技术或方法消除个人信息中的身份特征后加以利用，成为个人信息数据利用的一种重要方式。一些国家和地区通过立法对个人信息匿名化作出规范。欧盟《通用数据保护条例》在引言部分指出，数据保护原则不适用于匿名化数据，即与已识别或可识别自然人无关的数据，或者经匿名化处理且不再能够识别自然人身份的数据。日本 2015 年修改《个人信息保护法》，明确匿名加工信息是指将个人信息进行加工，使其无法识别特定个人，且无法对其进行复原的个人信息。同时，增加了匿名加工使用信息企业的义务，包括：必须按照个人信息保护委员会的规则，将个人信息及其组成部分进行加工，使其无法识别特定个人且无法复原；必须确保加工方法的保密性；不得与其他信息进行对照，以识别特定个人；向第三方提供时，必须提前公布匿名加工信息包含的项目和提供方法，并告知第三方此为匿名加工信息；禁止在取得匿名加工信息后，获取加工方法或与其他信息对照，以识别特定个人；制定并公布保护匿名加工信息的安全管理措施，受理投诉建议。美国联邦贸易委员会 2016 年发布的有关利用匿名化信息的政策要求：采取合理措施使数据充分去身份化；必须公开承诺，对处理后的数据应用将限定在非身份化的模式之下，并承诺不再进行身份识别；如果将这些数据提供给第三方，双方必须签订合同，要求第三方不得对数据进行身份的再识别，并采取有效的措施监督对方履行该义务。

2016 年通过的网络安全法将个人信息匿名化处理作为向他人提供的例外情形，民法典第一千零三十八条作了相同规定。本法在上述法律规定的基础上，根据我国大数据发展和应用的实际，借鉴一些国家的做法，明确经匿名化处理后的信息不属于个人信息。个人信息匿名化处理的方法和技术要求应适用本法的配套规定和相关标准。

四、个人信息处理

个人信息处理也是本法的核心概念，其中的“处理”不仅指对个人信息的加工，而且包括从个人信息的收集到最终删除的全生命周期中的各个环节。2016年通过的网络安全法使用个人信息的“收集”“使用”“向他人提供”等概念，民法典使用个人信息的“处理”这一集合概念，明确个人信息的“处理”包括收集、存储、使用、加工、传输、提供、公开等。个人信息保护法也将个人信息的“处理”作为一个概括性概念，进一步将个人信息的处理规定为对个人信息的收集、存储、使用、加工、传输、提供、公开、删除等。有些国家和地区对个人信息处理的各环节作了更为具体的列举，如欧盟《通用数据保护条例》规定，个人数据的处理是指针对个人数据通过自动化方式或者其他方式进行采集、记录、组织、结构化、存储、改编或修改、检索、咨询、使用，通过传送、传播进行披露或以其他方式予以公开、校准或组合、限制、删除或销毁。

个人信息的收集通常又被称为个人信息的获取，常见的收集行为包括经个人提供而获取、从其他人处获取、从公开渠道获取等。个人信息的存储是指将收集到的个人信息通过一定的介质或形式保存起来，法律通常会对存储的技术条件以及期限作出规定。个人信息的使用，是指将个人信息用于特定目的的行为，主要包括利用个人信息提供产品或服务、进行商业营销、作出相关决定等。个人信息的加工是指将个人信息按照特定的标准进行整理或技术处理，以满足特定需求的行为。个人信息的传输是指将个人信息从一个系统或地点传送到另一个系统或地点。个人信息的提供是指一个主体将其掌握的个人信息给另一个主体。个人信息的公开是指将个人信息向不特定人员发布。个人信息的删除是指将储存的个人信息从系统中去除，以达到不可被检索和访问的效果。

第五条　处理个人信息应当遵循合法、正当、必要和诚信原则，不得通过误导、欺诈、胁迫等方式处理个人信息。

［释义］本条是关于合法、正当、必要和诚信原则的规定。

一、合法、正当、必要原则

合法、正当、必要原则是国际个人信息保护法律和实践所普遍确立的原则。经济合作与发展组织（OECD）制定的《隐私保护和个人数据跨境流动指南》规定，个人信息的收集应受到限制，任何此类信息的获得都应该通过合法和公正的方式，在适当的情况下应经过个人的默示或明示同意。亚太经济合作组织（APEC）制定的《隐私框架》规定，应采取合法、正当的方式收集与目的相关的个人信息，并在适当的情况下告知个人或取得其同意。国际标准化组织（ISO）和国际电工委员会（IEC）联合制定的《ISO29100 隐私框架》规定，确保信息使用目的符合法律并具有可接受的法律基础，个人可识别信息的收集应限定在法律允许和特定目的的真实、必要范围内。欧盟《通用数据保护条例》规定，应以合法、公正、透明的方式处理个人信息，应在处理目的必要范围内处理相关的个人信息。俄罗斯《联邦个人数据法》规定，个人信息处理的目的和方式应合法且善意。韩国《个人信息保护法》规定，处理个人信息目的应明确，并为达成必要目的合法正当收集最小限度的个人信息；应在实现目的必要适当范围内处理个人信息，不得另作他用。

合法、正当、必要原则是我国关于个人信息保护的法律法规中普遍规定的原则，对此原则关于加强网络信息保护的决定、消费者权益保护法、网络安全法、民法典等都作了规定。

合法原则是指个人信息处理行为应当根据法律规定的原则、规则进行，不能违反法律强制性规定。

正当原则是指对个人信息的处理，其目的和行为应是合理的、具有正当性的，不得违背公序良俗。

必要原则是指在合法、正当的目的下，就该目的而言对个人信息的处理是必要的，不得超过合理的限度。

二、诚信原则

诚信原则是社会主义核心价值观的重要内容，是任何组织、个人参与经济社会生活必须遵守的原则。民法典第七条规定，民事主体从事民事活动，应当遵循诚信原则，秉持诚实，恪守承诺。同样地，个人信息处理者处理个人信息，也应当诚实守信，在个人信息处理的各环节尊重个人信息权益，基于诚实的态度，善意地履行个人信息保护义务，恪守其作出的关于个人信息保护的承诺。

在通常情况下，个人信息处理者如果违反诚信原则，也会违反具体的法定义务。例如，信息处理者故意隐瞒、掩饰个人信息处理目的、范围，在个人不知情的情况下处理个人信息，超出其收集个人信息时确定的目的和范围处理个人信息，为了降低成本不依法采取有效的安全保障措施，通过设置不合理的条件限制或者阻碍个人依法行使信息权利等。

尽管遵守诚信原则与履行法定义务有一定的重叠，但诚信原则对有效落实个人信息保护法、切实加强个人信息保护具有重要作用。法律对个人信息处理规则以及个人信息处理者的义务的规定难以详尽，同时随着信息技术不断发展，个人信息保护和利用领域可能出现新情况、新问题，在法律没有明确规定或规定较为原则的情况下，可以根据诚信原则判断个人信息处理行为是否正当、合理，妥善处理个人信息保护和利用中各方的权利义务关系。

第六条　处理个人信息应当具有明确、合理的目的，并应当与处理目的直接相关，采取对个人权益影响最小的方式。

收集个人信息，应当限于实现处理目的的最小范围，不得过度收集个人信息。

［**释义**］本条是关于目的明确和最小化处理原则的规定。

一、关于目的明确原则

目的明确原则要求信息处理者在处理个人信息时应当具备特定的目的，在对个人信息的处理过程中不能随意变更、超出该目的。目的明确原则给个人信息处理者设定了必要的约束，避免通过宽泛、抽象的处理目的滥用个人信息，并且让个人信息处理者的处理行为更加透明，便于个人了解其个人信息的用途，从而更好地维护自己的个人信息权益。

1. 部分国际组织、国家和地区的规定

经济合作与发展组织（OECD）《隐私保护和个人数据跨境流动指南》规定，收集个人信息前应当详细列明目的，随后的使用应限于实现这些目的，或者那些与前述目的并不矛盾的目的和每次更改后确定的目的。

亚太经济合作组织（APEC）《隐私框架》规定，除已取得个人同意、为个人提供其要求的产品或服务、法律另有规定的情形外，个人信息的使用应限于与收集目的相一致或相关的范围内。

国际标准化组织（ISO）和国际电工委员会（IEC）《ISO29100 隐私框架》规定，个人可识别信息的收集应限定在法律允许和特定目的的真实、必要范围内；最大限度减少所处理的个人可识别信息的范围和隐私利益相关者的数量；应限制个人可识别信息的使用、存储和披露，使用应限制在收集目的限定的范围内，保存仅限于实现目的的时限，目的达成后应封存、销毁或匿名化相关信息以避免进一步处理。

欧盟《通用数据保护条例》规定，应基于特定、明确、合法的目的收集个人信息，且不得采取与该目的相悖的方式进行处理。为公共利益、科学或历史研究、统计目的进一步处理个人信息不视为与最初目的相悖。以可识别个人的形式存储个人信息不得超出实现处理目的所需的时间，为公共利益、科学或历史研究、统计的目的可存储更长时间。

美国《隐私权法》规定，联邦机构收集个人信息时，仅可收集与任务目的相关且必要的信息。

俄罗斯《联邦个人数据法》规定，处理目的应符合事先确定的和在收集个人信息时声明的目的以及处理者的权限；所处理的个人信息的范围、性质及处理方式应符合处理目的。

韩国《个人信息保护法》规定，应尽可能特定化个人信息使用目的，如需变更使用目的应与之前的目的相关联且不超出合理范畴；应尽可能以对个人隐私侵害最小化的方式处理个人信息。

日本《个人信息保护法》规定，应尽可能特定化个人信息使用目的，如需变更使用目的应与之前的目的相关联且不超出合理范畴。

2. 目的明确原则的含义

个人信息处理者处理个人信息的目的要明确、合理，让个人能够清晰地知道其个人信息用于何种目的，从而判断是否允许个人信息处理者处理其个人信息或者知道其个人信息权益是否受到侵害。

第一，为了避免过度处理个人信息，目的明确原则要求处理个人信息的目的不能过于宽泛或者笼统。例如，推荐性国家标准《信息安全技术　个人信息安全规范》规定，处理个人信息应当具有明确、清晰、具体的个人信息处理目的。不应通过捆绑产品或服务各项业务功能的方式，要求个人一次性接受并授权同意其未申请或使用的业务功能收集个人信息的请求。使用个人信息时，不应超出与收集个人信息时所声称的目的具有直接或合理关联的范围。

第二，处理个人信息的目的除需要清晰明确外，目的本身还应当是合理的，不得违反法律法规的规定和公序良俗。如果说目的清晰明确是形式要求，目的合理则是实质性价值判断，这也是个人信息处理正当性原则的要求。处理目的是否合理，要结合具体处理场景、处理行为进行判断。

第三，处理个人信息的行为应当与处理目的直接相关。根据该要求，个人信息处理行为都必须围绕处理目的展开。在目的实现、目的无法实现、目的变更等情况下，个人信息处理者都应该采取相应措施，以符合目的特定原则的要求。个人信息保护法对此作了详细规定，主要包括：个人信息的处理目的发生变更的，应当重新取得个人同意；个人信息处理者委托处理个人信息的，受托人应当按照约定处理个人信息，不得超出约定的处理目的处理个人信息；因合并、分立、解散、被宣告破产等原因需要接收个人信息的接收方，变更原先的处理目的的，应当重新取得个人同意；除法律、行政法规另有规定外，个人信息的保存期限应当为实现处理目的所必要的最短时间；只有在具有特定的目的和充分的必要性，并采取严格保护措施的情形下，个人信息处理者方可处理敏感个人信息；处理目的已实现、无法实现或者为实现处理目的不再必要时，个人信息处理者应当主动删除个人信息。

二、关于最小化处理原则

在确立目的明确原则基础上，本条进一步强调个人信息处理的最小化处理原则。最小化处理原则也是本法第五条关于个人信息处理必要原则的体现。

第一，处理个人信息应当采取对个人权益影响最小的方式。即便是出于明确、合理目的，按照法定规则处理个人信息，也可能会对个人权益造成影响。最小化处理原则要求个人信息处理者选择对个人权益影响最小的方式处理个人信息；当个人信息处理可能对个人信息权益有较大影响时，应当采取必要措施，比如调整处理行为或处理方式、特别告知或者向个人作出充分解释、采取更严格的安全保护措施等，减小对个人权益的影响。

第二，本条第二款特别强调，收集个人信息应当限于实现处理目的的最小范围，不得过度收集个人信息。实践中过度收集个人信息的情况比较严重，为了回应现实中过度收集个人信息的突出问题，本条第二款专门就个人信息的收集的最小化提出了有针对性的要求。

第七条　处理个人信息应当遵循公开、透明原则，公开个人信息处理规则，明示处理的目的、方式和范围。

［**释义**］本条是关于公开、透明原则的规定。

个人信息处理不得秘密进行，公开、透明原则是个人信息处理者应当遵循的基本原则之一。要求处理个人信息公开、透明，主要目的就是保障个人的知情权，让个人可以有效维护自己的个人信息权益；同时，也让个人信息处理行为处于监管部门、社会的监督之下，督促个人信息处理者遵守法律法规、履行法定义务。本条从两个层面对该原则作了进一步规定：一是公开个人信息处理规则；二是明示处理的目的、方式和范围。

一、部分国际组织、国家和地区关于公开、透明原则的规定

公开、透明原则是许多国际组织、国家和地区明确规定的原则。经济合作与发展组织（OECD）《隐私保护和个人数据跨境流动指南》规定，个人信息的开发、应用和规则等一般政策应当公开；应提供可行的方式以确定个人信息的存在、性质、使用目的，以及信息控制者的身份和住所。国际标准化组织（ISO）和国际电工委员会（IEC）《ISO29100 隐私框架》规定，信息控制者以清晰和易懂的方式向个人提供有关信息处理的政策、程序和规则，应向个人告知本人的信息是否被收集、收集的目的、披露给第三方的信息类型、控制者的身份以及访问、更正、删除本人信息的方式，当处理程序有重大变化时应提示个人。欧盟《通用数据保护条例》规定，处理数据应当让数据主体知道处理数据的程序、范围和具体用途，不得在数据主体不知情的情况下进行。透明原则强调向个人进行的告知和说明，应当是简洁、清晰、易于理解、便于获取的。

美国、德国、法国、澳大利亚以及我国香港特别行政区、澳门特别行政区等国家和地区都对公开、透明原则作出了明确规定，主要体现在要求公开个人

信息处理者的相关情况、个人信息处理规则，向个人告知对其个人信息处理的方式、用途以及个人享有的权利等。

二、公开个人信息处理规则

本条中的“个人信息处理规则”是指信息处理者为处理个人信息、落实个人信息保护义务，结合自身情况所制定或者遵循的具体操作规则或者办法，如实践中常见的“隐私政策”“个人信息保护政策”等。

1. 个人信息处理规则的内容

个人信息处理规则由信息处理者自己制定，但法律也对应公开的事项予以了明确，如本法第十七条等条文对处理个人信息应告知的事项作了相应规定。此外，推荐性国家标准《信息安全技术　个人信息安全规范》对个人信息保护政策给出了推荐性的模板，包括但不限于以下内容：（1）个人信息控制者的基本情况，包括主体身份、联系方式。（2）收集、使用个人信息的业务功能，以及各业务功能分别收集的个人信息类型。涉及个人敏感信息的，需明确标识或突出显示。（3）个人信息收集方式、存储期限、涉及数据出境情况等个人信息处理规则。（4）对外共享、转让、公开披露个人信息的目的、涉及的个人信息类型、接收个人信息的第三方类型，以及各自的安全和法律责任。（5）个人的权利和实现机制，如查询方法、更正方法、删除方法、注销账户的方法、撤回授权同意的方法、获取个人信息副本的方法、对信息系统自动决策结果进行投诉的方法等。（6）提供个人信息后可能存在的安全风险，以及不提供个人信息可能产生的影响。（7）遵循的个人信息安全基本原则，具备的数据安全能力，以及采取的个人信息安全保护措施，必要时可公开数据安全和个人信息保护相关的合规证明。（8）处理个人询问、投诉的渠道和机制，以及外部纠纷解决机构及联络方式。

个人信息保护政策所告知的内容，应真实、准确、完整；个人信息保护政策的内容应清晰易懂，符合通用的语言习惯，使用标准化的数字、图示等，避免使用有歧义的语言。

2. 公开的方式

个人信息处理者对个人信息进行收集等行为，有的是通过网络进行的，有的是通过线下面对面进行的。不同的处理方式下，公开个人信息处理规则的方式也存在差异。

对于通过网络平台、App 等线上渠道处理个人信息的情形，通常要求个人信息处理者在其网站或应用程序页面的明显位置公开个人信息处理规则，便于个人知悉、查阅和下载保存。本法第十七条根据线上个人信息处理的实际情况，规定个人信息处理者可以通过制定个人信息处理规则的方式进行告知，且处理规则应当公开，便于查阅和保存。《信息安全技术　个人信息安全规范》也规定，个人信息保护政策应公开发布且易于访问。对于通过线下处理个人信息，应当面向个人告知个人信息处理的相关事项，或者向个人提供书面材料等方式，确保个人知悉其个人信息处理的相关事项。

三、明示个人信息处理的目的、方式和范围

公开、透明原则的核心是要求个人信息处理者履行告知义务，明示个人信息处理的有关情况。个人信息保护法作了许多具体规定，包括第十七条规定，个人信息处理者在处理个人信息前向个人告知个人信息处理者的名称或者姓名和联系方式，个人信息的处理目的、处理方式，处理的个人信息种类、保存期限；个人行使相关权利的方式和程序等；第二十二条、第二十三条规定了在转移或者向他人提供个人信息时的告知义务；第三十条规定了处理敏感个人信息时应当告知处理敏感个人信息的必要性以及对个人权益的影响；第三十九条规定了向境外提供个人信息时的告知内容。

在上述相关内容中，处理个人信息的目的、方式和范围是最为关键的。据此，本法在总则中特别强调，个人信息处理者应当通过个人信息处理规则明示处理的目的、方式和范围。

第八条　处理个人信息应当保证个人信息的质量，避免因个人信息不准确、不完整对个人权益造成不利影响。

［**释义**］本条是关于个人信息质量原则的规定。

在大数据时代，个人信息处理者基于对其掌握的个人信息的分析，判断个人的性格、消费习惯、活动规律、财务状况等，然后根据这些分析作出针对个人的决策。例如，银行根据个人的财务状况决定是否给予其贷款、保险公司根据个人的健康情况决定具体的保费费率、用人单位根据个人的违法犯罪记录决

定对某人是否录用。这些建立在对个人信息分析基础上的决策，对个人将产生重大影响，如果个人信息处理者掌握的个人信息不准确、不完整，或者未及时更新，所作出的决策可能会对个人产生不利影响。个人信息质量原则，就是强调信息处理者保障个人信息的质量，避免由于个人信息的不准确、不完整对个人产生不利影响。

一、部分国际组织、国家和地区的规定

信息质量原则是国际上普遍认可的原则。经济合作与发展组织（OECD）《隐私保护和个人数据跨境流动指南》规定，个人数据应与它们使用的目的相关，与使用目的相关的个人数据应当准确、完整，并且及时更新。亚太经济合作组织（APEC）《隐私框架》规定，为达到必要的使用目的，个人信息应准确、完整并及时更新。个人有权对信息的准确性提出异议并在适当的情况下更正、补充或删除其信息。个人信息控制者应当为个人提供查阅和更正的机会。国际标准化组织（ISO）和国际电工委员会（IEC）《ISO29100 隐私框架》规定，信息控制者应当确保个人可识别信息对使用目的而言是准确、完整、最新、充分和相关的，在处理前应确认从其他来源收集的个人可识别信息的可靠性，对个人可识别信息作出任何改变前应以适当的方法确认个人提出的要求的有效性和准确性，应当制定相应程序确保个人可识别信息的质量并建立监测机制定期进行检查。欧盟《通用数据保护条例》规定了数据的准确性原则，要求数据控制者应当保证个人数据准确、必要、及时进行更新，应当采取合理措施确保对不准确的数据进行删除或纠正且不得延误。美国法律普遍遵循的公平信息实践原则强调数据质量和完整性，要求组织应在可能的情况下确保个人可识别信息准确、相关、及时和完整，如美国《公平信用报告法》规定，信用报告机构应当遵守合理程序以确保报告涉及的个人信息最大限度的准确性；在制作用于就业用途的信用报告时，信用报告机构还必须采取严格的程序确保可能对个人获得聘用产生不良影响的信息是完整的、最新的；消费者如果认为自己信用报告中的信息是不完整或不准确的，有权向信用报告机构提出异议，信用报告机构必须对此进行调查；对于确属不完整、不准确的信息，个人有权要求信用报告机构删除或修改，信用报告机构应在 30 天内予以删除或修改。澳大利亚的隐私原则包括个人信息质量原则，要求 App 实体应采取措施保证所使用、披露个

人信息的行为与自身的目的保持一致，并且应确保个人信息的准确、及时更新和完整；如果 App 实体掌握了用户个人信息，并且个人信息是不准确、过时的、不完整或与实体目的不完全相关的，或者个人要求修改个人信息的，那么实体应当采取措施来修改个人信息，使得个人信息是准确、及时、完整和相关的。日本《个人信息保护法》规定，个人信息处理者应当尽力在达到使用目的所必要的范围内，将个人数据保持在准确且最新的状态。韩国《个人信息保护法》规定，个人信息管理者应在实现管理个人信息目的必要范围内致力于确保个人信息的准确性、完整性和最新性。我国台湾地区“个人资料保护法”规定，公务机关或非公务机关应维护个人资料的正确性，主动或依当事人的请求予以更正或补充，对当事人提出的更正请求应在 30 日内作出是否更正的决定。

二、个人信息质量原则的具体要求

第一，是否需要保持个人信息的准确、完整，应结合个人信息的处理目的和对个人权益的影响等因素作具体判断。如以营销为目的向个人推送定向广告，一般只需收集个人的浏览、购买等记录，而无须掌握精确的个人身份信息，即使所使用的个人信息不准确、不完整，也只会影响广告的精准度，不会对个人权益造成实质不利影响，过于追求个人信息的准确性、完整性反而将导致个人信息的过度处理。而一些对个人权益有较大影响的处理场景，则对个人信息的质量有较高要求，典型的如征信信息，征信信息的不准确、不完整将直接导致个人无法获得贷款或贷款额度受限。因此，质量原则是征信业特别强调的原则，如《征信业管理条例》就规定，征信机构应当采取合理措施，保障其提供信息的准确性。个人认为征信机构采集、保存、提供的信息存在错误、遗漏的，有权向征信机构或者信息提供者提出异议，要求更正。征信机构或者信息提供者收到异议，应当按照国务院征信业监督管理部门的规定对相关信息作出存在异议的标注，自收到异议之日起 20 日内进行核查和处理，并将结果书面答复异议人。经核查，确认相关信息确有错误、遗漏的，信息提供者、征信机构应当予以更正；确认不存在错误、遗漏的，应当取消异议标注；经核查仍不能确认的，对核查情况和异议内容应当予以记载。

第二，个人信息处理者应当保障个人的补充、更正、拒绝等权利，避免因个人信息不准确、不完整对个人权益造成不利影响。本法第四十六条规定，个人发现其个人信息不准确或者不完整的，有权请求个人信息处理者更正、补充。个人请求更正、补充其个人信息的，个人信息处理者应当对其个人信息予以核实，并及时更正、补充。第二十四条第二款、第三款规定，通过自动化决策方式向个人进行信息推送、商业营销，应当同时提供不针对其个人特征的选项，或者向个人提供便捷的拒绝方式。通过自动化决策方式作出对个人权益有重大影响的决定，个人有权要求个人信息处理者予以说明，并有权拒绝个人信息处理者仅通过自动化决策的方式作出决定。民法典第一千零三十七条规定，自然人发现信息有错误的，有权提出异议并请求及时采取更正等必要措施。推荐性国家标准《信息安全技术　个人信息安全规范》规定，个人信息主体发现个人信息控制者所持有的该主体的个人信息有错误或不完整的，个人信息控制者应为其提供请求更正或补充信息的方法。

第九条　个人信息处理者应当对其个人信息处理活动负责，并采取必要措施保障所处理的个人信息的安全。

［**释义**］本条是关于责任原则和安全保障原则的规定。

个人信息处理者是个人信息处理活动的第一责任人，应对其处理行为负责，并切实采取措施保障个人信息的安全。

一、责任原则

1. 部分国际组织、国家和地区的规定

经济合作与发展组织（OECD）《隐私保护和个人数据跨境流动指南》规定，信息控制者有责任遵守个人信息保护义务，并采取相应的措施确保落实相关义务。亚太经济合作组织（APEC）《隐私框架》规定，个人信息控制者应确保关于个人信息保护的相关原则得以实施。欧盟《通用数据保护条例》规定，数据控制者有责任落实个人数据保护原则并予以证明。韩国《个人信息保护法》规定，个人信息控制者应努力履行法定责任和义务，获得个人的信任。

2. 责任原则的内容

责任原则要求：（1）个人信息处理者在处理个人信息时，应遵循本法确立的个人信息处理的原则；（2）处理个人信息应遵守本法规定的个人信息处理规则；（3）个人信息处理者应采取必要的管理措施和技术措施，保障个人信息处理的合规性和安全性，并保障个人的查阅权、复制权、更正权、删除权等权利的有效行使；（4）当个人信息处理活动侵害个人信息权益时，应承担相应的法律责任。

二、安全保障原则

1. 部分国际组织、国家和地区的规定

经济合作与发展组织（OECD）《隐私保护和个人数据跨境流动指南》规定，对于个人数据，相关主体应当采取合理的保护措施，防止个人数据的遗失或者未经授权的访问、毁坏、使用、修改以及披露的风险。亚太经济合作组织（APEC）《隐私框架》规定，个人信息控制者应采取适当的安全措施防止发生诸如丢失或未经授权的访问、损毁、使用、修改或泄露、滥用等风险；所采取的安全措施应与损害发生的概率和严重程度、信息的敏感程度和保存环境相适应，并对保护措施进行定期审查和评估。国际标准化组织（ISO）和国际电工委员会（IEC）《ISO29100 隐私框架》规定，信息控制者应使个人可识别信息处于控制下，在运营、系统设计和策略三个层面上采取适当措施确保信息的完整性、保密性和可用性，在全生命周期中防止未经授权的访问、损毁、使用、修改、披露、丢失等风险。定期进行审计以确认和证明信息的处理符合信息保护和隐私安全的要求，建立适当的内部控制和独立监督机制，对信息处理的系统设计和服务提供过程是否符合信息保护和隐私安全的要求进行风险评估。欧盟《通用数据保护条例》规定，应以适当、安全的方式处理个人信息，包括采取技术和管理措施防止个人信息遭受未经授权或非法的处理、意外遗失、灭失或损毁。韩国要求个人信息管理者应制定内部管理计划，采取技术、管理和物理的安全措施，防止个人信息丢失、被窃、泄露、伪造、变造或破坏。新加坡要求制定和实施履行法案规定的义务所必需的政策和措施。我国台湾地区“个人资料保护法”规定，公务机关或非公务机关保有个人资料档案的，应采取适当的安全措施，防止个人资料被窃取、篡改、毁损、灭失或泄露。

2. 安全保障原则的内容

我国许多法律都规定了个人信息处理者的安全保障义务。2012 年通过的《全国人民代表大会常务委员会关于加强网络信息保护的决定》对此作了原则规定。2016 年通过的网络安全法确立了网络安全等级保护制度，要求网络运营者按照网络安全等级保护制度的要求履行网络安全保护义务，保障网络数据的完整性、保密性和可用性，其中的网络数据包括个人信息数据。本法第五章对个人信息处理者的安全保障义务作了具体规定，要求个人信息处理者应当根据个人信息的处理目的、处理方式、种类以及对个人权益的影响、可能存在的安全风险等，采取下列措施防止未经授权的访问以及个人信息泄露、篡改、丢失：（1）制定内部管理制度和操作规程；（2）对个人信息实行分类管理；（3）采取相应的加密、去标识化等安全技术措施；（4）合理确定个人信息处理的操作权限，并定期对从业人员进行安全教育和培训；（5）制定并组织实施个人信息安全事件应急预案；（6）法律、行政法规规定的其他措施。本条将个人信息处理者应当依法履行安全保障义务归纳概括为安全保障原则，并在总则中作出规定。

第十条　任何组织、个人不得非法收集、使用、加工、传输他人个人信息，不得非法买卖、提供或者公开他人个人信息；不得从事危害国家安全、公共利益的个人信息处理活动。

［**释义**］本条是关于禁止非法处理个人信息的规定。

本条从禁止性的角度强调了任何组织和个人都不得非法开展个人信息处理活动。一方面，强调个人信息处理者应当履行个人信息保护义务，不得违法处理个人信息；另一方面，体现了与相关法律的衔接，强调不得通过个人信息处理从事其他违法活动。

本法确立了处理个人信息应遵循的原则，建立了以“告知—同意”为核心的个人信息处理规则，明确了个人信息处理者保护个人信息的义务，任何组织、个人不得违法处理个人信息，包括不得非法收集、使用、加工、传输他人个人信息，不得非法买卖、提供或者公开他人个人信息。

与此同时，个人信息处理作为一种技术手段或者方式，可能被用来从事违法犯罪活动，危害国家安全、公共利益，对此应在法律上予以禁止，并依照其他有关法律法规的规定追究其责任。

第十一条　国家建立健全个人信息保护制度，预防和惩治侵害个人信息权益的行为，加强个人信息保护宣传教育，推动形成政府、企业、相关社会组织、公众共同参与个人信息保护的良好环境。

［**释义**］本条是关于国家在个人信息保护方面责任的规定。

在信息化时代，加强个人信息保护、维护公民在网络空间的合法权益是全社会的共同责任，需要各方面共同参与。

一、建立健全个人信息保护制度

加强个人信息保护需要国家健全相关法律制度。近年来，我国先后制定、修改关于加强网络信息保护的决定、消费者权益保护法、刑法修正案、网络安全法、电子商务法、民法典等法律和决定，有关方面还出台了大量涉及个人信息保护的行政法规、规章、规范性文件以及司法解释、技术标准等，不断完善个人信息保护制度。制定个人信息保护法是进一步健全个人信息保护制度的重要举措，有关部门应当根据个人信息保护法的要求，完善个人信息保护工作机制，适时制定与修订相关配套规定和标准，形成完备的个人信息保护制度体系。

二、预防和惩治侵害个人信息权益的行为

为了更加有效保护公民的个人信息权益，应当在建立健全个人信息保护制度的基础上，采取措施监测、感知个人信息保护面临的突出问题和风险，完善个人信息保护监督执法工作机制，加强日常监督检查，提出有针对性的改进个人信息保护工作举措，有效预防侵犯个人信息权益行为的发生。同时，根据个人的投诉和举报，以及监督检查工作中发现的线索，对涉嫌侵害个人信息权益的违法犯罪行为依照法定程序调查处理。近年来，有关主管部门不断加大个人信息保护监督执法工作力度，中央网信办、工信部、公安部、国家市场监管总局联合开展“App 违法违规收集个人信息专项治理”，组织对下载使用量大、与民众生活密切相关的 App 进行检测评估，对存在严重问题的 App 通过约谈、公开曝光等方式督促运营者进行整改，规范个人信息收集使用活动。公安部连续多年开展打击整治网络侵犯公民个人信息犯罪专项行动、净网行动，共侦办侵犯公民个人信息案件 1.7 万余起，抓获犯罪嫌疑人 4 万余名。

三、加强个人信息保护宣传教育

加强个人信息保护宣传教育，包括宣传个人信息保护的重要性、各方主体在个人信息保护方面的权利义务、个人信息保护的具体知识以及个人信息保护法律法规等，有利于增强各方面的个人信息保护意识，提高个人自我保护能力，在全社会营造重视个人信息保护的良好氛围，促进个人信息保护法律制度的有效实施。

个人信息保护宣传教育的途径和方式是多样的。国家应当支持将个人信息保护纳入学校教育、家庭教育和社会教育等内容，鼓励媒体通过新闻报道、公益专题片等多种形式开展个人信息保护宣传教育。有关国家机关可以根据自身职能、结合具体的工作开展相关宣传教育。近年来，有关主管部门通过多种渠道组织开展个人信息宣传普法活动，中央网信办通过在每年网络安全宣传周设置个人信息保护主题宣传日，开展网信普法进校园、进机关、进企业系列活动，在“3·15”晚会对App违法违规收集使用个人信息进行现场展示等多种形式普及个人信息保护知识和技能，推动提升公众个人信息保护意识；最高人民法院、最高人民检察院、公安部等通过发布典型案例、媒体访谈、专家解读等形式，广泛开展个人信息保护宣传，震慑违法犯罪行为，帮助广大人民群众增强识别意识和防范能力。

四、推动形成全社会共同参与的良好环境

个人信息保护事关国家和全社会的共同利益，加强个人信息保护需要政府、企业、相关行业组织和社会公众共同参与，发挥全社会的作用。政府依法履行职责，是个人信息保护制度得到有效落实的保障。企业要依法履行个人信息保护义务、遵守商业道德、承担社会责任、接受政府和社会监督。相关社会组织通过订立行业规范、提出行为倡议、开展业务交流培训等方式，指导和促进本行业的个人信息保护工作的开展。社会公众通过行使具体的个人信息权利以及监督、投诉、诉讼等权利，有效维护自身合法权益，并促进社会对个人信息保护的重视。国家应当采取措施支持社会各方面参与个人信息保护工作，营造全社会共同参与的有利环境和良好氛围。

第十二条　国家积极参与个人信息保护国际规则的制定，促进个人信息保护方面的国际交流与合作，推动与其他国家、地区、国际组织之间的个人信息保护规则、标准等互认。

［释义］本条是关于参与个人信息保护国际治理的规定。

一、个人信息保护是重要的国际议题

数据是信息社会重要的生产要素，个人信息数据是大数据的核心和基础，随着数字经济蓬勃发展，个人信息逐渐成为各国重要的战略资源，个人信息保护也是当前国际竞争和网络社会治理的重要议题。20 世纪 70 年代以来，有关国际组织逐渐重视研究推动形成个人信息保护的相关治理规则。经济合作与发展组织（OECD）制定了《隐私保护和个人数据跨境流动指南》，亚太经济合作组织（APEC）出台了《隐私框架》。欧盟 1995 年制定了《数据保护指令》，2016 年又出台了《通用数据保护条例》。联合国召开世界信息峰会、成立信息安全政府间专家组，上海合作组织、二十国集团（G20）领导人峰会等均将个人信息保护等网络安全相关议题作为重要合作领域。

围绕个人信息保护展开的国际竞争日益激烈。例如，为了从欧盟境内获取个人信息，美国与欧盟就个人信息跨境流动问题反复谈判，并先后达成“安全港框架协议”“隐私盾框架协议”等协议，2020 年“隐私盾框架协议”被宣布无效后，双方继续协商寻求新的解决方案。随着网络强国、数字中国建设工作的深入推进，我国在信息技术和数字经济方面整体实力不断增强，但同时与有关国家之间的竞争甚至冲突也日益显现，为了保障我国公民个人信息权益、维护国家利益，以及为建立公平合理的个人信息保护国际治理规则贡献中国智慧，我国需要积极参与个人信息保护领域的国际交流与合作。

二、我国积极倡导和践行国际合作

2015 年，习近平主席在第二届世界互联网大会开幕式上的讲话中提出了全球互联网发展治理的“四项原则”和“五点主张”，强调国际社会应该在相互尊重、相互信任的基础上，加强对话合作，推动互联网全球治理体系变革，共同构建和平、安全、开放、合作的网络空间，建立多边、民主、透明的全球互联网治理体系。2016 年《国家网络空间安全战略》和 2017 年《网络空间国际合作战略》均提出加强网络空间治理的国际合作。网络安全法、电子商务法、数据安全法也规定了开展网络空间治理等领域的国际交流合作内容。

实践中，我国积极参与联合国、G20、金砖国家、APEC、WTO 等多边机制数字领域国际规则制定，并先后倡导发起《二十国集团数字经济发展与合作倡

议》《“一带一路”数字经济国际合作倡议》《携手构建网络空间命运共同体行动倡议》《全球数据安全倡议》，参与 ISO《区块链和分布式记账技术参考架构》等标准的制定，这些都与个人信息保护密切相关。

三、参与个人信息保护国际治理的几方面内容

第一，积极参与个人信息保护国际规则的制定。个人信息保护是一个相对新兴的领域，虽然有一些比较有影响力的区域性规则，但相关制度总体上尚处于探索和发展之中，还没有形成全球统一且成熟的国际规则。我国积极参与个人信息保护国际规则的制定，既是维护国家利益的需要，也有利于推动形成公平合理的个人信息保护国际规则。

第二，促进个人信息保护方面的国际交流与合作。通过合作交流加强相互信任和支持，有效保障个人信息权益，促进个人信息有序流动。国际交流与合作的领域，包括规则制定方面的合作，也包括执法、司法等领域的合作，还包括技术层面的合作。合作主体方面，既包括促进政府之间的合作，也包括促进企业、行业等相互合作。通过国家缔结或参加国际条约、协定，是促进国际交流合作的重要方式。例如，本法第三十八条规定了我国缔结或者参加的国际条约、协定对向我国境外提供个人信息的条件等有规定的，按照其规定执行。

第三，推动与其他国家、地区、国际组织之间的个人信息保护规则、标准等互认。规则标准“软联通”是推动国际交往高质量发展的重要支撑，是加强国际合作的重要方式。推动与其他国家、地区、国际组织之间的个人信息保护规则、标准等互认，一是有利于从源头防范和化解个人信息保护国际冲突，降低个人信息保护成本，促进个人信息保护和利用。二是提升我国个人信息保护规则、标准的国际影响力，增强我国参与个人信息保护国际规则制定的话语权。国家推动规则、标准等互认，一方面，需要积极参与国际规则、标准的制定，为国际规则、标准与我国规则、标准的衔接奠定好的基础；另一方面，我国制定相关规则、标准，也需要深入研究国际规则和实践情况，做好必要的衔接和应对。此外，还需要在国际交往中重视这方面的协商、谈判，积极推动规则、标准等互认。

第二章　个人信息处理规则

第一节　一般规定

第十三条　符合下列情形之一的，个人信息处理者方可处理个人信息：

（一）取得个人的同意；

（二）为订立、履行个人作为一方当事人的合同所必需，或者按照依法制定的劳动规章制度和依法签订的集体合同实施人力资源管理所必需；

（三）为履行法定职责或者法定义务所必需；

（四）为应对突发公共卫生事件，或者紧急情况下为保护自然人的生命健康和财产安全所必需；

（五）为公共利益实施新闻报道、舆论监督等行为，在合理的范围内处理个人信息；

（六）依照本法规定在合理的范围内处理个人自行公开或者其他已经合法公开的个人信息；

（七）法律、行政法规规定的其他情形。

依照本法其他有关规定，处理个人信息应当取得个人同意，但是有前款第二项至第七项规定情形的，不需取得个人同意。

［**释义**］本条是关于处理个人信息合法性基础的规定。

个人信息保护法在网络安全法、民法典等法律规定的基础上，借鉴国际经验，确立了以个人同意为核心的合法性基础，同时考虑到经济社会生活的复杂性、个人信息处理场景的日益多样，个人信息保护法还从维护公共利益和保障社会生产生活的角度，对取得个人同意以外可以合法处理个人信息的情形作了规定。

一、取得个人的同意

保护个人信息权益源于对人的自由和人格尊严的保护，其核心是赋予个人对其个人信息被处理的决定权和选择权。同意是实现个人的决定权和选择权的基础。个人信息保护法律制度就是通过提高处理行为的透明度，确保个人在充分知情的前提下，决定其个人信息基于何种目的、在何种范围内、以何种方式被处理。同时，由个人对处理行为自愿作出同意，也是意思自治原则在个人信息处理领域的具体体现。因此，同意一直都被视为个人信息保护的基石，也是确保公平合法处理个人信息最有效、最透明的方式。将取得个人的同意作为个人信息处理的合法性基础是各国个人信息保护法律制度的普遍做法，早在 1970 年德国黑森州制定的《数据保护法》就对知情同意作了规定；1973 年美国公布的“公平信息实践准则”报告规定，未经同意不得将个人信息用于个人授权使用之外的目的；1980 年经济合作与发展组织（OECD）制定的《隐私保护和个人数据跨境流动指南》在收集限制和使用限制原则下构建了同意规则。欧盟 1995 年颁布的《关于涉及个人数据处理的保护以及此类数据自由流通的指令》和 2016 年制定的《通用数据保护条例》，以及近些年许多国家制定的个人信息保护法都将同意作为个人信息处理的首要合法性基础。我国网络安全法、消费者权益保护法以及民法典等法律都对处理个人信息应当取得个人同意作了规定。个人信息保护法总结实践经验，借鉴国际普遍做法，将取得个人同意作为处理个人信息的核心规则。

二、为订立、履行个人作为一方当事人的合同所必需，或者按照依法制定的劳动规章制度和依法签订的集体合同实施人力资源管理所必需

1. 为订立、履行个人作为一方当事人的合同所必需，是指个人信息处理者与个人分别为合同双方当事人，而信息处理行为属于为订立和履行合同义务所必需。此处的“必需”是客观上的必要，即个人信息处理者所处理的个人信息种类、处理方式等对订立、履行合同来说应当是必要的，其处理个人信息的行为应符合合同相对人、社会公众的合理期待或者行业惯例。处理个人信息的必要性需要基于合同目的来判断，在兼顾实现合同目的和保护个人信息权益的比例性原则下，如果不处理个人信息就可以实现合同目的，或者通过对个人权益

影响更小的个人信息处理方式就可以实现合同目的，则该处理行为不符合必要性的要求。例如，在买卖合同中卖家（信息处理者）需要处理买家（个人）的收货地址，以便履行交付合同标的物的义务，或处理其银行卡等支付信息以便向买家收款，这些处理行为就属于履行合同所必需。但是卖家收集买家的性别、年龄和消费能力等信息用于向其定向推荐商品就不属于履行合同所必需。合同终止后，处理者处理个人信息的行为就不存在履行合同的必要性，应当停止处理，并按照规定删除个人信息。为订立个人作为一方当事人的合同所必需，一般情况下是指个人有订立合同的意向，个人信息处理者应其要求处理必要的个人信息。

2. 按照依法制定的劳动规章制度和依法签订的集体合同实施人力资源管理所必需。由于本法规定的同意应当由个人自愿作出，所谓的自愿要求处理者赋予个人真正的选择权和决定权，如果个人被迫同意或者不同意将承担负面后果，则同意无效。在人力资源管理场景中，由于劳动者和用人单位关系不对等，劳动者不同意处理其个人信息，很可能会面临不利后果，此时的同意通常不被认为是真正“自愿”作出的。因此，个人“同意”通常不能作为人力资源管理情形下处理个人信息的充分合法依据。但是，用人单位与劳动者在劳动合同签订、工作考核、离职后的竞业限制管理等场景中处理劳动者个人信息有其合理性和必要性，在一些情况下也很难获得个人的同意。因此，本法将实施人力资源管理所必需作为处理个人信息的一项合法性基础。实施人力资源管理所必需处理个人信息，要按照依法制定的劳动规章制度和依法签订的集体合同实施。劳动合同法第四条对用人单位建立和完善劳动规章制度作了规定，要求用人单位在制定、修改或者决定有关劳动报酬、工作时间、休息休假、劳动安全卫生、保险福利、职工培训、劳动纪律以及劳动定额管理等直接涉及劳动者切身利益的规章制度或者重大事项时，应当经职工代表大会或者全体职工讨论，提出方案和意见，与工会或者职工代表平等协商确定；第五十一条还对企业职工一方与用人单位通过平等协商，就劳动报酬、工作时间、休息休假、劳动安全卫生、保险福利等事项订立集体合同作了规定。用人单位应当按照劳动合同法的规定，在与劳动者充分协商基础上建立劳动规章制度，在规章制度中对于因实施人力资源管理所必需处理个人信息的规则作出规定。同时，用人单位还可以与劳动者签订集体合同，并在集体合同中对于处理劳动者个人信息的规则作出约定。

用人单位在劳动规章制度和集体合同中对个人信息处理规则作出规定和约定，也应当遵守个人信息处理的原则和规则，特别是要符合必要、目的明确、最小化处理等原则，只能处理与实施人力资源管理目的直接相关的个人信息，采取对个人权益影响最小的方式。

三、为履行法定职责或者法定义务所必需

1. 因履行法定职责所必需处理个人信息。国家机关为维护国家安全、惩治犯罪、管理经济社会事务，以及提供公共服务，在很多情况下都可能需要处理个人信息。现行一些法律、行政法规对国家机关履行法定职责处理个人信息作了规定，税收征收管理法第六条对纳税人、扣缴义务人和其他有关单位按照国家有关规定如实向税务机关提供与纳税和代扣代缴、代收代缴税款有关的信息作了规定。出境入境管理法第七条规定，经国务院批准，公安部、外交部根据出境入境管理的需要，可以对留存出境入境人员的指纹等人体生物识别信息作出规定。根据居民身份证法第二条、第三条的规定，居住在中华人民共和国境内的年满十六周岁的中国公民，应当申请领取居民身份证，居民身份证登记的项目包括：姓名、性别、民族、出生日期、常住户口所在地住址、公民身份号码、本人相片、指纹信息、证件的有效期和签发机关。根据《全国人口普查条例》第四条、第十二条的规定，人口普查对象应当真实、准确、完整、及时地提供人口普查所需的资料，包括姓名、性别、年龄、民族、国籍、受教育程度、行业、职业、迁移流动、社会保障、婚姻、生育、死亡、住房情况等。但是国家机关履行法定职责具有特殊性，为维护国家安全和社会公共利益、保护人民群众和有关组织合法权益，在一些情形下涉及限制公民的权利和自由，是强制性的并由国家强制力予以保障，在这些情形下为履行法定职责处理个人信息不能也难以以获得个人同意为前提。据此，本条将因履行法定职责所必需作为处理个人信息的合法情形。需要强调的是，判断国家机关处理个人信息是否属于履行法定职责所必需，应当依据法律、行政法规的规定，或者根据国家机关及其履行的职责性质等因素予以判断。同时，国家机关基于此项合法性基础处理个人信息，应当依照法律、行政法规规定的权限和程序进行，不得超出履行法定职责所必需的范围和限度。

2. 为履行法定义务所必需处理个人信息。国家机关履行的法定职责，通常也体现为对公民、法人、非法人组织的法定义务，包括保护公民人身财产安全、提供公共服务等。同时，法律、行政法规还赋予了公民、法人、非法人组织配合、协助国家机关维护国家安全、惩治违法犯罪的义务，如反洗钱法第三条规定，金融机构和特定非金融机构，应当依法采取预防、监控措施，建立健全客户身份识别制度、客户身份资料和交易记录保存制度、大额交易和可疑交易报告制度，履行反洗钱义务。反恐怖主义法第二十条规定，铁路、公路、水上、航空的货运和邮政、快递等物流运营单位应当实行安全查验制度，对客户身份进行查验，依照规定对运输、寄递物品进行安全检查或者开封验视。物流运营单位，应当实行运输、寄递客户身份、物品信息登记制度。网络安全法第二十一条规定，网络运营者应当按照网络安全等级保护制度的要求，采取防范计算机病毒和网络攻击、网络侵入等危害网络安全行为的技术措施，采取监测、记录网络运行状态、网络安全事件的技术措施，确保网络安全；第二十四条还对实名制作出了规定，要求网络运营者为用户办理网络接入、域名注册服务，办理固定电话、移动电话等入网手续，或者为用户提供信息发布、即时通讯等服务，在与用户签订协议或者确认提供服务时，应当要求用户提供真实身份信息。电子商务法第二十七条规定，电子商务平台经营者应当要求申请进入平台销售商品或者提供服务的经营者提交其身份、地址、联系方式、行政许可等真实信息，进行核验、登记，建立登记档案，并定期核验更新；第三十一条要求电子商务平台经营者记录、保存平台上发布的商品和服务信息、交易信息。《征信业管理条例》第二十九条规定，从事信贷业务的机构应当按照规定向金融信用信息基础数据库提供信贷信息。根据法律、行政法规的明确规定，或者法定义务的性质等因素，处理个人信息属于履行法定义务，直接相关且是必要、合理时，则不需要取得个人同意。

四、为应对突发公共卫生事件，或者紧急情况下为保护自然人的生命健康和财产安全所必需

1. 为应对突发公共卫生事件所必需。突发公共卫生事件，是指突然发生，造成或者可能造成社会公众健康严重损害的重大传染病疫情、群体性不明原因疾病、重大食物和职业中毒以及其他严重影响公众健康的事件。以重大传染病疫情为例，收集报告疫情信息，有助于疾控机构及时对确诊或疑似病例开展流行病学调查，掌握传播链条，有针对性地采取隔离控制等措施。因此，根据疫情防控工作的需要和特点，为保护公共利益和个人生命健康安全，法律赋予有关方面特别是疾控机构收集、汇总、使用个人信息的权力，以实现对患者和密切接触者的快速识别，对疫情的精准分析和掌控，为科学决策、科学防控提供支撑。传染病防治法、突发事件应对法等法律、行政法规就发生传染病疫情时，各级政府及相关主管部门、疾控机构、医疗机构处理包括个人信息在内的疫情相关信息作出了规定，明确了相关信息的收集、报告和公布等事项。传染病防治法第十二条规定，在中华人民共和国领域内的一切单位和个人，必须接受疾病预防控制机构、医疗机构有关传染病的调查、检验、采集样本、隔离治疗等预防、控制措施，如实提供有关情况。《突发公共卫生事件应急条例》第四十条规定，传染病暴发、流行时，街道、乡镇以及居民委员会、村民委员会应当组织力量，团结协作，群防群治，协助卫生行政主管部门和其他有关部门、医疗卫生机构做好疫情信息的收集和报告、人员的分散、隔离、公共卫生措施的落实工作。原国家卫生和计划生育委员会制定的《传染病信息报告管理规范（2015 年版）》，通过所附的传染病报告卡模板明确了报告的信息种类，涉及患者姓名、有效证件号、性别、出生日期、工作单位或学校、联系电话、居住地、职业、病种和发病日期等个人信息。据此，个人信息保护法将应对突发公共卫生事件所必需作为处理个人信息的合法性基础。需要强调的是，为应对突发公共卫生事件处理个人信息，不需取得个人同意，但也应当履行必要的告知义务，保障个人的知情权，并且处理个人信息不得超过必要的限度，采取对个人权益影响最小的方式，充分尊重并保护个人隐私等权利。

2. 紧急情况下，为保护自然人的生命健康和财产安全所必需。紧急情况是指迫在眉睫、急迫的状态。在紧急情况下为保护个人的生命或者财产安全，通常客观上很难事先取得同意，或者取得个人同意可能会延误对其生命健康和财产安全的保护，在这种情形下可以不经个人同意处理其个人信息。例如，发生自然灾害、事故灾难等突发事件后，需要收集、使用相关个人信息搜寻失联人员、救助伤员；医院收治急病患者，为确认患者身份获取其个人信息，以便联系其家人；发生电信网络诈骗时，电信运营商对受害人的个人信息进行处理以阻止诈骗发生等。在紧急情况下为保护自然人的生命健康和财产安全所必需处理个人信息无须取得个人同意，并且通常无法及时告知个人，但如果条件允许，应在紧急情况消除后及时向个人告知。

五、为公共利益实施新闻报道、舆论监督等行为，在合理的范围内处理个人信息

新闻报道具有传递信息、提供知识等功能，舆论监督是新闻媒体、社会公众参与社会公众事务，对国家机关和国家工作人员及社会问题进行公开监督的一种方式，为公共利益实施新闻报道、舆论监督，很可能涉及特定的自然人，需要使用、公开自然人的个人信息。

若使用、公开相关个人信息需取得同意，新闻报道、舆论监督就可能无法正常进行。民法典第九百九十九条规定，为公共利益实施新闻报道、舆论监督等行为的，可以合理使用民事主体的姓名、名称、肖像、个人信息等；使用不合理侵害民事主体人格权的，应当依法承担民事责任。个人信息保护法与民法典有关规定相衔接，将为公共利益实施新闻报道、舆论监督等行为，在合理的范围内处理个人信息作为合法性基础。国外一些法律也对因新闻报道等公共利益目的处理个人信息取得个人同意作出了豁免的规定：如欧盟《通用数据保护条例》第八十五条第二款规定，对于为新闻、学术、艺术或者文学表达进行的处理，如果有必要协调保护个人信息处理的权利与言论和信息自由的权利，成员国可以作出例外规定或限制规定；英国《数据保护法》附件二第五部分对因新闻、学术、艺术和文学目的处理个人信息豁免适用《通用数据保护条例》作出了规定，即为公共利益实施新闻报道可以豁免适用合法性基础、个人权利、向第三国传输等的规定；日本《个人信息保护法》规定，广播机关、报社、通讯社以及其他报道机关（包括从事报道业务的个人）为其报道活动目的，不适用个人信息处理者义务一章。

六、依照本法规定在合理的范围内处理已公开的个人信息

传统隐私理论采用公开、私密二分法隐私保护标准，认为已公开的个人信息，不具合理隐私期待，不受隐私法律保护。随着信息技术和大数据产业的发展，通过对个人信息进行汇总、分析，可能产生新的隐私信息。因此，处理公开个人信息，也有侵害个人信息权益的风险，应当对处理已公开的个人信息作出必要的规范。据此，本法第二十七条规定，个人信息处理者可以在合理的范围内处理个人自行公开或者其他已经合法公开的个人信息；个人明确拒绝的除外。个人信息处理者处理已公开的个人信息，对个人权益有重大影响的，应当依照本法规定取得个人同意。本项规定与第二十七条相衔接，将在合理范围内处理已公开的个人信息作为可以处理个人信息的合法性基础。

七、法律、行政法规规定的其他情形

数字经济时代，互联网与经济社会各领域的融合日益加深，个人信息处理的主体和场景更加多样化。鉴于个人信息处理活动广泛存在于社会生产生活中，个人信息保护法不可能穷尽所有处理个人信息的合法性基础，其他法律、行政法规可以根据相关行业、领域的实际，对处理个人信息的合法性基础作出有针对性规定。本条对此留下了必要的空间。

对于个人信息处理的合法性基础应当注意：一是个人信息处理者具备处理个人信息的合法性基础，特别是取得同意以外的合法性基础，也应当遵循合法、正当、必要等个人信息处理的基本原则和具体规则，履行个人信息安全保护义务，并不因具备合法性基础就免除其个人信息保护的义务。二是处理者在开始收集个人信息前就应当确定其合法性基础，不能在收集之后随意变更个人信息处理的合法性基础。三是根据本条第二款的规定，本法中所有要求应当取得个人同意以及单独同意、书面同意的规定，都是对基于同意这一合法性基础处理个人信息作出的要求，如果处理者是基于本条第一款同意以外的合法性基础处理个人信息则不需要适用取得同意的要求。

第十四条　基于个人同意处理个人信息的，该同意应当由个人在充分知情的前提下自愿、明确作出。法律、行政法规规定处理个人信息应当取得个人单独同意或者书面同意的，从其规定。

个人信息的处理目的、处理方式和处理的个人信息种类发生变更的，应当重新取得个人同意。

［**释义**］本条是关于同意的作出和重新取得同意的规定。

“同意”是个人信息处理活动中个人决定权的重要体现，即个人有权决定个人信息能否被他人处理以及如何被处理。

国外相关立法均将“同意”作为个人行使对其个人信息决定权的重要手

段。如欧盟《通用数据保护条例》明确“同意”是指数据主体通过声明或者明确肯定的方式，自愿作出的具体的、知情的，明确地同意其个人数据被处理的指示，并要求如果是基于同意的处理活动，应由控制者来证明数据主体同意处理其个人数据。经济合作与发展组织（OECD）制定的《隐私保护和个人数据跨境流动指南》中明确，除非获得个人的同意或者法律授权，个人信息不应被公开、被他人获取或在列明目的之外使用。美国《记录、计算机与公民权利》报告提出的“公平信息实践”原则，明确“个人应有渠道防止为特定目的的采集的个人信息未经其同意用于其他目的”，并在《健康保险携带和责任法》及其相关隐私保护规则中得到贯彻落实，对医疗服务提供者使用、披露相关健康信息是需得到个人的书面授权，还是仅需提供同意或反对的机会，以及无须通知的不同情形作了规定。新加坡《个人数据保护法》规定，个人作出或和视为作出同意后，机构方可收集、使用、披露个人数据。其中，“同意”是指机构已依法向个人告知所需信息的前提下个人所给予的同意。如果要求个人同意提供超出产品或服务合理范围的个人数据，或者使用欺骗、误导方式获取或企图获取个人的同意，则同意是无效的。如果个人没有实际作出同意，但为收集、使用、披露个人数据的目的自愿向机构提供个人数据，且自愿提供数据的行为是合理的，则应视为个人作出同意。韩国《个人信息保护法》规定，信息主体享有是否同意处理其个人信息的权利以及确定同意处理范围的权利。个人信息处理者获取信息主体的同意时，应单独将需要获得同意的事项通知信息主体，并帮助其确认同意，分别获得信息主体的同意；应将需要获得信息主体同意和无须同意的情形进行区分；个人信息处理者为了宣传推销商品或服务而意图获取信息主体同意的，需要通知信息主体，帮助其确认通知并获取同意；信息主体选择性同意或者不同意时，个人信息处理者不得拒绝向信息主体提供商品或服务。俄罗斯《联邦个人数据法》规定，对基于商业目的、政治宣传目的而处理个人信息，自动化决策以及其他对个人权利和合法利益产生重大影响的个人信息处理，赋予了个人同意或反对权。日本《个人信息保护法》赋予了个人对超出使用目的以及敏感信息等的限制处理权，非经个人同意不得超出使用目的，不得处理敏感个人信息。

本条结合网络安全法、民法典、消费者权益保护法等法律的实践，并借鉴有关国外立法经验，对同意的要件等作出了规定。

一、关于同意的性质

有关个人信息处理活动中“同意”的法律性质，在学理上存在分歧，有法律行为、事实行为、准法律行为的不同理论。在侵权领域，同意可以作为侵权法上的违法阻却事由；在合同领域，同意可能产生变更法律关系或权利义务内容的效果。处理个人信息的同意，更接近于侵权法上的违法阻却事由，但是在部分情形下同意处理个人信息也可能产生变更权利义务内容的效果，例如，个人同意处理者对其个人信息进行公开、披露或者使用。在特定场景中，个人信息处理活动中的同意虽然也存在意思表示的表象，但其之所以能产生排除他人行为不法性的效果，是基于法律的直接规定，而非源于个人意思表示的效果，所以其与以意思表示为核心要素的法律行为并不相同，更接近于准法律行为。此外，个人信息处理中同意的规则与法律行为中意思表示的规则并不相同，例如，撤回同意及其后果与意思表示的撤回、撤销的法律后果并不相同，对于同意要求的行为能力与法律行为也不相同。

二、关于同意的作出

首先，同意应当是在个人充分知情的前提下作出。公开透明原则是处理个人信息的基本原则之一。处理者在收集个人信息之前，就应当积极主动地通过适当的形式告知个人相关信息，包括处理者的名称或者姓名、联系方式、处理目的、处理方式、个人行使相关权利的程序和方式等，以便个人评估处理行为对其权益的影响，在此基础上作出是否接受处理其个人信息的决定，确保其对个人信息处理活动的决定权。

其次，同意应当是自愿作出的。所谓自愿作出同意，是指个人在决定过程中不存在误导、诈欺、胁迫等情形，出于真实意愿选择同意与否。因此，自愿作出的同意要求处理者给予个人真正的选择权和决定权，否则同意无效。如果相对于个人信息处理者，个人处于明显弱势或从属地位而同意对其个人信息的处理，通常不被认为是有效的同意。再比如，处理者通过捆绑方式取得同意，没有赋予个人充分的选择权，也不符合自愿作出的要求。自愿作出同意还意味着个人可以随时撤回其已作出的同意，个人撤回同意不影响处理者在同意撤回前所进行的处理行为的效力。欧盟《通用数据保护条例》引言第四十三项也对不属于自愿同意的情形作了列举，包括：在特定情形下数据主体与控制者之间是不平等的；不允许对不同的个人数据处理分别作出同意；将同意作为合同履行的条件，但同意并非合同履行的必要条件。

最后，同意应当明确作出。目前，大多数国家关于同意的方式，可以分为选入（opt - in）和选出（opt - out）两种模式。选入模式是指处理者在收集个人信息前，由个人以积极的方式，如通过签名或者勾选同意的方框，来表示其对处理个人信息的同意。选出模式是指信息处理者预设个人同意，如果个人反对，则通过权限设置、明确拒绝等方式表示不同意，如果个人没有行使退出权利，将被视为默示同意处理其个人信息。选入模式偏重个人对相关个人信息的控制，强调非经明示同意，处理者不得对个人信息进行处理；选出模式中个人的沉默，或者访问网站、点开手机 App 等行为，都被处理者视为对信息收集的“默示同意”，选出模式偏重个人信息的商业化利用。欧盟《通用数据保护条例》采用选入同意模式，而美国法律则以选出同意模式为主。本法规定的明确作出同意，要求个人在特定场景中通过一个积极清楚的行为来表示对个人信息处理的接受，可以通过书面形式（包括电子形式）、口头形式或者明确的肯定行为作出。因此，沉默、不作为或选出同意都不构成明确同意。

三、关于单独同意和书面同意

针对现实生活中社会反映强烈的一揽子授权、强制同意等问题，本法特别要求，处理者在处理敏感个人信息、向他人提供或公开个人信息、跨境提供个人信息等环节应取得个人的单独同意。单独同意的目的就是禁止处理者通过一揽子同意、捆绑式同意等方式对于某些对个人权益有较大风险或者不利影响的处理行为作出同意，以确保个人充分自主地作出同意。单独同意是相对于一揽子的、概括性同意来说的，单独同意要求个人信息处理者处理特殊类型的个人信息或者特别类型的处理行为不得与一般个人信息、其他类型的处理行为一并取得个人同意。对此，比较法上也有类似规定，如韩国《个人信息保护法》规定，对于个人信息处理者向第三方提供个人信息以及获取对于个人唯一识别符处理的同意，应当将需要个人同意的个人信息与其他信息作出区别。德国《联邦个人数据保护法》规定，处理个人信息的同意与其他事项的同意同列时，二者间必须予以区分。加拿大《联邦个人信息保护及电子文件法》规定，处理个人信息的同意不得采用捆绑式同意，捆绑式同意是指不得要求个人同意可以超出明确且正当目的范围内处理个人信息，且不得以该同意作为提供产品或服务的交换条件。

此外，我国一些法律、行政法规对处理涉及个人重大利益的个人信息应当取得个人的书面同意作出了规定。比如，《征信业管理条例》第十八条、第二十九条规定，向征信机构查询个人信息的，应当取得信息主体本人的书面同意并约定用途；从事信贷业务的机构向其他主体提供信贷信息，应当事先取得信息主体的书面同意。《中华人民共和国人类遗传资源管理条例》第十二条规定，采集我国人类遗传资源，应当征得人类遗传资源提供者书面同意。据此，本条还对处理个人信息的书面同意作出了衔接性规定。

四、关于重新取得同意

处理目的、处理方式和处理的个人信息种类是个人信息处理的核心要素。首先，根据目的明确原则，处理个人信息应当具有明确、合理的目的，并应当与处理目的直接相关，采取对个人权益影响最小的方式。因此，处理目的决定了处理个人信息的范围，处理目的发生变化，处理个人信息的范围可能会发生变化，超出个人的合理预期。处理目的变更，实质上产生了新的处理行为。其次，处理方式变更，比如增加向他人提供、公开个人信息的处理方式，也可能对个人产生重大影响。最后，处理个人信息的类型与个人的权益密切相关，也是个人高度关注的内容。因此，本条规定，个人信息的处理目的、处理方式和处理的个人信息种类发生变更的，个人信息处理者既要依法履行重新告知的义务，还应当取得个人对上述变更事项的同意。

第十五条　基于个人同意处理个人信息的，个人有权撤回其同意。个人信息处理者应当提供便捷的撤回同意的方式。

个人撤回同意，不影响撤回前基于个人同意已进行的个人信息处理活动的效力。

［**释义**］本条是关于撤回同意及其效力的规定。

一、关于撤回同意及其方式

将个人同意作为处理个人信息的重要合法性基础，赋予个人对其个人信息处理的决定权，是尊重和保障个人人格尊严和利益的要求。个人同意个人信息处理者处理其个人信息，并不表明放弃其权利，不适用民商事活动中的禁止反悔原则，即使个人在作出同意后，仍有权撤回其同意。

在个人信息收集阶段，个人对处理行为给其带来的影响不一定有明确的认知，处理者后续的处理行为可能会对其合法权益造成不利影响，此时个人可以行使同意撤回权，要求处理者停止处理行为。许多国家和地区的个人信息保护法律都规定同意可以随时撤回，如欧盟《通用数据保护条例》将可以撤回同意视为有效同意的一个必要方面，规定个人有权随时撤回其同意；个人数据控制者应当在个人实际作出同意之前，将撤回同意的权利告知个人，还必须告知个人如何行使其权利；个人数据控制者应当保证撤回同意是免费的或不降低其服务水平。

同时，个人信息处理者应当为个人撤回其同意提供便捷的方式，不得为个人撤回其同意设置不必要、不合理的障碍。

二、关于撤回同意的效力

本条第二款规定，个人撤回同意，不影响撤回前基于个人同意已进行的个人信息处理活动的效力。根据该规定，撤回同意权利的行使不具有溯及力，即同意的撤回不影响在撤回前基于同意而进行的个人信息处理的合法性。个人撤回同意后，处理者应当停止处理，并且应当按照规定删除基于同意处理的个人信息，除非法律、行政法规规定的保存期限未届满，或者删除个人信息从技术上难以实现。

撤回同意不同于民事法律行为中意思表示的撤销和撤回。根据民法典第一百四十一条、第四百七十五条至第四百七十七条的规定，撤回意思表示须在意思表示未生效之前到达相对人，其产生的效力是使得此前作出的意思表示不发生效力；而撤销是在意思表示到达相对人并生效之后作出的取消前一意思表示的行为。从民法典的规定可以看出，撤回同意与撤销、撤回意思表示有以下不同：一是同意处理个人信息的撤回不受任何时间和条件限制。意思表示的撤回有时间限制。意思表示的撤销也应当在规定的时间内作出，例外情形：要约人以确定承诺期限或者其他形式明示要约不可撤销；受要约人有理由认为要约是不可撤销的，并已经为履行合同做了合理准备工作。二是撤回同意的效力是个人信息处理者不得再继续处理个人信息，并应当删除个人信息，但是撤回同意之前的处理行为的效力不受影响。意思表示的撤回和撤销的效力都是使之前作出的意思表示不发生效力。

第十六条　个人信息处理者不得以个人不同意处理其个人信息或者撤回同意为由，拒绝提供产品或者服务；处理个人信息属于提供产品或者服务所必需的除外。

［**释义**］本条是关于禁止以提供产品或者服务为由强制获取用户同意的规定。

实践中，一些 App 往往采用捆绑式同意方式强制获取用户的同意，如捆绑多项业务功能一揽子征求用户同意，不同意则不提供任何单一服务，或者捆绑提供产品或服务的必要信息以及其他非必要信息一揽子征求用户同意，不同意则不提供服务。本条规定就是针对捆绑式同意这一问题作出的有针对性规定。

本法第五条规定，处理个人信息应当遵循合法、正当、必要和诚信原则，不得通过误导、欺诈、胁迫等方式处理个人信息。第六条规定，处理个人信息应当具有明确、合理的目的，并应当与处理目的直接相关，采取对个人权益影响最小的方式。收集个人信息，应当限于实现处理目的的最小范围，不得过度收集个人信息。在捆绑式同意情形中，用户如不对一揽子事项作出提供个人信息的同意就不能使用相关产品或者服务，导致用户的选择权和决定权实际被架空，该种同意并非自愿作出，而是迫于使用产品或者服务的需要不得不作出的，在此种情形下，个人信息处理者违反了处理个人信息的必要、诚信和最小化处理原则。为了避免个人信息处理者采用这种捆绑式同意的方式侵害用户的决定权，本法规定，个人信息处理者不得以个人不同意处理其个人信息或者撤回同意为由，拒绝提供产品或者服务；处理个人信息属于提供产品或者服务所必需的除外。这一规定要求个人信息处理者处理个人信息应当与提供产品或者服务的目的直接相关，不能收集与提供产品或者服务无关的个人信息。直接相关是指该信息是实现业务功能所必需的信息；无关是指该信息并非实现业务功能所必需；所谓必需要基于产品或者服务的性质来确定，而非个人信息处理者的主观判断，必需的个人信息是指保障产品和服务功能正常运行所最少够用的个人信息，一旦缺少这些必要的信息将导致相关产品或者服务无法实现或无法正常运行。例如，在使用导航App过程中，若用户不同意提供自己的实时位置信息，商家则不能提供该服务；又如，打车App，若用户不同意提供其位置信息，网约车便不能搭载乘客。但是，如果上述App超出定位和搭载乘客目的范围收集其个人信息，如通讯录、照片等，用户不同意或者撤回此前关于处理者收集的同意，个人信息提供者不得拒绝提供导航或者网约车服务。

第十七条　个人信息处理者在处理个人信息前，应当以显著方式、清晰易懂的语言真实、准确、完整地向个人告知下列事项：

（一）个人信息处理者的名称或者姓名和联系方式；

（二）个人信息的处理目的、处理方式，处理的个人信息种类、保存期限；

（三）个人行使本法规定权利的方式和程序；

（四）法律、行政法规规定应当告知的其他事项。

前款规定事项发生变更的，应当将变更部分告知个人。

个人信息处理者通过制定个人信息处理规则的方式告知第一款规定事项的，处理规则应当公开，并且便于查阅和保存。

［**释义**］本条是关于告知内容和告知方式的规定。

告知是个人信息处理公开透明原则的要求，是实现个人知情权的基础，也是个人行使本法规定的其他权利的前提。个人只有知晓与其个人信息处理有关的重要事项，才能自愿地、理性地作出相关决定。

有些国家和地区、国际组织均将“告知”作为保障个人知情权的一种必备手段作出规范，如欧盟《通用数据保护条例》规定，控制者应当在向数据主体收集其个人数据时提供以下信息：控制者的身份和详细联系方式，必要时还应提供控制者法定代表的身份和详细联系方式；若适用，应提供数据保护官的详细联系方式；个人数据的处理目的及处理的法律依据；控制者或者第三方所追求的合法利益；个人数据的接收方或接收方的类型；控制者意图向第三国或者国际组织传输个人数据的事实、依据，以及所采取的安全保护措施和数据主体获取副本的方式；个人数据的存储期限或者确定存储期限的标准；数据主体向控制者主张其个人数据的获取、修改、删除、限制处理、拒绝处理、可携带的权利；随时撤回同意的权利；向监管机构申诉的权利；个人数据的提供是否基于法律规定、合同要求或订立合同之必要，数据主体是否有义务提供个人数据以及不提供可能产生的后果；关于包括数据画像在内的与自动化决策有关的逻辑机制和有意义的信息，以及此类处理对数据主体的意义和预期影响。如果个人数据并非从数据主体处获得，控制者还应当额外向数据主体告知关于该数据的来源；如果控制者意图变更收集个人数据时的处理目的，则应当就新的处理目的向数据主体告知有关信息。亚太经济合作组织（APEC）制定的《隐私框架》要求，个人信息控制者应就个人信息方面的应用和政策提供清晰且容易查阅的声明，包括个人信息被收集的事实、收集目的、披露对象的类型、控制者的身份及地址，以及个人查阅、更正其信息和限制其信息被使用或披露的途径和方式。国际标准化组织（ISO）和国际电工委员会（IEC）联合制定的《ISO29100隐私框架》提出，信息控制者以清晰和易懂的方式向信息主体提供有关信息处理的政策、程序和规则，应向信息主体告知本人的信息是否被收集、收集的目的、披露给第三方的信息类型、控制者的身份以及访问、更正、删除本人信息的方式，当处理程序有重大变化时应提示信息主体。美国健康教育和福利部《记录、计算机与公民权利》报告提出“公平信息实践”原则，明确不允许存在秘密的个人信息记录系统，个人应有渠道获知其哪些信息被记录及如何被使用，这一原则被美国多部立法所采用，如《金融服务现代化法》要求金融机构需向用户告知其隐私政策，金融机构如向非关联机构分享用户信息需履行告知义务，明示哪些信息将向谁披露，并向用户说明如何行使退出权；美国《隐私法》规定，个人有权知道联邦机构是否保存有其本人的记录，并可要求查看和复制。韩国《个人信息保护法》规定，个人信息处理者获取同意时，应当向信息主体告知：收集和使用个人信息的目的；将要收集的个人信息的详情；个人信息保存和使用期限；信息主体有权拒绝同意以及因拒绝而产生的不利后果。俄罗斯《联邦个人数据法》明确个人有权获取有关处理者及其地址等信息、有权从处理者处确认是否存有其个人信息并知悉其个人信息的权利。有权获得处理的有关信息，包括：个人信息被处理的事实及处理的目的、处理的方式、接触或可能接触本人个人信息的人、所处理的个人信息的清单及其来源、处理和保管的期限、个人信息的处理可能会对个人产生的法律后果。我国台湾地区“个人资料保护法”规定，公务机关或非公务机关向当事人搜集个人资料时，应明确告知以下事项：公务机关或非公务机关名称；搜集目的；个人资料的类别；个人资料利用的期间、地区、对象及方式；当事人的权利及行使方式；当事人不提供个人资料将对其权益产生的影响。当搜集的个人资料非由当事人提供的，应在处理或利用前告知上述事项及个人资料的来源。

本法将公开透明作为个人信息保护的基本原则之一，并将保障个人的知情权贯穿于个人信息处理的全过程、各环节，形成了体系化的规定。其中，本条对个人信息处理者在处理个人信息时的告知事项、告知方式等一般性要求作出了规定，本法其他条款还对处理对外提供个人信息、处理敏感个人信息等特殊类型处理活动的告知作出了专门规定。

一、关于告知应当符合的要求

1. 个人信息处理者应当在处理个人信息前向个人进行告知，而不能在已经实施了处理行为之后再告知。

2. 采用显著方式告知。采用显著方式告知具体包括以下含义：一是处理个人信息的规则信息应与其他信息（如合同条款或者一般使用条款）明确区分。二是告知应在个人使用相关服务时即时直接展示。线下告知应在提供服务前主动通过标注、说明、签字确认等多种方式向个人履行告知义务；在线告知应当提供文本信息或者链接、通过问答对话等容易显示的方式展现，还可以采用可视化与交互技术等技术手段来实现。三是告知文本的大小、字体与颜色应足以吸引个人的注意。线下告知文本的字体应当与其他合同条款字体明确区分，确保个人能够完整阅读告知事项；在线告知所使用的文字或视觉提示，应足以鼓励个人将鼠标光标向下滑滚至能审阅隐私政策通知，网站内其他元素（如文字、图案、链接或声音）应确保个人不会对通知的注意力造成干扰。欧盟《通用数据保护条例》引言中对于不得对个人造成干扰也作出了规定：若需要以电子形式请求数据主体作出同意的，则此等请求必须清楚、简明，且不会对所使用的服务造成不必要的干扰。

3. 采用清晰易懂的语言告知。实践中一些告知文本使用大量专业性、模糊、抽象的语词，内容可读性不强，导致用户的实际阅读率低，告知的内容并没有真正被传达和理解。例如，对于个人信息收集和使用的目的，使用改善服务质量、提升用户体验、研发新产品、增强安全性等模糊语言进行描述，回避个人信息收集后的处理方式和用途，很难让个人意识到处理行为的风险。为了避免上述情形，法律规定个人信息处理者应当采用清晰易懂的语言告知。清晰易懂的要求意味着，通知应当考虑阅读对象的多元化，以确保通知能够被不具备专业知识背景和理解能力的人所理解。

4. 真实、准确、完整告知。这是对告知内容质量的要求。首先，告知的内容应当与其真正的处理行为一致，而不能告知与其处理目的、处理方式、个人信息种类、保存期限不一致的处理规则，同时相关处理者的名称或者姓名和联系方式也应当真实，以确保个人能够按照告知内容联系到个人信息处理者。其次，告知的内容应当准确，处理者应当将其明确、具体的处理目的和处理方式以及处理的个人信息具体种类、具体保存期限告知用户。最后，告知内容应当完整，一方面，要求处理者应当将本款规定的所有事项以及其他法律、行政法规规定的应当告知的事项一并告知用户；另一方面，每一项的告知内容也应当完整，譬如对于处理方式，应当告知个人信息的全流程处理行为分别采取的处理方式，行使权利的方式和程序也应当包含本法规定的权利，并且程序也应完整。

二、关于告知的内容

只有将与个人信息权益密切相关的信息告知个人，使其真正了解处理行为及其风险，才可能取得个人的有效同意。本条第一款对处理者应当告知的内容作出了规定：一是个人信息处理者的名称或者姓名和联系方式，告知个人信息处理者的具体信息有助于个人对处理者的保护能力作出评估，也有助于个人行使其权利。二是个人信息的处理目的、处理方式，处理的个人信息种类、保存期限，这些事项是个人信息处理的核心要素，事关个人的切身利益，应当向个人告知。三是个人行使本法规定权利的方式和程序等，本法规定个人在个人信息处理活动中有查询、复制、可携带、更正、补充、删除等权利，处理者应当将行使上述权利的方式和程序告知个人，以确保个人能够方便地行使上述权利。此外，对于处理敏感个人信息的，处理者还应当根据本法第三十条的规定，向个人告知处理敏感个人信息的必要性以及对个人权益的影响。欧盟个人数据保护工作组也认为，至少需要告知以下内容才可能取得有效同意：控制者的身份；

每项需要征得同意的数据操作的目的；何种类型的数据会被收集或使用；存在撤回同意的权利；使用的数据将会用于对数据主体具有重要影响的自动化决策；由于缺乏充分性决定，或缺少适当保障措施，数据传输可能带来的风险。

三、关于告知事项变更的告知

落实个人信息处理公开透明原则的要求适用于个人信息处理的整个生命周期。如果先前告知的事项发生变更，处理者应当将变更部分告知个人，告知的时间应当在新的处理行为之前。这里的变更主要是指告知事项的实质性改变，不包括拼写错误等非实质性改变。处理者在确定是否为实质性变更时，应考虑该变更对个人信息权益的影响，以及个人的可接受程度。此外，处理者应当将变更部分告知个人，同样应当采用显著方式、清晰易懂的语言，做到真实、准确、完整。

四、关于个人信息处理规则的公开、查阅和保存

个人信息处理者在处理个人信息前告知法律规定的事项可以采取一对一的方式，例如，在办理相关业务时采用知情同意书的方式逐一告知有关个人信息处理的事项。处理者也可以采用公开个人信息处理规则的方式，也就是通常所说的“隐私政策”“隐私协议”，向不特定当事人告知。目前在使用应用软件、浏览网站等在线服务的情形下，处理者通常采用公开隐私政策的方式向个人告知个人信息处理规则。公开个人信息处理规则应当符合本条第一款的规定，并应当便于个人查阅和保存，以保障个人的知情权。

第十八条　个人信息处理者处理个人信息，有法律、行政法规规定应当保密或者不需要告知的情形的，可以不向个人告知前条第一款规定的事项。

紧急情况下为保护自然人的生命健康和财产安全无法及时向个人告知的，个人信息处理者应当在紧急情况消除后及时告知。

［**释义**］*本条是关于个人信息处理告知例外的规定。*

公开透明原则是处理个人信息的基本原则之一，无论基于何种合法性基础处理个人信息，原则上都应当告知个人本法第十七条第一款规定的事项，这是保障个人信息权益的基础。但是，基于法律、行政法规等的规定或者特殊情况下，个人信息处理者不能告知或者无法告知的，本法作出了特殊规定：（1）应当保密的情形，可以免于履行告知义务。这里的“保密”是指保守国家秘密，保守国家秘密法对应当确定为国家秘密的事项以及国家机关、企事业单位和个人等主体的保密义务作出了规定，因此，处理个人信息涉及国家秘密事项的不需要向个人告知。（2）不需要告知的情形主要包括：一是国家机关为履行法定职责处理个人信息，告知将妨碍国家机关履行职责的；二是按照本法规定在合理的范围内处理已公开的个人信息，通常也不需要告知；三是法律、行政法规规定不需要告知的其他情形。（3）在紧急情况下为保护自然人的生命健康和财产安全无法及时告知的，可以在紧急情况消除后再履行告知义务。例如，个人因急救入院治疗，医院从其随身携带的资料中查明了个人身份等信息用于治疗，由于情况紧急无法履行告知义务的，应当在紧急情况消除后及时告知。

第十九条　除法律、行政法规另有规定外，个人信息的保存期限应当为实现处理目的所必要的最短时间。

［**释义**］本条是关于个人信息保存期限的规定。

个人信息的保存期限与目的明确、最小化处理原则密切相关。根据本法第六条的规定，处理个人信息应当有明确、合理的目的，并应当与处理目的直接相关，采取对个人权益影响最小的方式，不得过度收集个人信息。一般而言，个人信息处理行为基于的特定目的本身就有存续期限。这意味着，旨在实现信息处理目的的个人信息的保存也应当限于实现目的所需要的最短期限。如果保存期限不确定或长于实现处理目的所需要的期限，不符合个人对自身权益的合理期待，也会增加信息泄露或不正当使用的风险。处理目的已实现、无法实现或者为实现处理目的不再必要，继续处理个人信息则不再具有正当性，处理者自然没有继续处理个人信息的必要。处理者应当根据本法第四十七条的规定删除个人信息，或者停止除存储和采取必要的安全保护措施之外的处理。

同时，现行法律、行政法规基于维护公共利益等需要，对特定行业和领域的个人信息保存期限作出了明确规定，处理者应当遵守相关保存期限的规定。例如，网络安全法为防范和调查危害网络安全的活动，规定网络日志留存不少于6个月；电子商务法为解决可能发生的消费纠纷的需要，规定商品和服务信息、交易信息保存时间自交易完成之日起不少于3年；证券法、证券投资基金法从反洗钱等需要出发，规定证券投资者的身份资料、交易记录等的保存期限不得少于 20 年；《征信业管理条例》根据征信业务的特点，规定征信机构对个人不良信息的保存期限，自不良行为或者事件终止之日起为 5 年。据此，根据本条规定，个人信息的保存期限应当为实现处理目的所必要的最短时间，但法律、行政法规对个人信息的保存期限另有规定的，应当按照其规定执行。

第二十条　两个以上的个人信息处理者共同决定个人信息的处理目的和处理方式的，应当约定各自的权利和义务。但是，该约定不影响个人向其中任何一个个人信息处理者要求行使本法规定的权利。

个人信息处理者共同处理个人信息，侵害个人信息权益造成损害的，应当依法承担连带责任。

［**释义**］本条是关于共同处理个人信息的规定。

本法在附则中将个人信息处理者界定为，在个人信息处理活动中自主决定处理目的、处理方式的组织和个人。相应地，当数人共同自主决定个人信息的处理目的、处理方式时，该个人信息处理行为属于共同处理，共同决定处理目的、处理方式的组织和个人为共同处理者。共同处理行为并不要求数个处理者全程参与个人信息处理的各环节、实施所有处理行为，而是强调数人共同决定个人信息的处理目的、处理方式，共同承担个人信息处理的后果。

一、关于共同处理者的义务

共同处理个人信息，共同处理者应当明确各自的角色定位，并明确各自的权利义务，以确保该处理过程符合法律关于共同处理的要求。共同处理者应明确的权利义务主要包括：个人信息的处理目的、处理方式、合法性基础，在个人信息收集、存储、使用、加工、传输、提供、公开、删除等全生命周期各方可以实施的行为，如何履行告知义务，各方对个人信息保护应采取的措施，如何进行个人信息保护影响评估、合规审计，如何响应个人行使权利的请求，如何向履行个人信息保护职责的部门通知个人信息泄露的情况，共同处理者在发生损害赔偿责任时的内部责任划分等。

即使共同处理者对其共同处理行为的权利义务作出约定，仍应对该共同处理行为负责，个人可以向任何一个处理者要求行使本法规定的个人在个人信息处理活动中的查阅、复制、可携带、更正、删除等权利。

二、关于共同处理的损害赔偿责任

个人信息处理者共同决定个人信息的处理目的、处理方式，该处理行为侵害个人信息权益造成损害的，构成民法典第一千一百六十八条规定的共同侵权行为，共同处理者应当对该损害承担连带赔偿责任。从国外的立法来看，要求共同处理者对共同处理行为导致的侵权行为承担连带赔偿责任，是通行做法，比如欧盟《通用数据保护条例》第八十二条第四款规定，如果有多个数据控制者且应对处理活动造成的损害承担责任时，每一个控制者都应当对整个损害承担全部责任。在因共同处理侵权行为的情形下，被侵权人可以要求任何一个处理者承担全部赔偿责任，也可以要求共同处理者共同承担全部赔偿责任。

第二十一条　个人信息处理者委托处理个人信息的，应当与受托人约定委托处理的目的、期限、处理方式、个人信息的种类、保护措施以及双方的权利和义务等，并对受托人的个人信息处理活动进行监督。

受托人应当按照约定处理个人信息，不得超出约定的处理目的、处理方式等处理个人信息；委托合同不生效、无效、被撤销或者终止的，受托人应当将个人信息返还个人信息处理者或者予以删除，不得保留。

未经个人信息处理者同意，受托人不得转委托他人处理个人信息。

［**释义**］本条是关于委托处理个人信息的规定。

个人信息处理者作为决定处理目的和处理方式的主体，可能不具备处理能力，需要委托他人来处理个人信息；有的个人信息处理者处理个人信息数量大、业务复杂，需要委托其他细分领域的主体来处理个人信息。本条根据民法典关于委托合同的规定对个人信息处理者委托处理个人信息作出了规定。

一、关于个人信息处理者的义务

在委托处理个人信息的活动中，个人信息处理者应当履行以下义务：一是应当与受托人签订合同，约定委托处理的目的、委托处理的期限、处理过程中采取何种操作措施、个人信息的种类、处理者采取的技术保护措施和管理措施以及双方的权利和义务等。二是应当对受托人的个人信息处理活动进行监督，监督可以根据个人信息处理的不同情况采取派员监督、定期进行检查或者其他方式进行，以确保委托处理个人信息的活动符合法律规定。

此外，根据本法有关规定，个人信息处理者还应当对其委托处理行为进行个人信息保护影响性评估，并不得超出个人同意的范围作出委托行为。

二、关于受托人的义务

一是受托人应当严格按照委托合同的约定以及个人信息处理者的指示、要求处理个人信息，不得超出约定的处理目的、处理方式等范围处理个人信息。二是委托合同不生效、无效、被撤销或者终止的，受托人应当将个人信息返还给个人信息处理者或者予以删除，不得保留。三是转委托应当经处理者同意。根据民法典第九百二十三条规定，经委托人同意，受托人可以转委托。据此，受托人转委托他人处理个人信息的，必须得到委托方的同意。

三、委托处理的责任承担

本法对个人信息委托处理的责任承担未作规定。根据民法典有关规定，受托人接受委托处理个人信息的行为，对委托人即个人信息处理者发生效力，由此侵害个人信息权益造成损害的，由委托人承担对第三人的民事责任。受托人不履行或者不按照约定履行职责，造成委托人损害的，应当依法承担民事责任。

第二十二条　个人信息处理者因合并、分立、解散、被宣告破产等原因需要转移个人信息的，应当向个人告知接收方的名称或者姓名和联系方式。接收方应当继续履行个人信息处理者的义务。接收方变更原先的处理目的、处理方式的，应当依照本法规定重新取得个人同意。

［释义］本条是关于因合并、分立、解散、被宣告破产等原因转移个人信息的规定。

个人信息处理者作为个人信息保护义务和责任的承担者，其变更意味着处理个人信息的规则和安全保护能力可能发生变化，对个人信息权益有重大影响，一般情况下，此类变更应取得个人的同意。例如，本法规定向其他处理者提供个人信息需取得个人的单独同意。

在个人信息处理者合并、分立、解散、被宣告破产而需要转移个人信息的情形下，虽然可能发生个人信息处理主体的变更，但存在个人信息处理行为的承继关系。例如，在个人信息处理者合并、分立时，基于法律规定而发生全部或部分财产的承继，从而导致个人信息处理主体的变更，但可能不会发生个人信息处理目的、处理方式的实质性改变。本条针对上述情形的个人信息转移作出有针对性的规范：一是要求个人信息处理者向个人告知接收方的名称或者姓名和联系方式，以保障个人的知情权。二是如果个人信息处理活动仍在原先的处理目的、处理方式等范围内进行，则个人信息处理者和接收方均不需要就个人信息的转移取得个人的同意，但接收方仍须按原先的处理目的、处理方式处理个人信息，继续履行个人信息处理者的义务。需要强调的是，这一规则通常适用于接收方和原个人信息处理者开展的业务类似，且能够为个人信息提供充分保护的情形。三是如果接收方需要变更原先的处理目的、处理方式，则接收方应当重新告知并取得个人的同意。

第二十三条　个人信息处理者向其他个人信息处理者提供其处理的个人信息的，应当向个人告知接收方的名称或者姓名、联系方式、处理目的、处理方式和个人信息的种类，并取得个人的单独同意。接收方应当在上述处理目的、处理方式和个人信息的种类等范围内处理个人信息。接收方变更原先的处理目的、处理方式的，应当依照本法规定重新取得个人同意。

［**释义**］本条是关于向其他个人信息处理者提供个人信息的规定。

基于使用或者其他目的，向其他个人信息处理者提供个人信息，属于个人信息转移的情形之一，对个人信息权益影响重大，应予以特别规制。从域外立法情况看，有两种立法规制路径：一种路径是按照个人信息处理者对外提供个人信息的角度予以规制，如根据韩国《个人信息保护法》规定，取得个人同意或符合法定特殊情形之一（为维护个人、第三者急迫的人身财产利益或者因公务需要等）可以向他人提供个人信息；另一种路径是按照个人信息处理者从他人处获取个人信息的角度予以规制，如欧盟《通用数据保护条例》区分从个人处直接获取个人信息、从第三方间接获取个人信息分别规定了告知义务。这两种规制方式都要求个人信息处理者向个人告知并取得个人同意，以保障个人的知情权和决定权，保护个人信息权益。考虑到从他人处获取个人信息通常很难向个人告知并取得个人同意，“告知—同意”规则的可操作性较差，因此，本条从个人信息处理者对外提供个人信息的角度作出规制，包括以下内容：一是个人信息处理者应当向个人告知接收方的名称或者姓名、联系方式、处理目的、处理方式和个人信息的种类，以保障个人的知情权；二是向他人提供个人信息，应当取得个人的单独同意，不得与其他处理事项混同取得同意；三是要求接收方在已告知的处理目的、处理方式和个人信息种类等范围内处理个人信息，如果接收方需要变更原先的处理目的、处理方式等，则接收方应当重新告知并取得个人的同意。

需要说明的是：一是本法第二十条规定的共同处理，第二十一条规定的委托处理，第二十二条规定的因合并、分立、解散、被宣告破产承继个人信息，虽然都存在个人信息“提供”及转移行为，但个人信息的处理目的、处理方式等重要事项在个人信息转移中均不发生实质性改变，个人信息的接收方都在已获授权的处理目的、处理方式等范围内处理个人信息，本条确立的向其他个人信息处理者提供个人信息的规则有本质不同，不适用于上述情形。在本条中，个人信息接收方的个人信息处理活动被视为一个新的个人信息处理行为，其作为一个独立的个人信息处理者应当对其处理行为负责。二是本条针对的是基于以同意为合法性基础所作出的规定，根据本法规定，如果是基于其他合法性基础无须取得个人同意，或者无须向个人告知的，则不适用本条规定。

第二十四条　个人信息处理者利用个人信息进行自动化决策，应当保证决策的透明度和结果公平、公正，不得对个人在交易价格等交易条件上实行不合理的差别待遇。

通过自动化决策方式向个人进行信息推送、商业营销，应当同时提供不针对其个人特征的选项，或者向个人提供便捷的拒绝方式。

通过自动化决策方式作出对个人权益有重大影响的决定，个人有权要求个人信息处理者予以说明，并有权拒绝个人信息处理者仅通过自动化决策的方式作出决定。

［释义］本条是关于利用个人信息进行自动化决策的规定。

按照本法附则的规定，自动化决策是指通过计算机程序自动分析、评估个人的行为习惯、兴趣爱好或者经济、健康、信用状况等，并进行决策的活动。

在大数据时代，利用个人信息进行自动化决策被广泛应用于广告推荐、信息推送、人员招聘、信用评价、商品或者服务定价、智慧城市、智能交通、辅助行政执法或司法裁判等。如在商业领域，可以根据个人的购物记录判断购物频率和偏好，并有针对性地进行广告营销和商品推送；在金融领域，可以根据个人的存款和工作判断个人的偿债能力，并决定个人的信贷额度；在社会管理领域，可以根据个人经济等状况，决定社会救助等。

利用个人信息进行自动化决策，通常包括两个环节：第一个环节是用户画像，即对自然人的各类信息记录、加工，并分析个人的行为习惯、兴趣爱好或者经济、健康、信用状况等；第二个环节是决策，即利用用户画像对个人作出广告推荐、信息推送、信用评价等决策。鉴于利用个人信息进行自动化决策已成为大数据时代个人信息利用的重要方式，并且对个人权益有较大影响，因此，个人信息保护法对这个问题作出了专门规定。

一、利用个人信息进行自动化决策应当保证决策的透明度

公开透明原则是个人信息处理的基本原则，利用个人信息进行自动化决策也应同样适用。同时，自动化决策通常需要使用大量个人信息和复杂的算法模型，个人一般很难完全清晰地了解自动化决策的过程，因此，本法对自动化决策的透明度比一般的个人信息处理提出了更高的要求。保证自动化决策的透明度，一是个人信息处理者应在事前主动告知个人信息处理是否存在自动化决策，自动化决策使用的个人信息种类，自动化决策的基本原理和逻辑机制，可能对个人产生的不利影响等；二是依照本条第三款的规定，通过自动化决策的方式作出对个人权益有重大影响的决定，应个人的请求，个人信息处理者应当向个人作出解释说明。

域外相关立法对确保自动化决策的透明度也提出了相应的要求。比如，欧盟《通用数据保护条例》第十五条规定，数据控制者应当向数据主体提供自动化决策机制，包括数据画像及有关的逻辑程序和有意义的信息，以及此类处理对个人的意义和预期影响。美国《信贷机会均等法》《公平信用报告法》规定了“不利行动告知”条款，要求贷方就不利的自动化决策评分向金融消费者进行解释，包括拒绝提供信贷、拒绝录用或提供保险服务等其他信用评估输出结果的具体原因，并告知消费者有权就信用报告中不准确或不完全的信息提出质疑。

二、保证自动化决策结果的公平、公正

利用个人信息进行自动化决策，可能会因两个方面的因素影响结果的公平、公正：一是因个人信息不准确、不完整，或者因自动化决策的算法模型客观上存在缺陷，影响自动化决策结果的公平、公正，对个人产生不利的影响；二是因人为操纵用于自动化决策的信息或算法模型，导致自动化决策对个人产生不利后果。因此，本法第五十五条将利用个人信息进行自动化决策作为一项高风险处理活动，要求个人信息处理者在事前进行影响评估。

“大数据杀熟”是当下互联网服务领域广为诟病的一种利用自动化决策对消费者实施不公平待遇的做法，在在线旅游、交通出行、在线票务、视频网站、网络购物等诸多领域都可能发生。“大数据杀熟”的做法是，互联网服务提供者对消费者使用互联网服务所形成的浏览、收藏、搜索、交易、评价等信息进行记录、加工，分析、预测消费者的收入水平、消费习惯、对相关商品或服务需求或者对交易价格的敏感程度等，在交易条件相同的情况下实行不合理的差别定价。“大数据杀熟”侵害了消费者的知情权、选择权、公平交易权等，扰乱了市场交易秩序。消费者权益保护法第十条规定，消费者享有公平交易的权利。消费者在购买商品或者接受服务时，有权获得质量保障、价格合理、计量正确等公平的交易条件，有权拒绝经营者的强制交易行为。本条根据消费者权益保护法的上述规定，明确禁止对个人在交易价格等交易条件上实行不合理的差别待遇。所谓“同等交易条件”是指交易时间、交易方式和交易数量不存在实质性影响交易成本的差别，如果交易条件相同，商品或服务的提供者仅仅是因为交易相对人的消费能力和消费习惯等，或者提供与产品和服务无关的因素进行差别化定价，就构成对消费者的歧视，应当予以禁止。

三、关于利用自动化决策进行信息推送、商业营销

为了维护个人对自动化决策的选择权和决定权，本条第二款规定，通过自动化决策方式向个人进行信息推送、商业营销，应当同时提供不针对其个人特征的选项，或者向个人提供便捷的拒绝方式。这一规定充分考虑了利用自动化决策方式进行信息推送、商业营销的不同场景，为个人信息处理者提供了两种

选择：一种选择通常适用于信息展示的情况，个人信息处理者可在服务页面上同时展示针对个人特征的信息和非个人特征的信息，并作出明显区分或者提示，供个人选择；另一种选择是向个人提供拒绝针对其个人特征的选项，当个人拒绝个性化推荐时，个人信息处理者只能展示或推送与其个人特征无关的信息。欧盟《通用数据保护条例》第二十一条中也作出了类似规定，明确如果为直接营销目的处理个人数据的，数据主体有权随时反对因该商业目的处理其个人数据，包括与直接营销有关的数据画像。

四、关于对个人权益有重大影响的自动化决策

本条第三款规定，通过自动化决策方式作出对个人权益有重大影响的决定，个人有权要求个人信息处理者予以说明，并有权拒绝个人信息处理者仅通过自动化决策的方式作出决定。这一规定包括两层含义：一是赋予个人对重大自动化决策的要求解释权，这是个人知情权的体现，也是个人行使选择权和决定权的基础；二是赋予个人要求对自动化决策进行人工干预的权利，即要求个人信息处理者对自动化决策进行人工干预，复核自动化决策结果是否基于准确、完整的个人信息公平、公正作出，并可以要求更正错误或不当的决策结果。

欧盟《通用数据保护条例》对有重大影响的自动化决策也作出相应的规范，该条例第二十二条规定，数据主体有权不受仅基于自动化决策（包括数据画像）所作的对其产生法律效果或者类似重大影响的决策所约束；在为订立或者履行合同、基于数据主体明确同意的情形下，数据控制者应采取适当措施保护数据主体的权利、自由及正当利益，至少应保证个人有权要求数据控制者对自动化决策进行人工干预、表达其观点以及对决策提出异议的权利。

第二十五条　个人信息处理者不得公开其处理的个人信息，取得个人单独同意的除外。

［释义］本条是关于公开个人信息的规定。

违背个人意愿将个人信息予以公开，可能严重侵害个人隐私、名誉、人格尊严等人格权益。在互联网时代，个人信息的公开具有不可逆性，个人信息一旦被公开就很难删除，更增加了个人信息被非法利用，以及个人的名誉、隐私等被侵害的风险。本法对个人信息处理者向其他个人信息处理者转移个人信息作出规范，同时对个人信息泄露的通知作出了规定，据此，本条所称的“公开”是指主动向不特定公众披露个人信息的行为。

本法第六条第一款规定，处理个人信息应当具有明确、合理的目的，并应当与处理目的直接相关，采取对个人权益影响最小的方式。正是由于公开个人信息对个人权益有重大影响，且通常情况下公开个人信息是不必要的。因此，本条原则上禁止个人信息处理者公开其处理的个人信息。在个人信息保护法出台之前的许多法律都要求商业机构以及国家机关在经营活动或履行经济社会管理职责时对所收集的个人信息应当予以保密，不得泄露或者非法向他人提供。如商业银行法第二十九条规定，商业银行办理个人储蓄存款业务，应当遵循存款自愿、取款自由、存款有息、为存款人保密的原则。对个人储蓄存款，商业银行有权拒绝任何单位或者个人查询、冻结、扣划，但法律另有规定的除外。医师法第二十三条第三项要求医师在执业活动中应当履行保护患者隐私和个人信息的义务。旅游法第五十二条规定，旅游经营者对其在经营活动中知悉的旅游者个人信息，应当予以保密。兵役法第十一条第二款规定，兵役工作有关部门及其工作人员应当对收集的个人信息严格保密，不得泄露或者向他人非法提供。监察官法第十条第六项明确，监察官应当对履行职责中知悉的商业秘密和个人隐私、个人信息予以保密。

与此同时，在有些情况下，个人获取商业利益或社会影响等，有意愿通过个人信息处理者公开其个人信息。据此，本条规定经个人单独同意，个人信息处理者可以公开其处理的个人信息，以确保个人在充分了解相关情况的前提下作出明确、真实的授权。

另外，本法第十三条对无须同意处理个人信息的情形作出规定，如果个人信息处理者基于同意之外的其他合法性基础公开他人个人信息，不适用本条的规定。

第二十六条　在公共场所安装图像采集、个人身份识别设备，应当为维护公共安全所必需，遵守国家有关规定，并设置显著的提示标识。所收集的个人图像、身份识别信息只能用于维护公共安全的目的，不得用于其他目的；取得个人单独同意的除外。

［释义］本条是关于公共场所个人信息保护的规定。

在公共场所安装摄像头、人脸识别设备等图像采集、个人身份识别设备，有利于维护公共安全，提高社会公共服务效率。但是，实践中在公共场所随意安装摄像头、人脸识别等设备的情况比较普遍，有的组织或个人通过这种方式对个人信息进行过度采集和非法利用，既侵害个人合法权益，导致人们在公共场所活动时缺乏安全感，也是对公共场所管理秩序的干扰和破坏。为此，个人信息保护法对公共场所图像采集、个人身份识别设备的安装条件及所收集的个人信息的利用作出了专门规范。

一、关于公共场所

从场所用途角度看，公共场所是指出于特定或不特定目的供公众进入或使用的场所。我国许多法律法规中使用了“公共场所”的概念。例如，民法典第一千二百五十八条第一款中的“在公共场所或者道路”，第一千一百九十八条第一款中的“宾馆、商场、银行、车站、机场、体育场馆、娱乐场所等经营场所、公共场所”；广告法第二十二条中的“公共场所、公共交通工具、户外”。目前的法律法规出于不同的规范目的对公共场所使用了不同的表述，不是严格的划分公共场所的标准。例如，虽然道路、公共交通工具、户外等概念在有些法律中是和公共场所并列使用的，但它们通常也属于公共场所。

《公共场所卫生管理条例》第二条对公共场所作了比较详细的列举，包括：(1) 宾馆、饭馆、旅店、招待所、车马店、咖啡馆、酒吧、茶座；(2) 公共浴室、理发店、美容店；(3) 影剧院、录像厅（室）、游艺厅（室）、舞厅、音乐厅；(4) 体育场（馆）、游泳场（馆）、公园；(5) 展览馆、博物馆、美术馆、图书馆；(6) 商场（店）、书店；(7) 候诊室、候车（机、船）室、公共交通工具。这些场所是典型的公共场所，但公共场所不限于这些类型。

二、在公共场所安装图像采集、个人身份识别设备的条件

图像采集、个人身份识别设备包括摄像头、录像机、人脸识别等进行图像采集、显示、识别、存储的设备。在公共场所安装上述设备，应当为维护公共安全所必需，遵守国家有关规定，设置显著的提示标识。

第一，应当为维护公共安全所必需。公共安全是社会生产生活有序进行的保障。公共场所通常面临一定的公共安全风险，有关主管机关、公共场所的管理者或者经营者在公共场所安装图像采集、个人身份识别设备，通常是出于打击犯罪、治安防范等维护公共安全目的。但是，个别组织或者个人出于私人利益甚至非法目的在公共场所安装监控设备，对他人合法权益、社会公共利益和国家治理秩序都造成了威胁或者侵害。因此，本条强调在公共场所安装图像采集、个人身份识别设备应当为维护公共安全所必需。国外法律对于在公共场所安装监控设备也有类似规定。例如，德国有的州法律规定，只有在容易发生危害行为的地点才能安装监控设备。韩国《个人信息保护法》规定，除下列情形外，任何人不得在公共场所安装和操作可视数据处理设备：（1）法律法规有具体规定；（2）预防和调查犯罪的需要；（3）保障设备安全和防火的需要；（4）交通管制的需要；（5）交通信息的收集、分析和提供的需要。

第二，遵守国家有关规定。目前有关法律法规等对应当安装和禁止安装监控设备的情况作出了规定，主要分为两类：一是规定了应当安装相关监控设备的场所，二是规定了禁止安装监控设备的场所。（1）一些公共场所本身直接涉及重要的公共安全利益，根据相关规定应当安装图像采集设备。根据反恐怖主义法第二十七条第二款的规定，地方各级人民政府应当根据需要，组织、督促有关建设单位在主要道路、交通枢纽、城市公共区域的重点部位，配备、安装公共安全视频图像信息系统。《娱乐场所管理条例》第十五条第一款规定，歌舞娱乐场所应当按照国务院公安部门的规定在营业场所的出入口、主要通道安装闭路电视监控设备。公安部、教育部2015年《中小学幼儿园安全防范工作规范（试行）》规定，学校大门外一定区域内应由属地公安机关设置视频图像采集装置。海关总署2021年修订的《海关监管作业场所（场地）监控摄像头设置规范》规定了应当安装监控摄像头的海关监管作业场所和场地，其中包括旅客通关作业场地、免税品商店、陆路口岸边境通道、铁路口岸月台等公共场所。有的地方性法规也规定了应当安装监控设备的场所，包括大型广场、重要交通路段、公共交通工具、公园、旅游景区、影剧院、旅馆、大型餐饮场所、大型娱乐场所、互联网上网服务营业场所等区域和场所。（2）一些公共场所具有特殊性，有的地方性法规、政府规章及其他规范性文件明确规定，在一些公共场所或者公共场所的部分空间禁止安装监控设备，主要包括：宾馆客房、娱乐场所包间、哺乳室、公共浴室、更衣室、卫生间，选举箱、举报箱等附近区域等。如韩国《个人信息保护法》也作出了类似规定，要求任何人不得在可能明显侵犯个人隐私的场所安装和操作可视数据处理设备，如向公众开放的浴室、卫生间、汗蒸室和更衣室。

第三，设置显著的提示标识。为了维护公共安全需要，在公共场所安装图像采集、个人身份识别设备，依法合理收集、利用个人信息，虽然无须个人同意，但是应当设置显著的提示标识，让个人知道自己的信息被收集，这体现了对个人权益的尊重和保护。这种提示标识应当是显著的，包括标识安装的位置、标识的尺寸、标识的语言等应当确保进入该场所的人员可以很方便地了解和知悉该提示。国外对设置监控设备提示标识也有类似规定，德国《联邦个人数据保护法》规定，设置监控设备，应以适当方式，使公众知悉监视情况及其负责单位。韩国《个人信息保护法》规定，安装和操作可视数据处理设备的人员应当按照总统令的规定采取必要措施，包括张贴公告以便数据主体容易获知此类行为，但总统令另有规定的除外。

需要注意的是，由于人脸识别设备处理的是个人生物特征信息，对其使用应当有更为严格的限制。在通常情况下，只有在有关主管机关为反恐、维护国家安全和侦查犯罪的需要才可以安装和使用，不得在他人无法知悉以及无法自主选择的环境下安装人脸识别设备，对他人身份进行识别。在日常生活中，个别居民小区为了管理人员出入而安装、使用人脸识别设备，应当依照本法规定取得个人的单独同意，同时应当采取相关替代措施，为不同意使用人脸识别设备的个人提供身份验证的其他途径，避免变相强迫他人同意。

三、在公共场所收集的个人信息的用途限制

第一，在公共场所安装图像采集、个人身份识别设备所收集的个人信息只能用于维护公共安全的目的。在公共场所安装图像采集、个人身份识别设备应当是为了维护公共安全，其所收集的个人图像、身份识别信息，应当出于维护公共安全目的，这是合目的原则的体现。例如，小区物业在小区安装的监控设备所采集的个人信息，应当出于维护治安和小区管理秩序的目的而进行处理。公安机关在公共场所安装的个人信息摄像设备所采集的个人信息，应当出于维护社会公共秩序、侦查犯罪等用途的目的。公共场所的所有者、管理者不得为商业目的安装图像采集、个人身份识别设备，为维护公共安全目的收集的图像、个人信息也不得用于维护公共安全以外的目的，特别是商业营销。韩国《个人

信息保护法》也对用途限制作出了相应规定，明确可视数据处理设备的操作人员不得以初始目的以外的其他目的任意处置可视数据处理设备。

第二，取得个人单独同意的，可以将相关信息用于维护公共安全以外的其他合法用途。个人信息处理者将通过在公共场所安装图像采集、个人身份识别设备所收集的个人信息用于维护公共安全以外的目的，相当于改变了法律要求的其收集个人信息的目的和用途，应当视为一项新的个人信息处理行为，按照本法规定，应当取得个人的同意。考虑到该项处理行为对个人权益有较大影响，本条强调应当取得个人单独同意。

第二十七条　个人信息处理者可以在合理的范围内处理个人自行公开或者其他已经合法公开的个人信息；个人明确拒绝的除外。个人信息处理者处理已公开的个人信息，对个人权益有重大影响的，应当依照本法规定取得个人同意。

［**释义**］本条是关于处理已公开的个人信息的规定。

已公开的个人信息是一类特殊的个人信息。信息传播有利于普及知识、促进社会交往与交流，推动人类文明进步，因此，对已公开的信息通常不应对其传播施加不必要的限制。本法赋予个人对其个人信息处理的控制权，如果对已公开的个人信息仍赋予其强大的控制权，则与信息公共传播的价值导向相冲突。为平衡公共利益与个人信息权益，包括民法典和本法，以及域外有些国家和地区都将已公开的个人信息作为一类特殊的个人信息，作出特别规范。我国民法典第一千零三十六条第二项规定，合理处理自然人自行公开的或者其他已经合法公开的信息，行为人不承担民事责任，但是该自然人明确拒绝或者处理该信息侵害其重大利益的除外。本条规定与民法典的上述规定含义是一致的，在域外有些国家和地区明确将已公开个人信息排除在个人信息保护法的适用范围外，有些国家和地区对处理已公开个人信息的“告知—同意”规则作出了特别规定。

一、关于已公开的个人信息

公开个人信息的情况主要包括个人自行公开、他人合法公开、他人非法公开。

个人自行公开个人信息是指个人通过网络、媒体等渠道主动将自己的个人信息向社会公开，比较常见的是将自己的日常生活的照片、视频等通过社交媒体等向社会公开，出于特定目的将自己的电话、电子邮箱等通信方式在网络或者媒体上向社会公开。他人合法公开自然人个人信息，是指他人经个人同意，或者基于本法第十三条规定的同意之外的合法性基础公开个人信息。他人非法公开个人信息，是指他人在缺乏法律依据或者正当理由的情况下公开个人信息。

本条将适用对象限于个人自行公开或者他人合法公开的个人信息。对于已经公开的个人信息，个人信息处理者在收集和使用时可能不太容易判断是自行公开还是他人公开、是合法公开还是非法公开，如果个人信息处理者知道或者应当知道所处理的个人信息是他人非法公开的，则不适用本条关于可不经个人同意在合理范围内处理的规定。

二、关于在合理的范围内处理

在合理范围内处理已公开的个人信息，可以从以下几个方面理解和把握：

第一，对已公开的个人信息，通常无须征得个人同意即可进行处理。

第二，如果个人对个人信息处理者的处理行为明确表示拒绝的，则个人信息处理者不得再处理该公开的个人信息。

第三，在合理范围内处理，不得违反法律法规规定和公序良俗，不得对个人权益造成重大影响。例如，向已公开的电子邮箱发送大量信息，导致过度打扰私人生活安宁；利用已公开的个人信息进行人肉搜索；利用已公开的个人信息进行信用评价等。如果处理已公开的个人信息具有合法、正当的目的，对个人权益有重大影响的，个人信息处理者应当依照本法规定取得个人的同意。

第二节　敏感个人信息的处理规则

第二十八条　敏感个人信息是一旦泄露或者非法使用，容易导致自然人的人格尊严受到侵害或者人身、财产安全受到危害的个人信息，包括生物识别、宗教信仰、特定身份、医疗健康、金融账户、行踪轨迹等信息，以及不满十四周岁未成年人的个人信息。

只有在具有特定的目的和充分的必要性，并采取严格保护措施的情形下，个人信息处理者方可处理敏感个人信息。

［释义］本条是关于敏感个人信息的定义以及处理敏感个人信息的条件的规定。

与一般的个人信息相比，敏感个人信息对个人更为重要，处理敏感个人信息对个人造成的影响也更大，许多国家都区分一般个人信息和敏感个人信息，对后者实施更严格的保护。

一、关于敏感个人信息

目前，许多国家和地区都区分一般个人信息与敏感个人信息，但是对“敏感个人信息”的称谓有一定差异，有的将敏感个人信息称作特殊类型个人信息、需要特殊注意的个人信息等。此外，不同国家和地区规定的敏感个人信息的种类也有一定差异。

欧盟《通用数据保护条例》规定的特殊类型个人数据包括工会身份、基因、生物识别特征、健康、性生活等方面的数据。英国《数据保护法》规定的敏感个人数据包括种族或民族、政治观点、宗教信仰或具有相同性质的其他信仰、工会身份、身体或精神健康状况、性生活、犯罪及涉及犯罪的指控和诉讼的相关信息。俄罗斯《联邦个人数据法》规定的特殊类型的个人信息包括种族、民族、政治观点、宗教信仰或者哲学信仰、健康状况、私生活信息。巴西《通用数据保护法》规定的敏感个人信息包括种族或族裔、宗教信仰、政治观点、工会或宗教、哲学或政治组织成员身份的数据，与自然人有关的健康或性生活、基因或生物数据。日本《个人信息保护法》规定的需要特殊注意的个人信息（敏感个人信息）是指可能引发针对个人的歧视、偏见等需要在处理上予以特殊注意的个人信息，包括种族、信仰、社会身份、病历、犯罪记录、因犯罪被害的事实等。韩国《个人信息保护法》规定的敏感个人信息包括信仰、工会身份、政党身份、政治观点、健康、性生活等的信息，以及其他由总统令规定的可能会明显侵害个人私生活的个人信息。

我国澳门特别行政区《个人资料保护法》规定的敏感个人信息包括世界观、政治和宗教信仰、政治社团和工会关系、私人生活、种族或民族起源，以及包含基因在内的与健康和性生活相关的各类信息。我国台湾地区“个人资料保护法”区分个人信息和一般情形下禁止处理的个人资料，后者包括病历、医疗、基因、性生活、健康检查和犯罪记录等信息。不同国家和地区规定的敏感个人信息有一定差异，主要是因为敏感个人信息既与信息本身的特性有关，也与一个国家和地区的历史文化传统等因素有关。

本条结合我国实际和有关法律法规的规定，将敏感个人信息界定为一旦泄露或者非法使用，容易导致自然人的人格尊严受到侵害或者人身、财产安全受到危害的个人信息。

根据本条规定，敏感个人信息包括生物识别、宗教信仰、特定身份、医疗健康、金融账户、行踪轨迹等信息，以及不满十四周岁未成年人的个人信息。（1）生物识别信息，包括个人基因、指纹、声纹、掌纹、耳郭、虹膜、面部识别特征等信息。（2）宗教信仰信息，包括是否信仰宗教、信仰什么宗教等信息。（3）特定身份信息，是指对个人人格尊严和社会评价有重大影响的身份信息，特别是那些可能导致社会歧视的特定身份信息。（4）医疗健康信息，包括医疗就诊记录、生育信息、既往病史等信息。（5）金融账户信息，包括银行、证券等账户的账号、密码，账户余额和交易记录等信息。（6）行踪轨迹信息，包括个人所处地理位置、活动地点和活动轨迹等信息。（7）不满十四周岁未成年人的个人信息。

二、处理敏感个人信息的条件

由于敏感个人信息对个人的人格尊严和人身、财产安全有重大影响，对敏感个人信息的处理应当更加严格，本条特别强调处理敏感个人信息应当具有特定的目的和充分的必要性，并采取严格的保护措施。

第一，处理敏感个人信息应当具有特定目的和充分的必要性。目的明确原则和最小化处理原则是个人信息处理应遵循的基本原则，本法第六条作了明确规定，处理敏感个人信息也应遵循上述原则。同时，本条还强调处理敏感个人信息应当与特定的目的密切相关，以非必要不处理为原则。对此应当结合个人信息处理者的身份，以及个人信息处理者所提供的商品或服务、履行的法定职责或法定义务等性质予以判断。例如，只有诊疗、体检、保险机构为特定目的才可以处理个人的医疗健康信息。又如，《征信业管理条例》第十四条规定，禁止征信机构采集个人的宗教信仰、基因、指纹、血型、疾病和病史信息以及法律、行政法规规定禁止采集的其他个人信息。

第二，处理敏感个人信息应当采取严格的保护措施。即个人信息处理者应当采取比处理一般个人信息更加严格的保护措施。一方面，在技术、管理、应急等方面采取更严格的措施，保障敏感个人信息的安全；另一方面，应当根据本法第五十五条、第五十六条的规定，在事前进行个人信息保护影响评估，并对处理敏感个人信息的情况进行记录，以保证处理敏感个人信息的目的、方式是合法、正当、必要的，保障处理敏感个人信息流程合法、合规。

第二十九条　处理敏感个人信息应当取得个人的单独同意；法律、行政法规规定处理敏感个人信息应当取得书面同意的，从其规定。

［**释义**］本条是关于处理敏感个人信息的同意的规定。

一、处理敏感个人信息的单独同意

取得个人的同意是个人信息处理行为合法性的重要依据之一，在同意的方式上，个人信息保护法针对不同情形规定了同意、单独同意、书面同意等方式。

敏感个人信息对个人的影响较大，为了让个人更充分地知悉其敏感个人信息被他人处理的情况，以及可能面临的风险等，进而慎重作出是否同意的决定，本条规定处理敏感个人信息应当取得个人的单独同意，体现了对敏感个人信息的特殊保护。

取得单独同意的关键在于避免将处理敏感个人信息和一般个人信息时的告知、同意混淆。个人信息处理者应当单独向个人履行告知义务，给予个人单独同意的选项。

二、处理敏感个人信息的书面同意

考虑到敏感个人信息涉及个人的重大人身、财产利益，其他法律、行政法规对某些敏感个人信息的处理已作出须经个人书面同意的规定。例如，《征信业管理条例》第十八条第一款规定，向征信机构查询个人信息的，应当取得信息主体的书面同意并约定用途；第二十九条第二款规定，从事信贷业务的机构向其他主体提供信贷信息，应当事先取得信息主体的书面同意。根据《中华人民共和国人类遗传资源管理条例》第十二条的规定，采集我国人类遗传资源，应当征得人类遗传资源提供者书面同意。据此，本条作出了必要的衔接性规定，明确法律、行政法规规定处理敏感个人信息应当取得书面同意的，从其规定。

第三十条 个人信息处理者处理敏感个人信息的，除本法第十七条第一款规定的事项外，还应当向个人告知处理敏感个人信息的必要性以及对个人权益的影响；依照本法规定可以不向个人告知的除外。

［释义］本条是关于处理敏感个人信息的告知的规定。

一、处理敏感个人信息应当告知的内容

处理敏感个人信息，需要向个人告知的事项包括两个方面的内容：一是处理一般个人信息时应当告知的内容，在处理敏感个人信息时也应当告知；二是处理敏感个人信息特殊的告知要求。

处理一般个人信息的告知事项在本法第十七条第一款中作出了规定，包括个人信息处理者的身份和联系方式，个人信息的处理目的、处理方式，处理的个人信息种类、保存期限，个人行使本法规定权利的方式和程序等。

处理敏感个人信息需要特别告知的事项，包括处理敏感个人信息的必要性以及对个人权益的影响。本法第二十八条规定处理敏感个人信息应当具备充分的必要性，处理敏感个人信息应当向个人告知处理该敏感个人信息与实现处理目的是密切相关的，是其他个人信息所不能替代的。对个人权益产生的影响，包括是否可能危害人身和财产安全、损害个人名誉等人格利益、导致歧视性差别待遇等。个人信息处理者应当按照本法第五十五条、第五十六条规定进行个人信息保护影响评估，在评估结果的基础上，向个人告知处理敏感个人信息的必要性和对个人权益的影响，确保个人充分了解风险后作出决定。

二、处理敏感个人信息无须向个人告知的情形

本法第十八条和第三十五条是关于无须向个人告知的情形适用于敏感个人信息的处理。本法第十八条规定，个人信息处理者处理个人信息，有法律、行政法规规定应当保密或者不需要告知的情形的，可以不向个人告知第十七条第一款规定的事项。在紧急情况下为保护自然人的生命健康和财产安全无法及时向个人告知的，个人信息处理者应当在紧急情况消除后及时告知。本法第三十五条规定，国家机关为履行法定职责处理个人信息，有本法第十八条第一款规定的情形，或者告知将妨碍国家机关履行法定职责的除外。处理敏感个人信息符合这些情形的，无须告知个人。

第三十一条　个人信息处理者处理不满十四周岁未成年人个人信息的，应当取得未成年人的父母或者其他监护人的同意。

个人信息处理者处理不满十四周岁未成年人个人信息的，应当制定专门的个人信息处理规则。

［**释义**］本条是关于处理不满十四周岁未成年人个人信息的特别规定。

不满十四周岁未成年人在生理上和心理上尚不成熟，认知能力和控制自己行为的能力都较弱，容易受到信息推送和商业营销的诱导，在面对违法处理行为侵害其合法权益时可能缺乏必要的分辨能力和充分的自我保护能力。为保护未成年人的个人信息权益和身心健康，个人信息保护法与未成年人保护法相衔接，将不满十四周岁未成年人的个人信息确定为敏感个人信息予以严格保护，要求处理不满十四周岁未成年人个人信息应当取得未成年人的父母或者其他监护人的同意，并应当对此制定专门的个人信息处理规则。

一、关于未成年人个人信息特殊保护的年龄确定

未成年人属于无民事行为能力人或者限制民事行为能力人，但是随着互联网技术的广泛普及应用，未成年人也大量使用互联网服务，由此进行的个人信息处理对不同年龄段未成年人的影响是不同的。根据本法规定，同意是个人信息处理最重要的合法性基础，同意应当是在个人充分知情的前提下自愿、明确作出的。从域外有些国家和地区的立法看，其确定的对未成年人个人信息特别保护的年龄标准并不完全相同。例如，美国《儿童网络隐私保护法》将儿童界定为不满十三周岁的未成年人；欧盟《通用数据保护条例》第八条将儿童界定为不满十六周岁的未成年人，同时允许成员国将这一年龄降低至十三周岁；德国、西班牙将这一年龄确定为十四周岁，荷兰为十六周岁。我国未成年人保护法、《儿童个人信息网络保护规定》和推荐性国家标准《信息安全技术　个人信息安全规范》都要求对未满十四周岁未成年人个人信息予以特别保护。个人信息保护法根据我国实际，将未满十四周岁未成年人个人信息作为敏感个人信息，予以特别保护。

二、处理不满十四周岁未成年人个人信息的同意

由于不满十四周岁的未成年人对其个人信息处理缺乏相应的认知和自主作

出决定的能力，需要由其监护人代为行使同意权。因此，本条第一款规定，个人信息处理者处理不满十四周岁未成年人个人信息的，应当取得未成年人的父母或者其他监护人的同意。

需要说明的是，根据民法典第十九条的规定，八周岁以上的未成年人可以独立实施纯获利益的民事法律行为或者与其年龄、智力相适应的民事法律行为。本条的规定不影响上述民事法律行为的效力。欧盟《通用数据保护条例》第八条也规定，该条例对于未成年人年龄的规定不影响成员国合同法关于与儿童有关的合同效力的规则。

三、关于制定专门的个人信息处理规则

只有充分了解不满十四周岁未成年人个人信息处理的规则，包括处理的目的、处理的方式、处理的必要性以及处理的个人信息种类、所采取的保护措施等，未成年人的父母或者其他监护人才有可能代替未成年人作出是否同意的决定。因此，本条第二款规定，个人信息处理者处理不满十四周岁未成年人个人信息的，应当制定专门的个人信息处理规则，该处理规则不能与其他个人信息的处理规则混淆，其内容应当符合本法规定。专门针对不满十四周岁未成年人的个人信息处理规则，应当公开并且便于查阅和保存。

第三十二条　法律、行政法规对处理敏感个人信息规定应当取得相关行政许可或者作出其他限制的，从其规定。

［释义］本条是关于法律、行政法规限制处理敏感个人信息的衔接性规定。

一、部分国家和地区的规定

敏感个人信息关系到个人重要的人身或财产权益，许多国家和地区通过对处理敏感个人信息的活动进行更严格的限制，用来防范敏感个人信息被滥用的风险。主要方式是限制处理敏感个人信息的情形，例如，欧盟《通用数据保护条例》规定，对种族或民族、政治观点、宗教或哲学信仰、工会身份、基因、生物识别特征、健康、性生活等特殊类型个人数据的处理活动应被禁止，除非符合法律规定的特殊条件才能进行处理。澳大利亚《隐私法》限制将用户敏感个人信息用于直接商业营销。个人健康信息、基因信息通常不得被处理，用于

医疗研究、有益于公共安全和公共健康等情形除外。俄罗斯原则上不允许处理涉及民族、宗教、信仰、健康状况、私生活等特殊种类的个人信息。

我国台湾地区“个人资料保护法”规定，原则上不得收集、处理或利用敏感个人信息，但以下情形除外：一是有明文规定；二是公务机关执行法定职务或非公务机关履行法定义务必要范围内，且事前或事后有适当的安全维护措施；三是当事人自行公开或其他已合法公开的个人资料；四是公务机关或学术研究机构基于医疗、卫生或犯罪预防的目的，为统计或学术研究而有必要且个人资料经处理后或按照披露方式无法识别特定当事人；五是为协助公务机关执行法定职务或非公务机关履行法定义务必要范围内，且事前或事后有适当安全维护措施；六是经当事人书面同意，但是超出特定目的必要范围、其他法律规定不得仅依据当事人书面同意、当事人违反其意愿作出同意的情形除外。

此外，还有的国家实施报告制度，要求敏感个人信息的处理者将个人信息处理情况通知数据保护管理机构。例如，要求政府和公共机构，银行、保险等金融机构，处理医疗健康个人信息以及基因信息的机构等向数据保护管理机构报告数据处理情况。

二、关于处理敏感个人信息的行政许可和其他限制

敏感个人信息种类多样、处理场景比较复杂，个人信息保护法关于敏感个人信息的特别保护，主要是从限制处理目的及必要性、提高告知同意的要求等方面作出的。其他法律、行政法规可以根据敏感个人信息的种类、处理敏感个人信息可能产生的风险和危害等，通过设定行政许可或者其他条件，对处理敏感个人信息作出更加严格的限制。

有的法律、行政法规已对此作出相应规定，如生物安全法规定，境外组织、个人及其设立或者实际控制的机构不得在我国境内采集、保藏我国人类遗传资源，不得向境外提供我国人类遗传资源。根据《征信业管理条例》第六条的规定，设立经营个人征信业务的征信机构，应当符合公司法规定的特定条件，并经国务院征信业监督管理部门批准。也就是说，只有经批准的征信机构方可从事个人征信业务，处理个人征信信息，并出具个人征信报告。

第三节 国家机关处理个人信息的特别规定

第三十三条 国家机关处理个人信息的活动，适用本法；本节有特别规定的，适用本节规定。

［**释义**］本条是关于国家机关处理个人信息适用法律的规定。

在信息时代，国家机关是重要的个人信息处理者，在履行职责过程中需要处理大量的个人信息。加强个人信息保护，既要规范企业等私主体处理个人信息的行为，也要规范国家机关处理个人信息的行为。个人信息保护法规范国家机关处理个人信息的行为，体现了我国个人信息保护法的全面性和系统性。

一、关于国家机关处理个人信息的立法模式

关于国家机关处理个人信息的适用问题，国外个人信息保护法主要有两种立法模式：

一种是综合性立法。个人信息保护法同时适用于国家机关和私人机构，这主要是考虑到二者处理个人信息可以适用共同的规则。在综合性的个人信息保护法之外，还可以再针对不同主体或者不同类型的个人信息制定特别的法律。欧盟《通用数据保护条例》适用于政府部门和私营机构。韩国《个人信息保护法》的适用范围涵盖公共与私人部门的个人信息处理活动。

另一种是对国家机关和私人机构分别立法。美国采取该模式，如美国1974年《隐私法》是关于个人信息保护的重要立法，其适用于政府部门，不适用于私营部门。针对私营领域，美国采取根据行业、领域进行分别立法的模式，在电信、金融、征信、健康、教育、儿童保护等领域进行专门立法。

二、国家机关处理个人信息对本法的适用

第一，个人信息保护法是全面、系统规定个人信息保护制度的专门法律。个人信息保护法关于个人信息保护的立法精神、基本原则和基本制度等可以同时适用于企业等商业主体和国家机关。国家机关处理个人信息，应当按照本法的规定，遵循个人信息保护的基本原则，遵守基本的个人信息处理规则，尊重和保障个人的相关权益，履行个人信息处理者的义务。

第二，考虑到国家机关的特殊性，在规定国家机关适用本法一般性规则的基础上，本节对国家机关处理个人信息作出了特别规定。在这些特别规定中：有的是相对宽松的规定，例如，在特定条件下无须告知个人，这主要是为了确保国家机关有效履行法定职责；有的是更为严格的特别规定，例如，国家机关处理的个人信息应当在境内存储，这主要是因为国家机关处理的个人信息关系到国家安全、公共利益，需要进行更严格的限制。

个人信息保护法规定了国家机关处理个人信息的基本规则，对于国家机关处理个人信息活动的规范，还需要由其他法律以及行政法规结合不同国家机关履行职责的不同特点，作出有针对性的规定。

第三十四条　国家机关为履行法定职责处理个人信息，应当依照法律、行政法规规定的权限、程序进行，不得超出履行法定职责所必需的范围和限度。

［**释义**］本条是关于国家机关应当依法处理个人信息的规定。

第一，国家机关为履行法定职责所必需而处理个人信息，通常不需要取得个人的同意。当然，国家机关基于本法第十三条规定的其他合法性基础，也可以处理个人信息。

第二，国家机关为履行法定职责处理个人信息，应当遵守本法和其他法律、行政法规的规定。首先，国家机关处理个人信息应当遵循本法规定的个人信息处理原则和规则，履行个人信息保护义务，保障个人信息权益。其次，应当遵守其他法律、行政法规对国家机关处理个人信息权限和程序的规定，不得超出履行法定职责所必需的范围和限度。例如，刑事诉讼法规定，只有对于危害国家安全犯罪、恐怖活动犯罪、黑社会性质的组织犯罪、重大毒品犯罪或者其他严重危害社会的犯罪案件，才能采取技术侦查措施；采取技术侦查措施，应当经过严格的批准手续；人民检察院对于利用职权实施的严重侵犯公民人身权利的重大犯罪案件，根据侦查犯罪的需要采取技术侦查措施，也应当按照规定交由有关机关执行；采取技术侦查措施，必须严格按照批准的措施种类、适用对象和期限执行；采取技术侦查措施获取的材料，只能用于对犯罪的侦查、起诉和审判，不得用于其他用途。又如，税收征收管理法对税务机关查询纳税人存款账户的权限和程序作了明确要求，同时税收征收管理法还规定，税务机关查询有关纳税人的存款账户，不得用于税收以外的用途。

第三十五条 国家机关为履行法定职责处理个人信息，应当依照本法规定履行告知义务；有本法第十八条第一款规定的情形，或者告知将妨碍国家机关履行法定职责的除外。

［释义］本条是关于国家机关处理个人信息告知义务的规定。

国家机关的职责涉及经济社会生活的各个方面，国家机关因履行法定职责而处理个人信息的场景比较复杂，有的应当告知个人，有的不需要告知个人，有的还需要对个人严格保密。本条对应当告知以及无须告知作出了规定。

一、国家机关处理个人信息应依法告知个人

根据本法第七条的规定，处理个人信息应当遵循公开、透明原则，公开个人信息处理规则，明示处理的目的、方式和范围。本法第十七条还对处理个人信息应当告知的具体事项作出了具体规定。国家机关为履行法定职责处理个人信息，也应当依照本法规定履行告知义务。比较常见的是，国家机关在为公民提供公共服务的过程中，应当告知当事人需要提交的个人信息的范围、用途等事项。例如，公民在申请社会救助时，需要提交个人经济状况证明或者委托民政部门查询其财产情况。《社会救助暂行办法》第五十八条第一款规定，申请或者已获得社会救助的家庭，应当按照规定如实申报家庭收入状况、财产状况。第二款规定，县级以上人民政府民政部门根据申请或者已获得社会救助家庭的请求、委托，可以通过户籍管理、税务、社会保险、不动产登记、工商登记、住房公积金管理、车船管理等单位和银行、保险、证券等金融机构，代为查询、核对其家庭收入状况、财产状况，有关单位和金融机构应当予以配合。又如，《全国人口普查条例》第二十三条规定，普查指导员、普查员入户登记时，应当向人口普查对象说明人口普查的目的、法律依据以及人口普查对象的权利和义务。

二、无须告知个人的情形

根据本条规定，在以下情况下，国家机关处理个人信息无须告知个人：

一是根据本法第十八条第一款的规定，法律、行政法规规定应当保密或者不需要告知的，无须告知。

二是如果告知将妨碍国家机关履行法定职责的，无须告知。例如，司法机关根据侦查犯罪的需要，有权依法查询犯罪嫌疑人的相关金融账户，还可以采取技术侦查措施，如果告知当事人，将会导致这些措施的目的无法实现，因此不应当告知。告知是否妨碍国家机关履行法定职责，应当结合国家机关履行职责的性质和个人信息处理对个人的影响综合判断。

第三十六条　国家机关处理的个人信息应当在中华人民共和国境内存储；确需向境外提供的，应当进行安全评估。安全评估可以要求有关部门提供支持与协助。

［释义］本条是关于国家机关处理的个人信息境内存储的规定。

一、国家机关处理的个人信息应当在境内存储

国家机关处理的个人信息涉及经济社会运行的各个方面，不仅关系个人信息权益，还关系国家安全、经济安全等国家利益，要求国家机关处理的个人信息在我国境内存储，是保护个人合法权益、维护国家安全和社会公共利益的需要。

国外也有关于政府相关数据存储在本国境内的规定，有的禁止政府数据处理使用国外的云服务，有的规定公共档案必须存储在本国档案馆中，有的要求学校、医院、政府等公共机构掌握的个人信息应当在本国存储。

二、国家机关向境外提供个人信息的安全评估

国家机关处理的个人信息确需向境外提供的，应当进行安全评估。与国家机关以外的其他个人信息处理者向境外提供个人信息的安全评估不同，本条未要求该安全评估需由国家网信部门来组织。因此，国家机关向境外提供个人信息的安全评估，可以由该国家机关自行评估，也可以委托专业机构进行评估，还可以请求有关部门对安全评估提供支持与协助。

第三十七条　法律、法规授权的具有管理公共事务职能的组织为履行法定职责处理个人信息，适用本法关于国家机关处理个人信息的规定。

［释义］本条是关于具有公共事务管理职能的组织处理个人信息的规定。

法律、法规授权的具有管理公共事务职能的组织不是行政机关，但行使管理公共事务的职权。根据行政许可法、行政处罚法、行政强制法等法律的规定，法律、法规授权的具有管理公共事务职能的组织在法定授权范围内，有权以自己的名义实施行政许可、行政处罚、行政强制等行政行为。这些组织根据法律、法规的授权，履行管理公共事务的法定职责，其处理个人信息的活动也应当适用本法关于国家机关处理个人信息的规定。

第三章　个人信息跨境提供的规则

第三十八条　个人信息处理者因业务等需要，确需向中华人民共和国境外提供个人信息的，应当具备下列条件之一：

（一）依照本法第四十条的规定通过国家网信部门组织的安全评估；

（二）按照国家网信部门的规定经专业机构进行个人信息保护认证；

（三）按照国家网信部门制定的标准合同与境外接收方订立合同，约定双方的权利和义务；

（四）法律、行政法规或者国家网信部门规定的其他条件。

中华人民共和国缔结或者参加的国际条约、协定对向中华人民共和国境外提供个人信息的条件等有规定的，可以按照其规定执行。

个人信息处理者应当采取必要措施，保障境外接收方处理个人信息的活动达到本法规定的个人信息保护标准。

［**释义**］本条是关于向境外提供个人信息的条件的规定。

随着经济全球化、数字化的发展以及我国对外开放的不断扩大，个人信息跨境流动日益频繁，但由于遥远的地理距离以及不同国家法律制度、保护水平之间的差异，个人信息跨境流动所带来的风险日益加大。对个人信息跨境流动进行适当限制，是确保个人信息安全的一种方式，许多国家和地区都有相关规定。我国网络安全法、数据安全法对数据跨境提供作了一些限制性规定，在此基础上，个人信息保护法作出了进一步规定。

一、部分国家和地区的个人信息跨境流动制度

20 世纪 70 年代以来，多个国家和地区开始加强个人信息保护，欧洲有的国家以其他国家的个人信息保护制度不完善为由，禁止将本国公民个人信息向境外提供。1974 年，经济合作与发展组织（OECD）成立了专家组研究数据跨境流动中的数据保护问题，1980 年，经济合作与发展组织理事会提出了《关于

隐私保护和个人信息跨境流动的指南》。

近年来，出于个人信息权益保护、国家安全等原因，多个国家和地区逐步出台个人信息跨境流动限制性规定，包括要求个人信息在境内存储、限制向特定国家和地区转移等。有的对特定的个人信息处理者，如政府机构、社交网站、金融机构等掌握的个人信息的出境作出限制；有的对特定类型的个人信息，如通信元数据、个人健康信息的出境作出限制。在立法模式上，有的是通过个人信息保护法作出规定，有的则是在一些特定行业或领域的法律中作出规定。

欧盟《通用数据保护条例》对个人信息跨境流动问题作出了比较全面的规定，强调个人信息从欧盟向欧盟以外传输的不得削弱对该个人信息的保护力度。《通用数据保护条例》规定了可以向欧盟以外的国家传输个人信息的情形：（1）在获得充分保护认定基础上的传输。如果一国被欧盟认定为对个人信息提供了充分保护，则个人信息可以向该国传输。评估保护水平的充分性时需要考虑的因素包括该国的法律制度、监管机构设置、参加国际公约等情况。欧盟的该认定比较严格，目前只有少数国家获得了充分性认定。（2）受到适当保障的传输。对于未通过充分性认定的国家，该国的企业等在满足下列条件之一的情况下，也可以进行数据跨境传输：其所在国与欧盟达成数据传输方面的协议；采用欧盟委员会通过或批准的标准数据保护条款；遵守有关组织编写且经欧盟监管机构批准的行为准则以及数据控制者、处理者自身关于数据保护的承诺。（3）通过“有约束力的公司规则”进行跨境传输。“有约束力的公司规则”主要是为了方便企业集团或跨国公司及其雇员内部的数据跨境传输。“有约束力的公司规则”由企业集团或跨国公司制定，经监管部门批准后有效。内容应当包括受规则约束的所有成员组织结构和详细信息，普遍数据保护原则以及详细的数据传输内容，例如，个人信息种类、处理方式、处理目的以及受影响的数据主体种类等。（4）特定情况下的例外。包括个人信息主体的知情同意，为履行个人信息主体与控制者之间的合同或先合同义务，为履行控制者与他人订立的符合数据主体利益的合同，基于欧盟或成员国认可的公共利益需要，基于法定请求权的确立、行使和抗辩，在个人信息主体无法作出同意表示的情况下为了个人信息主体的重要利益进行传输，在法律允许范围内为公众提供查询等。另外，《通用数据保护条例》还规定了兜底条款，符合以下条件也可以进行跨境传输：（1）仅涉及有限主体的非重复传输；（2）个人信息控制者追求的利益令人信服；（3）不与个人信息主体的权利相冲突；（4）个人信息控制者对传输环境进行安全评估且采取适当保护措施。

二、向境外提供个人信息需要满足的条件

个人信息处理者具备下列条件之一的，方可向中华人民共和国境外提供个人信息：

一是依照本法第四十条的规定通过国家网信部门组织的安全评估。本法第四十条规定的安全评估，是关键信息基础设施运营者、特定数量的信息处理者向境外提供个人信息时应当进行的安全评估。

二是按照国家网信部门的规定经专业机构进行个人信息保护认证。该认证应当是由专业机构实施的，具体认证办法需要国家网信部门作出规定。

三是按照国家网信部门制定的标准合同与境外接收方订立合同，约定双方的权利和义务。国家网信部门应当及时制定并公布标准合同，确保该规定的施行。

四是法律、行政法规或者国家网信部门规定的其他条件。法律、行政法规或者国家网信部门可以在上述三种条件之外，结合个人信息的种类、个人信息出境的具体情形等规定其他条件。

需要注意的是，本条规定并非要求向境外提供个人信息必须同时满足上述全部条件，而是满足其中一个条件即可。

三、根据国际条约、协定向境外提供个人信息

个人信息跨境流动影响国际经贸往来等国际交往，是数字时代国际经贸和投资谈判的重点问题。例如，美国与欧盟就个人信息跨境流动问题多次进行谈判，先后达成“安全港框架协议”“隐私盾框架协议”，其中，“隐私盾框架协议”被宣布无效后双方正继续展开谈判。近年来，欧盟与日本等国家就个人信息跨境流动达成了协议。

本条规定，我国缔结或者参加的国际条约、协定对向境外提供个人信息的条件等有规定的，可以按照其规定执行，为我国根据实际需要与有关国家和地区达成规则、实现标准互认等提供了法律支撑，有利于丰富我国的个人信息跨境流动机制，满足我国参与国际交流和国际经贸往来的需要。

四、确保境外接收方达到我国法律的保护标准

个人信息处理者向境外提供个人信息，除自身要履行我国法律法规等规定的个人信息保护义务外，还应当采取必要措施，保障境外接收方处理个人信息的活动达到我国个人信息保护法规定的个人信息保护标准。

首先，个人信息处理者应当了解和掌握境外接收方的情况，特别是接收方是否具有必要的个人信息保护能力。其次，个人信息处理者应当将我国法律对个人信息保护的要求告知境外接收方，要求境外接收方采取相应的保护措施，满足我国法律的要求。最后，可以采取签订协议、核查等方式有效监督境外接收方切实履行个人信息保护义务。

需要说明的是，向境外提供个人信息，应当依照本法第五十五条、第五十六条的规定进行个人信息保护影响评估，其中向境外提供个人信息的必要性，以及能否保障境外接收方处理个人信息的活动达到本法规定的个人信息保护标准，是评估的重要内容。

第三十九条　个人信息处理者向中华人民共和国境外提供个人信息的，应当向个人告知境外接收方的名称或者姓名、联系方式、处理目的、处理方式、个人信息的种类以及个人向境外接收方行使本法规定权利的方式和程序等事项，并取得个人的单独同意。

［**释义**］本条是关于向境外提供个人信息的告知同意的规定。

个人信息处理者向境外提供个人信息，除需要符合本法第三十八条规定的相关条件外，还应当根据本条规定，向个人告知相关事项并取得个人的单独同意。

一、向境外提供个人信息的告知

根据本条规定，向境外提供个人信息应当履行告知义务，告知的内容包括：境外接收方的名称或者姓名、联系方式、处理目的、处理方式、个人信息的种类以及个人向境外接收方行使本法规定权利的方式和程序等事项。同时，根据本法第三十条的规定，如向境外提供敏感个人信息，还应当告知个人向境外提供敏感个人信息的必要性以及对个人的影响。

个人信息处理者向境外提供个人信息有多种情形，有的是在信息收集时就已经确定要向境外提供并且有明确的接收方，有的是在收集个人信息时明确要向境外提供但接收方不明确，还有的则是在利用信息过程中才确定向境外提供。无论哪种情形，都需要按照本法的规定，及时通过适当的方式告知个人向境外提供个人信息的有关事项，以保障个人的知情权，并为个人行使其他权利提供条件。

二、向境外提供个人信息的同意

由于向境外提供个人信息可能将增加个人信息被滥用的风险，并且增加个人行使权利的成本，因此，本条要求个人信息处理者向境外提供个人信息，应当取得个人的单独同意。

本条规定的单独同意，适用于基于同意而进行的个人信息处理情形。根据本法第十三条的规定，如果向境外提供个人信息是基于其他合法性基础，则无须取得个人的同意。

第四十条　关键信息基础设施运营者和处理个人信息达到国家网信部门规定数量的个人信息处理者，应当将在中华人民共和国境内收集和产生的个人信息存储在境内。确需向境外提供的，应当通过国家网信部门组织的安全评估；法律、行政法规和国家网信部门规定可以不进行安全评估的，从其规定。

［**释义**］本条是关于个人信息境内存储及向境外提供的安全评估的规定。

一、有关法律、行政法规的规定

我国网络安全法、数据安全法以及有关行政法规等对个人信息境内存储以及向境外提供的安全评估作出了规定。根据网络安全法第三十七条的规定，关键信息基础设施的运营者在中华人民共和国境内运营中收集和产生的个人信息和重要数据应当在境内存储。因业务需要，确需向境外提供的，应当按照国家网信部门会同国务院有关部门制定的办法进行安全评估；法律、行政法规另有规定的，依照其规定。根据数据安全法第三十一条的规定，关键信息基础设施的运营者在中华人民共和国境内运营中收集和产生的重要数据的出境安全管理，适用《中华人民共和国网络安全法》的规定；其他数据处理者在中华人民共和国境内运营中收集和产生的重要数据的出境安全管理办法，由国家网信部门会同国务院有关部门制定。

根据《征信业管理条例》第二十四条的规定，征信机构在中国境内采集的信息的整理、保存和加工，应当在中国境内进行。根据《中华人民共和国人类遗传资源管理条例》第二十七条的规定，将我国人类遗传资源材料运送、邮寄、携带出境的，应当符合相关条件，并取得国务院科学技术行政部门出具的人类遗传资源材料出境证明；第二十八条第一款规定，可能影响我国公众健康、国家安全和社会公共利益的，应当通过国务院科学技术行政部门组织的安全审查。

二、应当在境内存储个人信息的主体

根据本条规定，应当将个人信息在我国境内存储的信息处理者分为两类：关键信息基础设施运营者和处理个人信息达到国家网信部门规定数量的个人信息处理者。

关于关键信息基础设施运营者。根据网络安全法第三十一条第一款的规定，关键信息基础设施是指那些一旦遭到破坏、丧失功能或者数据泄露，可能严重危害国家安全、国计民生、公共利益的重要网络设施和系统，包括但不限于公共通信和信息服务、能源、交通、水利、金融、公共服务、电子政务行业和领域。2021 年颁布的《关键信息基础设施安全保护条例》相关条款规定，相关重要行业和领域的主管部门、监督管理部门是负责关键信息基础设施安全保护工作的部门，应当结合本行业、本领域实际，主要考虑网络设施、信息系统等对于本行业、本领域关键核心业务的重要程度，网络设施、信息系统等一旦遭到破坏、丧失功能或者数据泄露可能带来的危害程度，对其他行业和领域的关联性影响等因素，制定关键信息基础设施认定规则，并根据认定规则负责组织认定本行业、本领域的关键信息基础设施。

个人信息保护法在网络安全法的基础上，增加规定处理个人信息达到国家网信部门规定数量的个人信息处理者也应当将个人信息存储在境内，这主要是考虑到其处理的个人信息数量大，涉及众多个人权益、国家利益和社会公共利益。关于处理个人信息数量的具体标准，由国家网信部门规定。

三、向境外提供个人信息的安全评估

对于确需向境外提供个人信息的，应当通过国家网信部门组织的安全评估。关键信息基础设施运营者和其他应当在境内存储个人信息的个人信息处理者涉及多个行业和领域的，本条明确规定由网信部门组织个人信息出境的安全评估，既有利于发挥国家网信部门的统筹协调作用，又有利于保障安全评估的统一性和权威性。国家网信部门应当及时组织制定个人信息出境的安全评估办法，保证安全评估工作的依法顺利进行。同时，考虑到关键信息基础设施运营者等向境外提供个人信息的需求和场景多样，为了满足一些特殊情形下个人信息出境的客观需要，本条规定，法律、行政法规和国家网信部门可以对无须进行安全评估的例外情形作出规定。

第四十一条　中华人民共和国主管机关根据有关法律和中华人民共和国缔结或者参加的国际条约、协定，或者按照平等互惠原则，处理外国司法或者执法机构关于提供存储于境内个人信息的请求。非经中华人民共和国主管机关批准，个人信息处理者不得向外国司法或者执法机构提供存储于中华人民共和国境内的个人信息。

［**释义**］*本条是有关如何处理外国司法或者执法机构关于提供存储于境内个人信息请求的规定。*

经济全球化的快速发展以及互联网信息技术的不断创新改变了过去数据主要集中在本地存储和处理的模式，数据存储于境外给各国司法和执法机构的调查取证带来很多困难。由于司法权、行政执法权是国家权力的重要组成部分，不论是本国司法或者执法机关调取存储在国外的数据，还是外国司法或者执法机构调取存储在他国的数据，均需要遵循国家主权原则，在国际法框架下通过国际司法协助、国际行政执法协助开展。近年来，一些国家通过立法赋予本国司法、行政执法机构远程获取境外数据的权力，不符合在国际法框架下通过国际司法协助、国际行政执法协助获取证据的要求。一些国家出于维护自身主权和利益的考虑，通过立法对他国跨境调取数据信息予以应对，如欧盟《通用数据保护条例》第四十八条针对跨境提供个人数据等证据作出了专门规定，第三国的法院、裁判组织的判决或者行政机构的决定要求数据控制者或处理者提供

或披露个人数据的，则仅当提出要求的第三国与欧盟或者其成员国之间存在有效的国际条约，如双边司法协助协定，且不违反向境外转移个人数据有关规定的条件下，相关判决、决定才能够被承认或执行。

对于外国司法和执法机构要求提供存储于我国境内的数据，我国历来强调应当尊重国家主权，坚持应通过主权国家之间的平等互惠合作来处理。我国国际刑事司法协助法第四条规定，中华人民共和国和外国按照平等互惠原则开展国际刑事司法协助；非经中华人民共和国主管机关同意，中华人民共和国境内的机构、组织和个人不得向外国提供证据材料和本法规定的协助。我国民事诉讼法第二百八十三条规定，根据中华人民共和国缔结或者参加的国际条约，或者按照互惠原则，人民法院和外国法院可以相互请求，代为送达文书、调查取证以及进行其他诉讼行为。数据安全法第三十六条规定，中华人民共和国主管机关根据有关法律和中华人民共和国缔结或者参加的国际条约、协定，或者按照平等互惠原则，处理外国司法或者执法机构关于提供数据的请求。非经中华人民共和国主管机关批准，境内的组织、个人不得向外国司法或者执法机构提供存储于中华人民共和国境内的数据。

个人信息保护法基于我国的一贯主张，并在上述法律规定的基础上，对于如何处理外国司法或者执法机构要求提供存储于我国境内的个人信息的请求作出规定：由有关主管机关根据有关法律和我国缔结或者参加的国际条约、协定来处理。对于外国提出的刑事司法协助的请求，应当依照刑事司法协助条约的规定提出请求书，没有条约或者条约没有规定的应当在请求书中载明有关事项并附相关材料，请求应当向我国对外联系机关提出，对外联系机关在收到外国的请求后应当依法进行审查；符合要求的转送有关机关处理。对于民事诉讼方面的请求，应当依照我国缔结或者参加的国际条约、协定所规定的途径进行处理，没有条约关系的通过外交途径进行处理。对于有关行政执法方面的请求，目前在反洗钱、税收方面有相关的国际条约、协定，在证券监管等领域我国与有关国家签订了行政执法合作方面的协议。无论是国际司法协助，还是国际行政执法协助，依照我国法律和有关国际条约、协定，均应通过有关主管机关进行，据此本条还特别强调，非经中华人民共和国主管机关批准，个人信息处理者不得向外国司法或者执法机构提供存储于中华人民共和国境内的个人信息。

第四十二条　境外的组织、个人从事侵害中华人民共和国公民的个人信息权益，或者危害中华人民共和国国家安全、公共利益的个人信息处理活动的，国家网信部门可以将其列入限制或者禁止个人信息提供清单，予以公告，并采取限制或者禁止向其提供个人信息等措施。

［**释义**］本条是关于限制或禁止向境外提供个人信息的规定。

一、对境外的组织、个人从事侵害我国公民个人信息权益或者危害我国国家安全、公共利益的个人信息处理活动，应当依法追究法律责任

本法第三条第二款规定了在境外处理我国境内自然人个人信息的活动适用本法的三种情形，符合这些情形的境外组织、个人应当严格遵守本法规定处理我国境内自然人的个人信息；违反本法规定处理个人信息的，应当依照本法有关规定追究其行政法律责任和民事法律责任。

境外的组织、个人在境外处理我国境内自然人个人信息的活动，如不具有本法第三条第二款规定的情形，但是依照涉外民事法律关系适用法，消费者合同，适用消费者经常居所地法律；侵权责任，适用侵权行为地法律；通过网络或者其他方式侵害姓名权、肖像权、名誉权、隐私权等人格权的，适用被侵权人经常居所地法律。据此，境外的组织、个人从事侵害我国公民个人信息权益的行为，可以依照上述法律规定追究其民事责任。

根据刑法第六条的规定，凡在我国领域内犯罪的，除法律有特别规定的以外，都适用本法；犯罪的行为或者结果有一项发生在我国领域内的，就认为是在我国领域内犯罪。第八条规定，外国人在我国领域外对我国国家或者公民犯罪，而按本法规定的最低刑为三年以上有期徒刑的，可以适用本法，但是按照犯罪地的法律不受处罚的除外。据此，境外的组织、个人在我国境外从事侵害我国公民个人信息权益或者危害我国国家安全、公共利益的个人信息处理活动，构成犯罪的，应当依法追究其刑事法律责任。

二、对境外组织、个人采取限制或者禁止等措施

对于境外的组织、个人从事损害中华人民共和国公民的个人信息权益，或者危害中华人民共和国国家安全、公共利益的个人信息处理活动，除可以依法追究其法律责任外，还可以根据本条规定，由国家网信部门将其列入限制或者禁止个人信息提供清单，予以公告，并采取限制或者禁止向其提供个人信息等措施。

这主要是考虑，对于从事侵害我国公民个人信息权益或者危害我国国家安全、公共利益的个人信息处理活动的境外组织和个人，有时难以有效追究其法律责任，或者在追究其法律责任后难以防止其再次从事上述活动。国家网信部门应当根据境外组织、个人所从事的违法活动的性质、情节、后果等因素，经评估后将有关组织、人员列入限制或者禁止个人信息提供清单，予以公告，并可以根据实际情况确定应采取的具体限制或者禁止措施。

第四十三条　任何国家或者地区在个人信息保护方面对中华人民共和国采取歧视性的禁止、限制或者其他类似措施的，中华人民共和国可以根据实际情况对该国家或者地区对等采取措施。

［**释义**］本条是关于对有关国家或者地区对等采取措施的规定。

由于数字化发展不均衡，各国在数据资源竞争中存在利益冲突，有的国家从本国利益出发，利用经济和技术优势，以个人信息保护为由通过歧视性的禁止或限制措施对其他国家进行打压。近年来，我国数字经济发展迅速，但也面临着严峻的国际竞争形势甚至冲突摩擦，有的国家违反国际法和国际关系准则，在个人信息保护方面对我国采取歧视性的禁止、限制或者其他类似措施，侵害我国国家利益以及我国公民、组织的合法权益。对此，迫切需要完善相关法律制度，对有关国家的不合理做法依法予以反制，切实维护我国国家主权、安全和发展利益。

我国法律根据国际法规则和惯例，在国际经贸等领域对其他国家违反国际法和国际关系基本准则，以各种借口或者依据其本国法律对我国进行遏制、打压，或者对我国公民、组织采取歧视性限制措施予以反制作出了规定。包括：（1）对外贸易法第七条规定，任何国家或者地区在贸易方面对中华人民共和国采取歧视性的禁止、限制或者其他类似措施的，中华人民共和国可以根据实际情况对该国家或者该地区采取相应的措施。（2）外商投资法第四十条规定，任何国家或者地区在投资方面对中华人民共和国采取歧视性的禁止、限制或者其他类似措施的，中华人民共和国可以根据实际情况对该国家或者该地区采取相应的措施。（3）海警法第七十九条规定，外国在海上执法方面对我国公民、法人和其他组织采取歧视性的禁止、限制或者其他特别措施的，海警机构可以按照国家有关规定采取相应的对等措施。（4）出口管制法第四十八条规定，任何国家或者地区滥用出口管制措施危害中华人民共和国国家安全和利益的，中华人民共和国可以根据实际情况对该国家或者地区对等采取措施。（5）反外国制裁法第三条第二款规定，外国国家违反国际法和国际关系基本准则，以各种借口或者依据其本国法律对我国进行遏制、打压，对我国公民、组织采取歧视性限制措施，干涉我国内政的，我国有权采取相应反制措施。（6）数据安全法第二十六条规定，任何国家或者地区在与数据和数据开发利用技术等有关的投资、贸易等方面对中华人民共和国采取歧视性的禁止、限制或者其他类似措施的，中华人民共和国可以根据实际情况对该国家或者地区对等采取措施。

为实施相关法律规定，商务部先后发布了《不可靠实体清单规定》和《阻断外国法律与措施不当域外适用办法》。

近年来，有关国家以保护本国公民隐私为借口，撤销向我国企业已发放的许可证，或者采取不合理措施打压我国相关企业和投资。据此，本条针对个人信息保护领域专门规定了对其他国家和地区不合理措施的反制，明确任何国家或者地区在个人信息保护方面对我国采取歧视性的禁止、限制或者其他类似措施的，我国可以根据实际情况对该国家或者地区对等采取措施。

第四章　个人在个人信息处理活动中的权利

第四十四条　个人对其个人信息的处理享有知情权、决定权，有权限制或者拒绝他人对其个人信息进行处理；法律、行政法规另有规定的除外。

［**释义**］本条是关于个人在个人信息处理活动中权利的总括性规定。

民法典和本法均规定，自然人的个人信息受法律保护。关于个人信息受法律保护的权利，其是否属于一项独立的人格权，以及其权利内容，理论界和实务界有不同的认识。有的提出，应当将个人信息受法律保护的权利确定为一项独立的人格权，称为“个人信息受保护权”或者“个人信息权”等，主要理由是与传统隐私权相比，“个人信息权”在权利客体、权利内容、保护方式等方面都有很大的不同，应当适应信息化发展的要求，故将“个人信息权”明确为一项独立的人格权；有的提出，个人信息具有可复制性，难以赋予个人排他性的绝对控制权，需要协调个人权利保护与信息利用之间的平衡，不宜将其作为一项独立的人格权纳入民事权利体系。本法同时使用了“个人信息权益”和“个人在个人信息处理活动中的权利”这两个用语。使用“个人信息权益”这一用语，是考虑在信息化时代个人信息之上承载着广泛的个人权利和利益，包括名誉权、肖像权、隐私权等人格权利，以及在个人信息处理过程中不被歧视的权利，另外，个人信息还与个人的人身、财产安全密切相关，而不是一项单一的权利。使用“个人在个人信息处理活动中的权利”，主要考虑到世界许多国家和地区立法以及我国网络安全法、民法典均赋予个人对其个人信息处理的知情权、决定权，作为保障个人信息权益的方式。本法将知情权、决定权作为个人在个人信息处理活动中的基础性、概括性权利，其中知情权包括处理个人信息前的告知、要求个人信息处理者公开处理规则，以及本章规定的查阅复制权、解释说明权等权利；决定权包括对个人信息处理的同意权、拒绝权、同意的撤回权，以及本章规定的可携带权、更正补充权、删除权等权利。当然，个人在个人信息处理活动中的权利不是绝对的，法律、行政法规可以作出限制。

第四十五条　个人有权向个人信息处理者查阅、复制其个人信息；有本法第十八条第一款、第三十五条规定情形的除外。

个人请求查阅、复制其个人信息的，个人信息处理者应当及时提供。

个人请求将个人信息转移至其指定的个人信息处理者，符合国家网信部门规定条件的，个人信息处理者应当提供转移的途径。

［**释义**］本条是关于个人查阅、复制权和可携带权的规定。

一、查阅、复制权

1. 关于查阅、复制权的内容

查阅、复制权是指个人有权查阅其个人信息被处理的情况，并有权对处理的个人信息进行复制。查阅、复制权是公开透明原则和个人知情权的体现。我国民法典第一千零三十七条第一款也规定，自然人可以依法向信息处理者查阅或者复制其个人信息。对于查阅、复制权，不少国家和地区及有关国际组织也有相应的规定。欧盟《通用数据保护条例》第十五条规定，数据主体应有权在合理的范围内访问其被收集的个人数据及相关信息，且能够易于行使该权利，数据控制者应当提供正在处理的个人数据副本。亚太经济合作组织（APEC）《隐私框架》也规定，个人信息控制者应当提供查阅机会。韩国《个人信息保护法》规定，个人有确认其个人信息是否被处理以及查阅、复制其个人信息的权利。日本《个人信息保护法》规定，个人可以要求商业经营者提供留存的其个人可识别信息，商业经营者收到请求后除特殊情形外应立即提供，如果决定不予提供或信息不存在时应立即通知个人并说明理由。我国台湾地区“个人资料保护法”规定，公务机关或非公务机关应根据当事人请求，就其搜集的个人资料提供查询、阅览或副本。

依据本条第一款的规定，个人查阅、复制的是其个人信息。根据处理个人信息应遵循的公开透明原则，个人应有权知晓其个人信息被处理的相关情况，据此上述规定中的个人信息应作广义的理解，尤其是查阅的内容，如推荐性国家标准《信息安全技术　个人信息安全规范》将可查阅的内容明确为：个人信息处理者所持有的个人信息或个人信息的类型；个人信息的来源、所用于的目的；已经获得个人信息的第三方身份或类型。欧盟《通用数据保护条例》第十五条规定的数据主体的访问权包括确认个人数据是否被处理、访问其个人数据以及以下信息：处理的目的；个人数据的种类；已披露或将要披露的个人数据接收方的种类；预计的个人数据存储期限或用于确定存储期限的标准；向控制者要求修改、删除、限制处理或者拒绝处理的权利；向监管机构申诉的权利；在个人数据并非从数据主体处收集的情况下，关于该数据来源的任何信息；关于包括数据画像在内的与自动化决策有关的逻辑机制和有意义的信息，以及此类处理对数据主体的意义和预期影响。

2. 关于查阅、复制权的限制

查阅、复制权是公开透明原则和知情权的体现，是告知规则的延续。同样，查阅、复制权也受到告知规则类似的限制。据此，本条第一款援引了本法关于告知规则的相关规定，对查阅、复制权的限制作出规定：一是本法第十八条第一款的规定，即有法律、行政法规规定应当保密或者不需要告知的情形的；二是本法第三十五条的规定，即告知将妨碍国家机关履行法定职责的。从各国立法来看，都对查阅、复制权作出了与告知规则类似的限制。

另外，需要说明的是，有的国家和地区的立法还对额外提供副本的收费作出了规定，有的还规定在涉及第三人重大利益时可拒绝个人查阅、复制相关信息的权利。对此，可根据公平等原则在实践中具体处理。

二、可携带权

1. 可携带权的内容

可携带权是指在符合一定的条件下，个人有权请求将个人信息处理者处理的其个人信息转移至其他个人信息处理者。赋予个人对其个人信息的可携带权，有两个方面的意义：一是增强个人对其个人信息的控制权；二是减少大型互联网企业利用市场优势地位对用户的“锁定效应”，改善竞争环境，促使企业提升产品和服务质量。欧盟在《通用数据保护条例》实施两周年的评估报告中提出，可携带权在提升消费者福利，改善竞争环境和促进创新等方面起到了明显作用。某互联网公司在评价数据传输工具的作用时也提出，可携带权的行使不仅为用户提供了便捷高效获取和转移个人信息的方式，帮助用户在更短的时间内选择新的产品服务，还有效打破了新兴企业获取数据的门槛，为激励行业竞争和技术创新提供了良好的环境。

2. 国外立法例和实施情况

欧盟《通用数据保护条例》在世界范围内首先创设了个人信息可携带权制度，规定在基于个人同意和合同关系开展的，以自动化方式进行的个人信息处理活动中，个人有权以结构化且通用的机器可读格式获取其提供给数据控制者的个人信息，以便无障碍地提供给另一个控制者；在技术可行的情况下，个人有权将个人信息直接从一个控制者传输给另一个控制者。新加坡《个人数据保护法》规定，针对部分用户自行向经营者提供的个人信息和经营者拥有的用户活动信息，用户有权请求经营者以通用的机器可读格式提供相关信息的副本，并有权要求传输给其他在新加坡设立机构的经营者。澳大利亚《消费者数据权利法案》规定，在金融、能源、通信等领域，消费者有权要求经营者提供与自身相关的信息，并有权要求经营者将信息向指定的其他经营者开放。巴西《通用数据保护法》规定，在不侵犯商业秘密的前提下，个人有权要求将控制者正在处理的个人信息传输至另一个产品或者服务提供商；基于个人同意或合同关系开展的个人信息处理活动中，个人有权要求控制者以便于后续使用的格式提供其个人信息的完整电子副本。

从上述国家和地区法律规定看，可携带权的行使存在较多限制。欧盟《通用数据保护条例》要求，可携带权适用的个人信息主要限于直接向个人获取的个人信息，包括个人主动提供的信息，以及在使用相关产品和服务过程中形成的活动信息等，不包括从第三方等其他渠道间接获取的个人信息。适用的处理活动主要是基于个人同意或者合同关系开展的，以自动化方式进行的个人信息处理活动，基于其他情形开展的个人信息处理活动，以及通过手动进行的处理活动，均无法主张携带权。新加坡、巴西等国家的立法规定的可携带权的行使条件，与欧盟《通用数据保护条例》规定的条件基本相同。另外，欧盟还出台了专门的《数据可携带权指南》，对行使可携带权时个人信息控制者的义务、与他人权利的关系等事项作了说明：一是在个人行使可携带权的过程中，个人信息的提供和接收方都需要履行对应的个人信息保护义务。对于数据提供方而言，应当采取必要措施，保障按照个人要求的格式和内容对外提供信息，无须向接收方保证数据质量，但不得通过限制数据格式或付费等方式阻碍个人行使权利；提供数据后，数据提供方与个人的权利义务关系不受影响。对于数据接收方而言，将作为新的数据控制者承担法定的个人信息保护义务。二是针对通讯录、银行流水等涉及多个主体的信息，个人行使可携带权时，可能影响他人的合法权益。在这种情况下，如果数据接收方没有处理他人个人信息的合法性基础，则相关信息只能由行使可携带权的个人直接控制，并且只能用于个人或者家庭事务。指南还指出，个人行使可携带权不得侵害他人的版权、数据库权利等知识产权，并鼓励个人信息控制者在协助个人行使可携带权时剔除可能侵犯他人权利的数据。

可携带权的实现需要统一机器可读的数据格式，且数据提供方与接收方之间需建立转移数据的通道。自 2018 年以来，部分大型互联网公司为落实欧盟《通用数据保护条例》的要求开展了一些实践。谷歌、苹果、脸书和推特等企业共同建立了一个开源的数据传输工具（Data Transfer Project，DTP），并不断吸收一些中小企业在其运营的产品和服务中部署并协助改善这一工具。数据传输工具为企业提供专门的数据和身份验证适配程序，企业将相关程序与自身的应用程序接口对接后，可以将需转移的数据转换为通用格式，在不同企业间传输。工具本身没有强制设置统一的后台服务器，并在每次数据传输完成后删除相关的授权和传输记录，以保障数据安全，这一数据传输工具为用户在不同的应用之间转移个人信息提供了便捷、可信的途径。

3. 关于可携带权制度的实施

在本法对个人信息可携带权作出规定之前，推荐性国家标准《信息安全技术　个人信息安全规范》对此已作了必要的尝试，其中第 8.6 条规定，根据个人信息主体的请求，个人信息控制者宜为个人信息主体在技术可行的前提下直接将以下类型个人信息的副本传输给个人信息主体指定的第三方：本人的基本资料、身份信息；本人的健康生理信息、教育工作信息。

同时，互联网行业的产品和服务种类众多，不同经营者使用的技术系统和数据格式普遍存在差异，可携带权的实施需要具备必要的技术条件。此外，需要转移的数据中可能涉及其他自然人的信息，可携带权的行使可能存在侵害他人权利的风险。基于上述考虑和有关国家、地区的立法和实践，应对可携带权的行使设置一定的限制条件，本条将这一权力赋予国家网信部门。

第四十六条　个人发现其个人信息不准确或者不完整的，有权请求个人信息处理者更正、补充。

个人请求更正、补充其个人信息的，个人信息处理者应当对其个人信息予以核实，并及时更正、补充。

［释义］本条是关于更正补充权的规定。

一、一些国际组织、国家和地区的规定

更正补充权作为个人在个人信息处理活动中的一项基本权利，许多国际组织、国家和地区都作出了规定。欧盟《通用数据保护条例》第十六条规定，数据主体有权要求控制者及时更正其不准确的个人数据，考虑到处理的目的，数据主体应当有权将不完整的个人数据补充完整，包括通过提供补充声明的方式。亚太经济合作组织（APEC）《隐私框架》提出，可以对信息的准确性提出异议并在适当的情况下更正、补充或删除其信息。个人信息控制者应提供查阅和更正的机会。2011 年《ISO29100 隐私框架》提出，允许个人对其信息的准确性和完整性提出异议并尽可能给予修改、更正、清除的机会。韩国 2011 年《个人信息保护法》规定，个人有要求暂停处理、更正、删除和销毁个人信息的权利。日本 2015 年修订的《个人信息保护法》规定，个人要求商业经营者修改、增加或删除不准确的信息时，除法律另有规定外，商业经营者应立即进行必要调查，并将修正或不予修正的结果告知个人。新加坡 2012 年制定的《个人数据保护法》规定，个人可以要求机构对错误、遗漏的信息进行修正。我国台湾地区“个人资料保护法”规定，公务机关或非公务机关应维护个人资料的正确性，主动或依当事人的请求予以更正或补充。

二、更正补充权的内容

更正补充权是指个人有权请求个人信息处理者对不正确、不全面、不及时的个人信息进行更正与补充。本法第八条规定，处理个人信息应当保证个人信息的质量，避免因个人信息不准确、不完整对个人权益造成不利影响。赋予个人对其个人信息的更正补充权，是个人信息质量原则的要求。尤其是在信用报告等涉及个人重大权益时，赋予个人更正补充权尤为重要。近年来，我国相关立法将个人对其个人信息的更正补充权作为一项重要权利作出规定，根据网络安全法第四十三条的规定，个人发现网络运营者收集、存储的其个人信息有错误的，有权要求网络运营者予以更正。根据民法典第一千零三十七条第一款的

规定，自然人发现信息有错误的，有权提出异议并请求及时采取更正等必要措施。此外，在一些行业和社会管理领域，相关行政法规、规范性文件也对个人要求更正、补充其个人信息作出了具体规定，如《征信业管理条例》第二十五条规定，信息主体认为征信机构采集、保存、提供的信息存在错误、遗漏的，有权向征信机构或者信息提供者提出异议，要求更正。征信机构或者信息提供者收到异议，应当按照国务院征信业监督管理部门的规定对相关信息作出存在异议的标注，自收到异议之日起20日内进行核查和处理，并将结果书面答复异议人。经核查，确认相关信息确有错误、遗漏的，信息提供者、征信机构应当予以更正；确认不存在错误、遗漏的，应当取消异议标注；经核查仍不能确认的，对核查情况和异议内容应当予以记载。国务院《关于建立完善守信联合激励和失信联合惩戒制度加快推进社会诚信建设的指导意见》第二十二项提出，有关部门和单位在执行失信联合惩戒措施时主动发现、经市场主体提出异议申请或投诉发现信息不实的，应及时告知信息提供单位核实，信息提供单位应尽快核实并反馈；联合惩戒措施在信息核实期间暂不执行。经核实有误的信息应及时更正或撤销。

本法在上述规定的基础上，进一步明确了个人对其信息的更正、补充权。其中，更正权针对的是个人信息存在错误的情形；补充权针对的是个人信息有遗漏或未及时更新的情形。

依照本条第二款的规定，对于个人更正、补充其个人信息的请求，个人信息处理者应当及时作出回应。首先，应当对该申请人的个人信息予以核实，以确定是否存在不准确、不完整的情形，必要时可要求申请人提供相关材料。其次，在申请人的个人信息存在不准确、不完整情形时，应当及时予以更正、补充；不存在不准确、不完整的情形时，应当向申请人说明拒绝的理由。

第四十七条　有下列情形之一的，个人信息处理者应当主动删除个人信息；个人信息处理者未删除的，个人有权请求删除：

（一）处理目的已实现、无法实现或者为实现处理目的不再必要；

（二）个人信息处理者停止提供产品或者服务，或者保存期限已届满；

（三）个人撤回同意；

（四）个人信息处理者违反法律、行政法规或者违反约定处理个人信息；

（五）法律、行政法规规定的其他情形。

法律、行政法规规定的保存期限未届满，或者删除个人信息从技术上难以实现的，个人信息处理者应当停止除存储和采取必要的安全保护措施之外的处理。

［释义］本条是关于删除权的规定。

一、一些国家和地区的规定

删除权是个人在个人信息处理活动中的一项重要权利，许多国家和地区都对此作出了规定。欧盟《通用数据保护条例》规定，数据主体有权要求数据控制者及时删除其个人数据，并且在下列情况下，数据控制者有义务及时删除数据主体的个人数据：就收集或以其他方式处理个人数据的目的而言，该个人数据已非必要；数据主体撤回同意，并且在没有其他有关数据处理的法律依据的情况下；数据主体反对基于执行公共利益领域的任务或行使数据控制者既定的公务职权之必要或数据控制者、第三方为了追求合法利益之必要采取的数据处理，并且不存在关于数据处理更重要的合法依据，或者数据主体反对基于商业目的进行的处理；个人数据被非法处理；根据数据控制者所应遵守的欧盟或成员国法律规定的法定义务，个人数据必须被删除；所收集的个人数据是儿童个人数据。同时，在一些处理情形下，可不适用删除权的有关规定，包括行使言论和信息自由的权利；根据数据控制者所应遵守的欧盟或成员国法律规定的法定义务，或者执行符合公共利益的任务，或者行使数据控制者被授予的官方任务时；为了公共卫生领域的公共利益；为了公共利益、科学或者历史研究或者数据统计的目的，删除将导致这些目的不可能实现或严重损害该目的的实现；为了法定请求权的确立、行使和抗辩。俄罗斯《联邦个人数据法》规定，当处理目的达成后应停止处理并销毁信息。我国台湾地区“个人资料保护法”规定，当搜集个人资料的特定目的已消失或保存期限届满时，公务机关或非公务机关应主动或依当事人请求，删除或停止处理、利用该个人资料，但因执行职务、业务所必需或经当事人书面同意的除外；当有违反规定搜集、处理或利用个人资料情形的，应主动或依当事人请求，删除或者停止搜集、处理、利用该个人资料。新加坡《个人数据保护法》规定，当收集目的已达成或留存已不符合法律规定、商业目的时，机构应当删除个人信息，或取消个人信息与特定个人之间的关联。韩国《个人信息保护法》规定，当个人信息因保存期届满、个人信息的处理目的已实现等，个人信息处理者应当毫不延迟地销毁个人信息，但其他法律或法规强制要求保存的除外；信息主体可以向个人信息处理者提出修改或者删除个人信息的要求，但如果根据其他法律法规个人信息应当被收集则不允许删除。

二、删除权的内容

删除权，是指个人在法定或约定的事由出现时，请求信息处理者删除其个人信息的权利。删除权是个人实现对其个人信息控制的重要权利。近年来，我国网络安全法、民法典均明确了个人的删除权。网络安全法第四十三条规定，个人发现网络运营者违反法律、行政法规的规定或者双方的约定收集、使用其个人信息的，有权要求网络运营者删除其个人信息。根据民法典第一千零三十七条第二款的规定，自然人发现信息处理者违反法律、行政法规的规定或者双方的约定处理其个人信息的，有权请求信息处理者及时删除。本法在网络安全法、民法典上述规定的基础上，进一步细化完善了删除权的适用范围等规定。

根据本条第一款的规定，删除权适用的情形包括：一是处理目的已实现、无法实现或者为实现处理目的不再必要。这是本法第六条目的明确原则的具体体现。当个人信息处理者对个人信息的处理已完成其目的，或者因解散、被宣告破产等原因处理目的已经无法实现，或者根据情况变化个人信息的处理已无法实现或不再必要，个人信息处理者应当主动删除相关个人信息，或者在个人提出请求时及时删除相关个人信息。二是个人信息处理者停止提供产品或者服务，或者保存期限已届满。个人信息处理者停止提供产品或服务，既包括个人信息处理者主动停止提供产品或服务，也包括个人主动终止接受产品或服务，例如，个人注销互联网服务、应用账号等；保存期限已届满，包括法律规定的保存期限和当事人约定的保存期限届满。在法律没有规定且当事人没有约定的情况下，依照本法第十九条的规定，个人信息的保存期限应当为实现处理目的所必要的最短时间。三是个人撤回同意。本法第十五条第一款规定，基于个人同意处理个人信息的，个人有权撤回其同意。四是个人信息处理者违反法律、行政法规或者违反约定处理个人信息。个人信息处理者违反法律、行政法规处理个人信息的行为本身就具有违法性，违反约定的处理行为违背了其自身的承诺和个人的意愿，所处理的个人信息应当予以删除。五是除上述四项情形外，法律、行政法规还可能规定其他应当删除个人信息的情形。

本条第二款还对不得行使删除权的情形作出规定，这主要是考虑在有些情形下个人信息事关社会公共利益，法律、行政法规对其保存规定了相应的期限。另外，在信息技术广泛普及应用的情形下，有时从物理上彻底删除个人信息难以完全实现。据此，本条规定了不适用删除权的两种情形，包括法律、行政法规规定的保存期限未届满，以及删除个人信息从技术上难以实现。同时，符合上述情形的，个人信息处理者可以不删除个人信息，但对上述信息应当妥为保存，并采取相应的安全保护措施，不得再对该个人信息作利用等处理。

第四十八条　个人有权要求个人信息处理者对其个人信息处理规则进行解释说明。

［**释义**］本条是关于个人信息处理规则解释说明权的规定。

随着社会日益信息化，信息处理技术、处理主体、处理内容日益复杂，使得个人信息处理规则中涉及较多繁杂、专业的内容。有些个人信息处理者甚至刻意制定内容冗长烦琐、用户难以理解的个人信息处理规则，同时语言本身的歧义也可能导致对个人信息处理规则有不同的理解，影响个人知情权、决定权的行使。因此，为使个人充分知悉处理个人信息的规则，了解个人信息处理的目的、方式、范围和可能的影响等事项，保障个人的知情权、决定权，本条对个人要求个人信息处理者对其个人信息处理规则解释说明的权利作出规定。个人信息处理规则通常以隐私政策或者合同条款的形式，由个人信息处理者单方制定，民法典第四百九十六条第二款规定，采用格式条款订立合同的，提供格式条款的一方应当遵循公平原则确定当事人之间的权利和义务，并采取合理的方式提示对方注意免除或者减轻其责任等与对方有重大利害关系的条款，按照对方的要求，对该条款予以说明。提供格式条款的一方未履行提示或者说明义务，致使对方没有注意或者理解与其有重大利害关系的条款的，对方可以主张该条款不成为合同的内容。赋予个人请求解释说明的权利与民法典关于合同格式条款相关规定的精神是一致的。

个人信息处理者应当按照本法规定提供便捷的方式和途径接受、处理个人关于个人信息处理规则解释说明的请求，接到个人的请求后，应当在合理的时间内，使用通俗易懂的语言，对其个人信息处理规则作出解释说明。

第四十九条　自然人死亡的，其近亲属为了自身的合法、正当利益，可以对死者的相关个人信息行使本章规定的查阅、复制、更正、删除等权利；死者生前另有安排的除外。

［释义］本条是关于死者个人信息保护的规定。

一、死者人格利益保护的理论观点

依据各国通例，自然人从出生时起到死亡时止，具有民事权利能力和民事行为能力。据此，自然人死亡后就不再具有民事权利能力，自然也不具有民事行为能力。同时，按照法理通说，人格权不能继承。但是，许多国家的立法和司法实践均对死者的名誉、隐私等人格权给予必要保护。

死者人格的保护究竟是保护死者自身的人格权或者人格利益，还是保护死者近亲属的人格权或者人格利益，有不同的观点。例如，日本民法学说和判例中就有三种不同的观点，即侵害遗属固有的人格权说、侵害遗属对死者的虔敬之情说以及侵害死者的人格权（或人格利益）说。我国民法学界主流观点认为，法律上之所以保护死者的名誉、荣誉、隐私、肖像等，不是因为死者死后其人格权继续存在，而是因为对死者的名誉、荣誉等的侵害会给死者近亲属的权益或社会公共利益造成损害，同时也违反了公序良俗原则。对死者的人格利益的保护，“体现了法律对民事主体权益保护的完整性”“有利于引导人们重视个人生前和身后的声誉，尊重主流社会的价值观”。

二、死者个人信息保护的域外相关规定

关于死者个人信息保护问题，不同国家和地区在个人信息保护法中的处理有较大差异。一些国家和地区的立法在个人信息定义或法律适用范围中明确排除了死者个人信息，如英国《数据保护法》和我国香港特别行政区《个人资料（私隐）条例》规定，个人信息是指与可直接或间接识别的活着的人有关的信息。一些国家和地区对死者个人信息的查询、复制、删除等权利的行使作了规定；有的还规定了死者个人信息的保护期限。还有一些国家和地区在有关专门立法中对特定种类的死者个人信息保护作出了规定，如死者生前的医疗健康信

息、纳税信息以及政府部门掌握的死者个人信息等。

欧盟《通用数据保护条例》在引言中明确该条例不适用于死者的个人信息，同时授权成员国可就死者个人信息的处理另行作出规定。法国、意大利、西班牙、匈牙利等国在本国立法中规定了死者个人信息的处理规则。法国《数据保护法》规定，个人可以在生前指定死后管理其个人信息的代理人，也可以就死后个人信息的查询、更正和删除等事宜向个人信息处理者作出指示。个人信息处理者依据指示处理死者个人信息的，视为获得了同意，但不得在一般服务条款中要求预先放弃死后个人信息相关权利。如个人生前没有作出指示或指定代理人，其继承人有权行使查询、复制、更正和拒绝处理等权利。同时还规定，网络服务提供商有义务向用户告知其死后个人信息的处理方式，用户有权要求提供商在其死后将个人信息转移给指定的接收方。意大利《隐私法》规定，欧盟《通用数据保护条例》规定的查询权、更正权、删除权、限制处理权、可携带权和自动化处理异议权等权利可以由死者生前指定的代理人、与死者个人信息有直接利害关系的主体、因家庭原因需保护死者个人信息的主体行使，但不包括法律明确禁止的、死者生前书面声明禁止的主体，死者的声明不得妨碍他人的继承权或诉讼权利。西班牙《数据保护法》规定，以下主体有权查询、删除或更正死者的个人信息：（1）死者的亲属、法定继承人或遗嘱执行人等；（2）死者生前指定的代理人；（3）未成年人或无民事行为能力人的监护人或相关政府部门。匈牙利《电子信息自由法》规定，死者死后 5 年内，欧盟《通用数据保护条例》规定的个人信息相关权利可以由死者生前指定的代理人行使，指定代理人应当经过公证或以书面方式通知个人信息处理者；死者生前未指定代理人的，由死者近亲属行使相关权利。

美国《健康保险携带与责任法》《经济与临床健康信息技术法》对死者健康信息的管理作出了规定，即在死者死后的 50 年内，死者的代理人或遗嘱执行人有权查询、授权使用或披露姓名、地址、生物信息、医疗记录、保险信息等在内的死者健康信息。如死者生前没有指定代理人或遗嘱执行人，则根据各州法律规定的遗产继承顺序，由相关继承人行使查询权。此外，医疗机构还可以向死者生前已经知悉相关信息的死者亲属、朋友和照看人员提供死者的健康信息。在死者死亡 50 年后，医疗机构有权决定死者健康信息的处理方式。

加拿大一些地方立法规定了公共部门掌握的死者个人信息的管理要求。以阿尔伯塔省《信息自由与隐私保护法》为例，个人信息包括与死者有关的信息，公共部门收集、使用死者个人信息应当遵守个人信息保护的相关规则。在死者死亡 25 年内，死者的遗产管理人有权查询、更正死者个人信息，死者的亲属可以申请查询、更正死者个人信息。死者死亡 25 年后，公共部门可以决定披露其掌握的死者信息，公共部门为通知不明身份死者的亲属也可以披露其掌握的死者信息。

新加坡《个人数据保护法》规定，涉及个人数据披露和保护的规定可以适用于死亡 10 年以内的死者。新加坡个人数据保护委员会对这一规定作了细化：死者生前指定的代理人或遗嘱执行人作为死者个人信息处理活动的联络人，有权作出或撤销处理死者个人信息的同意，并对泄露或侵犯死者个人信息的处理者提起投诉或诉讼。死者生前未指定代理人及遗嘱执行人，或代理人及遗嘱执行人无法行使权利的，由死者的近亲属行使。

三、死者个人信息保护的内容

根据民法典第九百九十四条的规定，死者的姓名、肖像、名誉、荣誉、隐私、遗体等受到侵害的，其配偶、子女、父母有权依法请求行为人承担民事责任；死者没有配偶、子女且父母已经死亡的，其他近亲属有权依法请求行为人承担民事责任。民法典的上述规定，一是没有明确死者的个人信息受到侵害的，其近亲属能否请求侵权人承担民事责任；二是只对相关人格权受到侵害的事后救济作出了规定。

随着信息技术的普及，个人信息的处理日益广泛，自然人个人信息承载的民事权益的范围和类型变得极为复杂，既可能记载有个人的动产信息或不动产信息，也可能成为著作权和商业秘密、虚拟财产等财产权的客体，还可能承载着自然人的姓名权、肖像权、隐私权等人格权益。因此，虽然死者已丧失了民事权利能力和民事行为能力，但其个人信息的保护与维护死者的人格权益，以及其近亲属的合法权益具有重要意义。据此，本条适应信息技术发展和个人信息处理日益广泛的现实情况，借鉴有关国家和地区的立法，并在民法典有关规定的基础上，确立了死者个人信息保护的制度规则，明确死者的近亲属可以对死者的个人信息行使查阅、复制、更正、补充、删除等权利，死者的近亲属行使上述权利应当是为了其自身的合法、正当利益，主要是为遗产继承了解死者的相关财产信息，或者为维护死者名誉、隐私等人格权益。当然，死者可以根据其意愿在生前对其死后个人信息的有关事务作出安排，包括允许特定的近亲属行使、授权遗产管理人行使，或者禁止他人代为处置等，对此应予以尊重。

第五十条　个人信息处理者应当建立便捷的个人行使权利的申请受理和处理机制。拒绝个人行使权利的请求的，应当说明理由。

个人信息处理者拒绝个人行使权利的请求的，个人可以依法向人民法院提起诉讼。

［**释义**］本条是关于个人行使权利保障的规定。

一、申请受理和处理机制

个人信息保护法第四章规定了个人在个人信息处理活动中的知情权、决定权等，具体包括：查阅复制权、可携带权、更正补充权、删除权、规则解释说明权等。权利和义务是对应的，个人在个人信息处理活动中的权利行使需要个人信息处理者的主动配合方可实现，因此本条对个人信息处理者响应个人行使其权利的请求提出了以下要求：一是要求个人信息处理者建立申请受理机制，包括提出申请的方式、接受申请的机构或者个人、提出申请时应提交的材料、受理个人申请的反馈等；二是建立申请处理机制，包括受理申请后处理申请的机构或人员、处理流程、处理结果的反馈等；三是要求个人信息处理者的申请受理和处理机制应当便捷，不得设置不合理的障碍；四是要求个人信息处理者拒绝个人申请权利的请求时，应当说明理由。

二、个人行使权利争议的诉讼

本条规定了个人在个人信息处理活动中的权利，当这些权利无法实现时寻求司法救济是题中应有之义，否则法律规定的权利将会落空。当个人行使其权利的请求被个人信息处理者拒绝时，个人有权依照本条第二款和有关法律规定，向人民法院提起诉讼。这里所说的拒绝个人的请求，既包括个人信息处理者以口头或者书面方式作出拒绝的意思表示，也包括个人信息处理者在合理的期限内不对个人的请求作出回复。

第五章　个人信息处理者的义务

第五十一条　个人信息处理者应当根据个人信息的处理目的、处理方式、个人信息的种类以及对个人权益的影响、可能存在的安全风险等，采取下列措施确保个人信息处理活动符合法律、行政法规的规定，并防止未经授权的访问以及个人信息泄露、篡改、丢失：

（一）制定内部管理制度和操作规程；

（二）对个人信息实行分类管理；

（三）采取相应的加密、去标识化等安全技术措施；

（四）合理确定个人信息处理的操作权限，并定期对从业人员进行安全教育和培训；

（五）制定并组织实施个人信息安全事件应急预案；

（六）法律、行政法规规定的其他措施。

［**释义**］本条是关于个人信息处理者合规保障义务的规定。

一、合规保障义务的内容

个人信息处理者是个人信息保护的第一责任人，有义务采取必要的措施确保其个人信息处理活动符合本法和有关法律法规的规定，并保障个人信息安全，切实保护个人信息权益。本条总结实践经验，并借鉴有关国家和地区的做法，从组织措施和技术措施两个方面对个人信息处理者的合规保障义务作出了规定。考虑到各类个人信息处理者的不同情况，以及个人信息处理活动的复杂性和风险程度不同，本条特别强调个人信息处理者应当根据个人信息的处理目的、处理方式、个人信息的种类以及对个人权益的影响、可能存在的安全风险等因素，采取相应的合规保障措施。

1. 制定内部管理制度和操作规程

内部管理制度是个人信息处理者制定的有关个人信息保护的组织架构、人员配备、行为规范、管理责任等规则；操作规程是个人信息处理者制定的，有关人员在个人信息处理及相关业务活动中应当遵守的程序和步骤。个人信息处理者应当依照法律法规的规定，制定内部管理制度和操作规程，确定个人信息保护负责人，明确岗位职责，建立工作流程，完善内控制度，保障个人信息处理合规与安全。

2. 对个人信息实行分类管理

个人信息分类管理要求个人信息处理者根据个人信息的种类、来源、敏感程度、用途等，对个人信息进行分类，并采取有针对性的管理或安全技术措施。

3. 采取相应的加密、去标识化等安全技术措施

加密，是指通过加密算法和密钥将明文信息转变为密文信息，从而实现信息的保密性。去标识化，是指个人信息经过处理，使其在不借助额外信息的情况下无法识别特定自然人的过程。由于个人信息处理者能够使用其掌握的其他信息与去标识化信息结合识别个人身份，因此相对于个人信息处理者来说，去标识化信息仍属于个人信息。采取加密、去标识化等技术处理，可以降低或者消除个人信息的可识别性，减少个人信息在处理过程中未经授权的访问及滥用的风险。

4. 合理确定个人信息处理的操作权限，并定期对从业人员进行安全教育和培训

在个人信息处理活动中，通常需要个人信息处理者的不同部门和不同工作人员参与，为了确保个人信息处理的合规性，特别是防止个人信息被非法访问、滥用或者泄露，应当遵循非必要不处理的原则，要求个人信息处理者合理确定个人信息的操作和审批权限，形成分工合理、监督有效的工作机制。这里所说的操作权限，主要包括有关人员查阅、复制、传输个人信息的操作权限，以及授权审批权。

定期对从业人员进行安全教育和培训，是提高从业人员个人信息保护意识和能力水平的必然要求，个人信息处理者应当结合自身实际，制定教育培训计划，明确教育培训的对象、方式、频率、内容等。这里所说的从业人员，不仅包括与个人信息处理有关的操作人员，还包括管理人员和其他业务人员。

5. 制定并组织实施个人信息安全事件应急预案

应急预案是指突发事件应急方针、政策，应急组织结构及其职责，应急行

动、措施和保障等方面的要求和程序的文件。在个人信息处理活动中，可能会面临系统漏洞、计算机病毒、网络攻击和入侵以及内部人员误操作和故意操作等多种安全风险，导致发生个人信息被篡改、损毁或者泄露等安全事件。为了有效应对、处置个人信息安全事件，保障个人信息的安全，本条要求个人信息处理者制定个人信息安全事件应急预案。个人信息处理者应当结合自身业务的实际，对个人信息安全风险进行系统评估并作出预测，提出应对个人信息安全事件的指导思想、基本策略，组织机构、人员、技术、物资保障，指挥处置程序、应急和支持措施等，制定形成预案，使个人信息安全事件应急处置工作有章可循、有据可依。应急预案通常应当包括有关各方的分工和责任、安全风险的主要场景、各类安全事件的判断方法和流程、应急处置操作流程、应急处置过程中的关键状态以及不同状态的沟通和报告内容及等级、可采取的补救措施及业务恢复步骤程序等。

制定个人信息安全事件应急预案后，个人信息处理者还应切实加强应急预案实施的相关工作，包括对相关人员进行应急预案培训，定期对应急预案进行演练，并根据演练情况或者在业务、处理系统发生变化时及时对原有的应急预案重新评估、修改完善。在发生个人信息安全事件时，个人信息处理者应当立即启动应急预案，根据应急预案采取相应的措施，及时查明影响范围，分析、确定事件原因，提出防止危害扩大的措施和方案并组织实施，将危害造成的损失降低到最小。此外，因个人信息安全事件导致或者可能导致个人信息泄露、篡改、丢失的，个人信息处理者还应当按照本法第五十七条的规定履行向个人和有关主管部门通知的义务。

6. *法律、行政法规规定的其他措施*

法律、行政法规规定的其他保障个人信息处理合规及个人信息安全的措施，主要包括：一是本条规定的个人信息保护影响评估、定期合规审计、个人信息出境安全评估及认证等；二是网络安全法和数据安全法关于保障网络运行安全、数据安全的措施，如按照网络安全等级保护制度的要求，采取防范计算机病毒和网络攻击、网络侵入等危害网络安全行为的技术措施，采取监测、记录网络运行状态、网络安全事件的技术措施，按照规定留存相关网络日志，重要数据备份等措施；三是其他法律、行政法规对特殊类型个人信息处理所要求的措施；四是后续本法配套法规细化的保障措施。

二、一些国际组织、国家和地区的规定

一些国际组织的规定以及许多国家和地区的个人信息保护立法均将合规和信息安全保障义务，作为个人信息处理者的基本义务，强调个人信息处理者应基于风险全过程管理的思路，采取必要的技术措施和组织措施。（1）经济合作与发展组织（OECD）《隐私保护和个人数据跨境流动指南》规定：个人信息应受到合理的安全保护，以防止丢失或未经授权的访问、损毁、使用、修改或泄露等风险。信息控制者有责任遵守个人信息收集、使用的基本原则并采取相应的措施。（2）亚洲太平洋经济合作组织（APEC）《隐私框架》规定，个人信息控制者应采取适当的安全措施防止发生诸如丢失或未经授权的访问、损毁、使用、修改或泄露、滥用等风险；所采取的安全措施应与损害发生的概率和严重程度、信息的敏感程度和保存环境相适应，并对保护措施进行定期审查和评估。（3）欧盟《通用数据保护条例》规定，数据处理者应当采取适当的技术措施和组织措施，确保数据安全，防止未经授权的访问，非法处理，或者数据的丢失、毁损和破坏。（4）国际标准化组织（ISO）和国际电工委员会（IEC）制定的《ISO29100 隐私框架》提出，信息控制者应使个人可识别信息处于其控制下，在运营、系统设计和策略三个层面采取适当措施确保信息的完整性、保密性和可用性，在全生命周期中防止未经授权的访问、损毁、使用、修改、披露、丢失等风险。（5）俄罗斯《联邦个人数据法》规定，处理者有义务采取必要的管理和技术措施，包括使用密码（加密）手段，保护个人信息免受非法或意外的接近、销毁、修改、中止处理、复制、传播及其他非法行为；遵守联邦政府对个人信息处理的安全要求，以及生物识别信息载体和信息系统以外的个人信息的保管技术要求。（6）日本《个人信息保护法》规定，应采取必要的和适当的措施防止个人信息的泄露、丢失或损毁，对其雇员实施必要和适当的监督。

第五十二条　处理个人信息达到国家网信部门规定数量的个人信息处理者应当指定个人信息保护负责人，负责对个人信息处理活动以及采取的保护措施等进行监督。

个人信息处理者应当公开个人信息保护负责人的联系方式，并将个人信息保护负责人的姓名、联系方式等报送履行个人信息保护职责的部门。

［释义］本条是关于个人信息保护负责人的规定。

一、个人信息保护负责人的指定与职责

本条对个人信息保护负责人的设立条件采取了数量标准，规定达到国家网信部门规定数量的个人信息处理者应当指定个人信息保护负责人，具体数量标准由国家网信部门规定。具体可参考目前《信息安全技术　个人信息安全规范》的规定，下列个人信息处理者应当指定个人信息保护负责人：主要业务涉及个人信息处理，且从业人员规模大于200人；处理超过100万人的个人信息，或预计在12个月内处理超过100万人的个人信息；处理超过10万人的个人敏感信息。

关于个人信息保护负责人的职责，本条概括为：负责对个人信息处理活动以及采取的保护措施等进行监督。即个人信息保护负责人并不具体负责个人信息处理，而是在个人信息处理者内部对个人信息处理活动的合规性进行监督。参考目前《信息安全技术　个人信息安全规范》的规定，其职责主要包括：全面统筹实施组织内部的个人信息保护工作；组织制定个人信息保护工作规则和计划并督促落实；组织开展个人信息保护安全影响评估和安全审计；处理个人行使权利的请求和投诉；提出加强个人信息保护的对策建议；通报或报告个人信息保护事件和处置等情况；与有关部门保持沟通联系等。

本法对个人信息保护负责人的任职条件未作规定。通常来说，个人信息保护负责人应具有相应的工作经历和专业知识，熟悉个人信息保护相关法律法规。个人信息保护负责人应当具有独立性，个人信息处理者应为个人信息保护负责人依法独立履职提供必要的条件。

需要说明的是，网络安全法第二十一条要求网络运营者应当按照网络安全等级保护制度的规定，确定网络安全负责人；数据安全法第二十七条第二款要求重要数据的处理者应当明确数据安全负责人。对于个人信息保护负责人与网络安全负责人、数据安全负责人的关系，个人信息保护法和上述法律未作限制。如果个人信息处理者将个人信息保护负责人与网络安全负责人、数据安全负责人分设，则个人信息保护负责人主要应对个人信息处理活动的合规性负责，确保个人信息处理活动遵循本法规定的合法正当必要、公开透明等原则和“告知—同意”等个人信息处理规则，承担组织开展个人信息保护影响评估和合规审

计、响应个人行使权利的请求等工作；在保障个人信息安全方面，应与网络安全负责人、数据安全负责人分工配合，做好相关工作。

二、个人信息保护负责人相关信息的公开

根据本条第二款的规定，个人信息处理者应当公开个人信息保护负责人的联系方式，以便个人行使其权利和投诉，接受社会监督；同时，个人信息处理者还应将个人信息保护负责人的姓名、联系方式等报送履行个人信息保护职责的部门，以便监管部门与个人信息处理者之间的联系沟通，提高监督执法效率。

三、国外相关立法例

要求个人信息处理者设置相对独立的个人信息保护负责人负责其个人信息处理事务，是国外立法的通例。国外立法对个人信息保护负责人有不同的称谓，主要包括“数据保护官”“数据（个人信息）保护专员”等。欧盟《通用数据保护条例》第三十七条至第三十九条规定了个人数据控制者、处理者必须任命数据保护官的法定情形以及职责，并赋予数据保护官独立履职权、直接报告权、资源保障权等权力。欧盟各成员国按照《通用数据保护条例》的规定都要求个人信息控制者、处理者设置数据保护官或者类似职位。新加坡《个人数据保护法》要求，处理个人数据的机构应当指定一人或多人确保该机构遵守本法，并向公众提供被指定的人的商业联络信息。韩国《个人信息保护法》规定，个人信息处理者应当指定全面负责个人信息处理的隐私官，无正当理由不得阻碍隐私官履行职责，隐私官履行的职责包括：制定和实施个人信息保护计划；定期检查个人信息处理程序的实际情况并改善不足之处；处理有关个人信息处理事项的投诉以及救济赔偿；建立内部控制机制以防止个人信息的泄露、滥用和误用；准备和实施个人信息保护教育活动；保护、控制、管理个人信息档案；总统令规定的其他职能。

第五十三条　本法第三条第二款规定的中华人民共和国境外的个人信息处理者，应当在中华人民共和国境内设立专门机构或者指定代表，负责处理个人信息保护相关事务，并将有关机构的名称或者代表的姓名、联系方式等报送履行个人信息保护职责的部门。

［释义］本条是对境外的个人信息处理者在境内设立个人信息保护机构或代表的规定。

由于网络的无国界性，信息服务企业不必在一国境内设立实体即可远程在其他国家提供服务，导致个人信息在国家之间传输成为必然和常态。与此同时，不同国家法律制度、保护水平之间的差异以及遥远的地理位置，给个人信息跨境转移带来很大的风险，对个人行使其权利、在其权利受到侵害时寻求救济以及个人信息保护执法都带来挑战。本法第三条第二款赋予了本法必要的域外适用效力，规定，在我国境外处理境内自然人个人信息的活动，有下列情形之一的，适用本法：（1）以向境内自然人提供产品或者服务为目的；（2）分析、评估境内自然人的行为；（3）法律、行政法规规定的其他情形。为了保证具有上述情形的境外处理者按照本法规定从事个人信息处理活动，维护境内自然人的个人信息权益，应有必要的途径和监督执行机制。欧盟《通用数据保护条例》规定，没有在欧盟设立控制者和处理者，但是向欧盟的数据主体提供商品或者服务或对欧盟境内的数据主体进行监控的，控制者或者处理者应当以书面方式指定一名在欧盟的代表。

本条借鉴有关国家和地区的立法，要求境外个人信息处理者在境内设立机构或者代表，代表其负责在我国境内的个人信息保护事务。其主要职责应包括：监督个人信息处理者处理境内自然人个人信息的活动符合我国法律规定、达到我国的保护标准；响应境内自然人行使权利的请求；代表境外处理者接受履行个人信息保护职责的部门依法实施的监督检查等。上述专门机构，可以由境外的个人信息处理者委派人员组成，也可以委托境内机构担任；上述专门人员，可以由境外的个人信息处理者委派，也可以在境内自然人中指定。同时，个人信息处理者应当将上述机构的名称或者代表的姓名、联系方式等报送履行个人信息保护职责的部门，以保证本条规定的落实。

第五十四条　个人信息处理者应当定期对其处理个人信息遵守法律、行政法规的情况进行合规审计。

［释义］本条是关于合规审计义务的规定。

审计作为一种风险控制和监督手段，被广泛用于许多领域，按照是否有法律强制性的规定，可分为法定审计和非法定审计；按照审计的实施方式，可分为内部审计和外部审计；按照审计的实施对象，可分为财务审计和合规审计。我国法律规定的审计，一是政府审计，即由审计机关组织实施的对各级人民政府及其部门的财政收支、国有企事业单位等财务收支的真实、合法和效益的审计。二是会计师事务所的财务审计，即按照公司法和证券法等法律的规定，对公司特别是上市公司由公司聘请会计师事务所对其财务进行审计的活动。三是内部审计，即按照有关法律法规的规定或者企业根据自身需要，由企业内部审计机构对企业财务会计进行的审计。四是合规审计，即根据法律法规的规定或者企业根据自身需要，由企业内部相关机构或者聘请外部专业机构对企业经营管理或特定事项的合法性、合规性进行的审计。

对个人信息处理者的个人信息处理活动进行合规审计，有利于发现个人信息保护措施存在的问题和合规风险，并提出有针对性的改进措施，以保证其个人信息处理活动符合法律、行政法规的规定，减少直至消除可能承担的法律风险。

按照本条规定，个人信息处理者可以根据自身情况和需要，确定合规审计的时间、频次等，以及是由内部机构还是委托外部专业机构进行合规审计。有关主管部门应当及时制定出台个人信息保护合规审计指引或标准，指导、督促个人信息处理者开展个人信息保护合规审计活动。

需要说明的是，网络安全法等法律、行政法规对网络数据安全风险的评估作出了规定，个人信息处理者应当按照规定对个人信息安全所面临的风险、所采取的安全保护措施的有效性等组织开展安全评估，确保个人信息的安全。

第五十五条　有下列情形之一的，个人信息处理者应当事前进行个人信息保护影响评估，并对处理情况进行记录：

（一）处理敏感个人信息；

（二）利用个人信息进行自动化决策；

（三）委托处理个人信息、向其他个人信息处理者提供个人信息、公开个人信息；

（四）向境外提供个人信息；

（五）其他对个人权益有重大影响的个人信息处理活动。

［释义］本条是关于个人信息保护影响评估的情形的规定。

一、个人信息保护影响评估

个人信息保护影响评估又称为“隐私保护影响评估”或者“数据保护影响评估”，是侧重于事前防范的个人信息保护措施，主要针对具有较高风险的特定个人信息处理行为进行动态风险管理。通过保护关口的前移，有利于及早发现有关个人信息处理行为可能存在的风险和可能产生的后果，有针对性地设计业务流程并采取防范措施，避免对个人信息权益造成不利影响，促使个人信息保护模式从事后监管向基于风险管理为主的模式转变。同时，个人信息处理者主动进行事前影响评估，不仅可以充分展现其负责任的社会形象，也为其履行合规义务提供了有力证明。

从比较法上看，自 20 世纪 90 年代起，欧美一些国家开始重视数据处理活动中个人隐私的事前保护，经过多年的发展和实践，逐步确立了隐私保护影响评估制度。如英国是欧洲较早实施隐私保护影响评估制度的国家，于 2007 年制定了《隐私保护影响评估手册》并进行了多次修改，法国也于2015 年发布了相应手册。此外，隐私保护影响评估制度在澳大利亚、加拿大、爱尔兰、新西兰等国家也得到了广泛的应用。欧盟于 2016 年制定的《通用数据保护条例》在 1995 年《个人数据保护指令》的基础上引入了隐私保护影响评估制度，并称之为“数据保护影响评估”，使隐私保护影响评估从推荐性、自愿性的标准、指南发展成为法律的强制性要求。该条例第三十五条规定，个人数据控制者应当统筹考虑处理过程的性质、范围、内容和目的，特别是使用新技术进行数据处理时，可能给自然人权利和自由带来的高风险，在数据处理之前对预期处理操作进行个人数据保护影响评估。同时，明确了三种尤为需要评估的情形，包括：利用自动化决策对自然人进行评估；大规模特殊种类的数据处理或者与刑事定罪、罪行相关的数据处理；公共领域大规模的系统性监控。

我国相关法律在个人信息保护法之前没有对个人信息保护影响评估作出有针对性的规定，但网络安全法、数据安全法从防范网络安全、数据安全风险的角度规定了相应的评估制度。如网络安全法第三十八条要求关键信息基础设施的运营者应当自行或者委托网络安全服务机构对其网络的安全性和可能存在的风险每年至少进行一次检测评估；数据安全法第三十条要求重要数据的处理者应当按照规定对其数据处理活动定期开展风险评估。上述法律规定同样体现了对高风险网络、数据活动的事前防范，与隐私保护影响评估的性质是类似的。

本法第五十五条、第五十六条在总结有关法律实施经验的基础上，借鉴一些国家和地区的做法，对个人信息保护影响评估制度作出了系统性规定。其中，本条对个人信息处理者应进行个人信息保护影响评估的情形作出了规定，包括：处理敏感个人信息；利用个人信息进行自动化决策；委托处理个人信息、向其他个人信息处理者提供个人信息、公开个人信息；向境外提供个人信息；其他对个人权益有重大影响的个人信息处理活动。

二、高风险个人信息处理活动的记录

本条在要求个人信息处理者对这些高风险个人信息处理活动进行影响评估的同时，还要求对这些处理活动进行记录。对个人信息处理活动进行记录，有助于证明个人信息处理活动是否符合合规要求，也有助于在发生纠纷或者个人信息安全事件时发现、查找原因并明确责任人，是本法第九条责任原则的体现。

考虑到对个人信息处理活动进行记录须具备一定的条件，并付出一定的成本，而需要进行个人信息保护影响评估的处理活动对个人权益影响较大，因此本条将应当记录的范围限于这些高风险的个人信息处理活动，而不是所有的个人信息处理活动。欧盟《通用数据保护条例》关于个人信息处理活动记录的规定与此类似，该条例第三十条规定，对个人数据处理活动记录的义务，不适用员工规模在250人以下的企业和组织，但处理特殊类型的个人数据或者对个人数据主体权利和自由造成威胁的活动必须记录。

个人信息处理者对个人信息处理活动的记录，应当采取书面形式，包括纸质形式、电子形式等。关于记录的内容，目前可参考推荐性国家标准《信息安全技术　个人信息安全规范》的规定。

第五十六条　个人信息保护影响评估应当包括下列内容：

（一）个人信息的处理目的、处理方式等是否合法、正当、必要；

（二）对个人权益的影响及安全风险；

（三）所采取的保护措施是否合法、有效并与风险程度相适应。

个人信息保护影响评估报告和处理情况记录应当至少保存三年。

［释义］本条是对个人信息保护影响评估内容的规定。

一、个人信息保护影响评估的内容

本条从预先防范个人信息处理活动风险的角度，对个人信息保护影响评估的内容作出了规定。评估的内容和重点与国外相关立法和我国实践是一致的。如欧盟《通用数据保护条例》第三十五条规定，数据保护影响评估应至少包括以下内容：系统性描述预计的处理操作和处理目的，如适用的话，还应包括个人数据控制者所追求的合法利益；与处理目的相关的处理操作的必要性和适当性评估；对个人数据主体的权利和自由的风险性评估；预期的风险防范措施，包括考虑到个人数据主体和其他相关人的权利和合法利益，确保保护个人数据和证明符合条例规定的保障措施、安全措施和机制。推荐性国家标准《信息安全技术 个人信息安全规范》对评估的内容也作出了相应规范，即个人信息安全影响评估应主要评估处理活动遵循个人信息安全基本原则的情况，以及个人信息处理活动对个人信息主体合法权益的影响，内容包括但不限于：个人信息收集环节是否遵循目的明确、选择同意、最小必要等原则；个人信息处理是否可能对个人信息主体合法权益造成不利影响，包括是否会危害人身和财产安全、损害个人名誉和身心健康、导致差别性待遇等；个人信息安全措施的有效性；匿名化或去标识化处理后的数据集重新识别出个人信息主体或与其他数据集汇聚后重新识别出个人信息主体的风险；共享、转让、公开披露个人信息对个人信息主体合法权益可能产生的不利影响；发生安全事件时，对个人信息主体合法权益可能产生的不利影响。

根据本条规定，个人信息保护影响评估包括以下内容：

1. 个人信息的处理目的、处理方式等是否合法、正当、必要。既包括个人信息处理是否遵从了本法规定的基本原则，也包括是否遵循了以“告知—同意”为核心的个人信息处理规则，还包括针对敏感个人信息和特殊处理环节所提出的要求。评估的重点是分析个人信息处理活动的合法性、正当性和必要性。

2. 对个人权益的影响及安全风险。个人信息承载着广泛的人身和财产权益，个人信息处理活动对个人信息权益的影响可能是多方面的，个人信息保护影响评估应当分析对个人权益可能造成的损害或者损害的风险。推荐性国家标准《信息安全技术 个人信息安全影响评估指南》将个人信息处理活动对个人权益的影响概括为四个维度，分别是：（1）限制个人自主决定权，如被强迫执行不愿执行的操作、缺乏相关知识或者缺少相关渠道更正个人信息，无法选择拒绝个性化广告的推送、被蓄意推送影响个人价值观判断的咨询等；（2）引发差别性待遇，如因疾病、婚史、学籍等信息泄露造成的针对个人权利的歧视，因个人消费习惯等信息的滥用而对个人公平交易权造成损害等；（3）个人名誉受损或遭受精神压力，如被他人冒用身份、公开不愿为人知的习惯、经历等，被频繁骚扰、监视追踪等；（4）人身财产受损，如引发人身伤害、资金账户被盗、遭受诈骗、勒索等。

本项所说的安全风险，是指发生个人信息泄露、篡改、丢失等安全事件的风险，特别是个人信息在收集、存储、传输等过程中因网络攻击、侵入、干扰、破坏或者疏于内部管理，导致个人信息的完整性、保密性和可用性面临的威胁和风险。

3. 所采取的安全保护措施是否合法、有效并与风险程度相适应。主要是评估所采取的管理措施和技术措施，是否符合法律、行政法规以及网络安全等级保护制度等的要求，与潜在的安全风险程度是否相匹配，主要目标是确保个人信息的安全处于总体可控的状态下。如果经评估认为所采取的安全保护措施不能覆盖可能出现的安全风险时，应及时对安全保护措施进行更新和改进。

二、个人信息保护影响评估报告和处理情况记录的保存期限

考虑到个人信息保护影响评估报告和处理情况记录可能会被用于有关争议纠纷的处理，而民法典规定的向人民法院请求保护民事权利的诉讼时效期间一般为三年。据此，本条将个人信息保护影响评估报告和处理情况记录的保存期限确定为三年。当然，其他法律还可以对这一期限作出特别规定。

第五十七条　发生或者可能发生个人信息泄露、篡改、丢失的，个人信息处理者应当立即采取补救措施，并通知履行个人信息保护职责的部门和个人。通知应当包括下列事项：

（一）发生或者可能发生个人信息泄露、篡改、丢失的信息种类、原因和可能造成的危害；

（二）个人信息处理者采取的补救措施和个人可以采取的减轻危害的措施；

（三）个人信息处理者的联系方式。

个人信息处理者采取措施能够有效避免信息泄露、篡改、丢失造成危害的，个人信息处理者可以不通知个人；履行个人信息保护职责的部门认为可能造成危害的，有权要求个人信息处理者通知个人。

［**释义**］本条是关于个人信息处理者对个人信息安全事件补救和通知义务的规定。

一、个人信息安全事件的补救

近些年，由系统漏洞、网络攻击、网络入侵、内部疏忽等造成的信息安全事件频发。例如，脸书在2021年4月发生个人信息泄露事件，导致来自106个国家超过5.33亿用户的个人信息被泄露；2018年11月，国际万豪酒店的顾客预订数据库遭黑客入侵，据称有超过5亿客户的个人信息被泄露；雅虎2017年10月因黑客攻击，导致30亿用户的账户信息被泄露。我国也曾发生多起引起社会关注的互联网个人信息泄露事件。个人信息安全事件导致个人信息被非法披露，损害个人的人格权益，并可能对个人的人身、财产安全造成威胁。本条在本法要求个人信息处理者采取必要的组织措施和技术措施保障个人信息安全的基础上，进一步规定了个人信息处理者及时处置个人信息安全事件的义务。

在发生或者可能发生个人信息泄露、篡改、丢失情况时，个人信息处理者应当立即启动个人信息安全事件应急预案，及时查明个人信息安全事件的影响、范围和可能造成的危害，分析、确定事件发生的原因，提出防止危害扩大的措施和方案并组织实施，将个人信息安全事件可能造成的损失和可能产生的危害风险降到最小。

二、个人信息安全事件的通知义务

个人信息安全事件的危害具有社会性，其处置和危害的消除仅凭个人信息处理者的能力可能很难实现，需要有关主管部门和个人采取必要措施防止危害的发生和扩散。据此，本条要求在发生或可能发生信息安全事件时，应及时通知履行个人信息保护职责的部门和个人，使得部门能够及时了解情况并及时准确有效采取相应的处置监管措施，使得个人及时采取措施降低对自己的不利影响。通知方式上，个人信息处理者可以根据事件紧急和重要情况，采取邮件、信函、电话、推送通知等方式，及时通知个人。难以逐一告知的，应采取合理、有效的方式发布与公众有关的警示信息。

通知的事项包括：一是发生或者可能发生个人信息泄露、篡改、丢失的信息种类、原因和可能造成的危害。即哪些个人信息已经或者可能泄露、篡改或丢失，个人信息安全事件对个人权益已造成或者可能造成哪些危害，个人信息安全事件的发生是因个人信息处理者内部原因还是网络攻击、网络入侵等外部原因。二是个人信息处理者采取补救措施的情况和个人可以采取的减轻危害的措施。通常个人信息处理者采取的措施包括更改系统密码、调整访问权限、修补系统漏洞、提升安全防护措施，通知有关机构对被泄露的个人信息采取删除、阻断传播措施等。个人信息处理者还应当为个人提供可由个人实施的应对措施，如更改账户密码、防范可能出现的非法利用等。三是个人信息处理者的联系方式。向有关主管部门提供联系方式，有助于有关主管部门了解相关情况并及时采取必要措施；向个人告知联系方式，有助于个人了解相关情况并向个人信息处理者寻求相关帮助。

本条对个人信息处理者应在个人信息安全事件发生后多长时间内履行通知义务未作规定，但要求个人信息处理者及时通知，具体时限应根据个人信息安全事件的实际情况以及行业通行做法确定。法律、行政法规对通知时限有规定的，按照其规定执行。欧盟《通用数据保护条例》规定进行报告的时限为知道个人数据泄露时起 72 小时内。

考虑到个人信息泄露、篡改、丢失的情况各有不同，有些对个人可能造成的危害较轻，个人信息处理者只要及时采取必要措施就能够避免对个人造成损害，在此情况下通知的成本和效益不匹配，还可能因频繁通知带来负面影响。据此，本条第二款规定，个人信息处理者采取措施能够有效避免信息泄露、篡改、丢失造成危害的，个人信息处理者可以不通知个人。同时，为了避免随意性以及个人信息处理者因自身原因不具备识别危害的能力从而产生危害扩大等后果，本条要求在这种情形下个人信息处理者也应当通知履行个人信息保护职责的部门，履行个人信息保护职责的部门认为可能造成危害的，有权要求个人信息处理者通知个人。

第五十八条　提供重要互联网平台服务、用户数量巨大、业务类型复杂的个人信息处理者，应当履行下列义务：

（一）按照国家规定建立健全个人信息保护合规制度体系，成立主要由外部成员组成的独立机构对个人信息保护情况进行监督；

（二）遵循公开、公平、公正的原则，制定平台规则，明确平台内产品或者服务提供者处理个人信息的规范和保护个人信息的义务；

（三）对严重违反法律、行政法规处理个人信息的平台内的产品或者服务提供者，停止提供服务；

（四）定期发布个人信息保护社会责任报告，接受社会监督。

［**释义**］本条是关于大型互联网平台个人信息保护特别义务的规定。

互联网平台服务是数字经济区别于传统经济的显著特征。互联网平台为商品和服务的交易提供技术支持、交易场所、信息发布和交易撮合等服务。在个人信息处理方面，互联网平台为平台内经营者处理个人信息提供基础技术服务、设定基本处理规则，是个人信息保护的关键环节。提供重要互联网平台服务、用户数量巨大、业务类型复杂的个人信息处理者对平台内的交易和个人信息处理活动具有强大的控制力和支配力，因此在个人信息保护方面应当承担更多的法律义务。近年来，欧盟提出《数字服务法》和《数字市场法》草案，要求大型互联网平台作为“守门人”，在市场竞争、违法信息处置等方面承担更大责任。本条从个人信息保护方面对大型互联网平台提出更多要求，在其他国家的立法中是没有过的。

根据本条规定，提供重要互联网平台服务、用户数量巨大、业务类型复杂的个人信息处理者在个人信息保护方面的特别义务包括：

1. 成立主要由外部成员组成的独立机构对个人信息保护情况进行监督。这里的“外部成员”，应当是除在该组织担任个人信息保护监督职务外不担任其他任何职务，且不存在其他可能影响其独立判断和执行职务的因素的人员，可类比上市公司的独立监事、外部董事。同时，外部成员应当具备相应的专业知识、能力和经验。由外部成员组成的机构应当独立于组织的经营管理机构以及监督机构，其职责是对个人信息处理者的个人信息保护情况进行监督，不承担个人信息保护的具体事务。

2. 遵循公开、公平、公正的原则，制定平台规则，明确平台内产品或者服务提供者处理个人信息的规范和保护个人信息的义务。提供互联网平台服务的个人信息处理者，通常与平台内的商业用户通过制定平台协议的方式，明确平台内商业用户处理个人信息的相关事项以及平台与平台内商业用户共享交换个人信息的相关事项。本项要求大型互联网平台应当遵循公开、公平、公正的原则，制定平台规则，合理确定双方的权利义务和责任，并通过平台规则明确监督平台内产品或者服务提供者处理个人信息的规范和保护个人信息的义务，并监督平台内产品或者服务提供者遵守平台规则，履行个人信息保护义务。

3. 对严重违反法律、行政法规处理个人信息的平台内的产品或者服务提供者，停止提供服务。网络安全法等法律要求互联网平台采取必要措施处置利用其平台服务进行的违法信息传播，与此精神一致，本条要求大型互联网平台发挥监督作用，对严重违反法律、行政法规处理个人信息的平台内的产品或者服务提供者，停止提供服务。

4. 定期发布个人信息保护社会责任报告，接受社会监督。企业社会责任是企业在严格履行法定义务的基础上，自愿承担的对利益相关者以及社会公共利益的责任。个人信息处理者依照本法和有关法律法规的规定，负有个人信息保护法定义务，同时也应当在法定义务和标准的基础上为企业持续健康发展和维护社会公共利益的最大化不断提高个人信息保护水平。为推动形成全社会共同努力提高个人信息保护水平的良好氛围，本条要求大型互联网平台定期发布个人信息保护社会责任报告，接受社会监督。

第五十九条　接受委托处理个人信息的受托人，应当依照本法和有关法律、行政法规的规定，采取必要措施保障所处理的个人信息的安全，并协助个人信息处理者履行本法规定的义务。

［**释义**］本条是关于个人信息处理受托人的个人信息保护义务的规定。

本法没有如欧盟《通用数据保护条例》等国外立法那样使用个人信息控制者与处理者的用语，而是将个人信息处理者界定为在个人信息处理活动中自主决定处理目的、处理方式的组织、个人。同时，本法第二十一条对个人信息处理者委托处理个人信息作出了规定。关于个人信息处理者的个人信息保护义务，本章作出了详细的规定，受托人虽然是按照个人信息处理者的委托处理个人信息，其处理个人信息的活动同样对个人权益有重大影响，应承担相应的义务。

根据本条规定，个人信息处理受托人的义务包括两个方面：一是保护个人信息安全的义务，主要是指本法和网络安全法等法律规定的采取必要组织措施和技术措施，保障所处理个人信息的完整性、保密性、可用性的义务，根据本法第二十一条的规定，在委托处理个人信息的活动中，个人信息处理者应当对个人信息的合法合规性以及个人信息处理的后果承担责任，因此本条没有将个人信息处理的合规保障义务赋予受托人；二是协助个人信息处理者履行个人信息保护义务，主要包括协助个人信息处理者履行合规保障的义务、保障个人信息安全的义务、响应个人行使权利请求的义务、进行个人信息安全事件处置和报告的义务等。

第六章　履行个人信息保护职责的部门

第六十条　国家网信部门负责统筹协调个人信息保护工作和相关监督管理工作。国务院有关部门依照本法和有关法律、行政法规的规定，在各自职责范围内负责个人信息保护和监督管理工作。

县级以上地方人民政府有关部门的个人信息保护和监督管理职责，按照国家有关规定确定。

前两款规定的部门统称为履行个人信息保护职责的部门。

[**释义**] 本条是关于个人信息保护职责分工的规定。

随着经济社会运行信息化水平的不断提高，个人信息的收集、使用等日益广泛。由于个人信息处理的主体、处理的个人信息种类以及处理活动存在较大差异，根据个人信息保护的实践需要，我国相关法律、行政法规等已对有关部门的个人信息保护职责作出了规定，主要有：国家网信部门根据网络安全法等法律和有关规定，负责承担互联网信息服务等领域的个人信息保护职责；市场监管部门根据消费者权益保护法等法律的规定，承担消费者个人信息保护的相关职责；金融监管部门根据商业银行法、证券法、保险法等法律的规定，承担金融消费者、投资者个人信息保护的相关职责；公安部门根据刑法、网络安全法等法律的规定，承担打击侵害个人信息的违法犯罪的职责；工信、教育、医疗等有关主管部门按照相关法律和有关规定，承担指导、监督本行业、本领域个人信息保护的职责。

从一些国家和地区的立法来看，对个人信息保护机构的设置和监管职责有多种模式：一是以欧盟及其成员国的立法为代表，设立专门的个人信息保护机构，独立行使个人信息保护和监管职权；二是新加坡、日本、韩国等国家，设立个人信息保护委员会承担个人信息保护职责，但其他法律或个人信息保护委员会可以授权特定行业和领域的主管部门负责相关个人信息保护工作；三是以美国、澳大利亚为代表，在不同领域的部门法中规定由相关主管部门负责个人信息保护工作，如美国联邦贸易委员会、金融保护局、联邦通信委员会、卫生和公众服务部分别承担消费者、金融消费者、电信和医疗卫生等领域的个人信息保护职能。

本条在有关法律、行政法规规定和现行部门职责划分的基础上，对个人信息保护职责分工作出了规定：一是突出国家网信部门作为国家网络安全和信息化的统筹协调部门，负责统筹协调个人信息保护工作，本法第六十二条还对其统筹协调职责作出了具体规定。二是明确国家网信部门和国务院有关部门按照职责分工，负责个人信息保护和监督管理相关工作。三是考虑到地方政府部门的设置及其职责与中央部门有所不同，本条对地方政府有关部门的个人信息保护职责分工未作具体规定。四是从立法技术上将国家层面和地方层面承担个人信息保护和监督管理职责的部门统称为履行个人信息保护职责的部门。

为保证本法有效实施，提高个人信息保护的协同性和效率，有关方面应当根据本法和有关规定，明确个人信息保护职责划分，完善个人信息保护工作体制机制。

第六十一条　履行个人信息保护职责的部门履行下列个人信息保护职责：

（一）开展个人信息保护宣传教育，指导、监督个人信息处理者开展个人信息保护工作；

（二）接受、处理与个人信息保护有关的投诉、举报；

（三）组织对应用程序等个人信息保护情况进行测评，并公布测评结果；

（四）调查、处理违法个人信息处理活动；

（五）法律、行政法规规定的其他职责。

［**释义**］本条是关于个人信息保护职责的规定。

一、开展个人信息保护宣传教育

加强个人信息保护宣传教育，普及个人信息保护知识，提升全社会个人信息保护意识，是个人信息保护工作的基础。履行个人信息保护职责的部门应当采取人民群众喜闻乐见的形式，通过网络、电视、广播、报纸杂志、自媒体等多种媒介，广泛开展个人信息保护宣传教育活动，特别是要针对个人信息保护工作中反映较为集中、社会高度关注的问题加大宣传教育力度，普及个人信息保护法律和知识，展示常见违法处理行为及识别、防范手段，推动广大公众不断提高个人信息保护意识和能力，营造全社会共同参与的个人信息保护的良好氛围。

二、指导、监督个人信息处理者开展个人信息保护工作

履行个人信息保护职责的部门应当通过业务培训、技术咨询、行政指导等方式，指导个人信息处理者建立有效的个人信息保护合规体系，提升个人信息保护技术水平，降低各类个人信息处理活动的风险水平，通过日常监督检查等多种方式，督促个人信息处理者加强个人信息保护工作，及时发现问题和风险隐患并督促整改。

三、接受、处理与个人信息保护有关的投诉、举报

履行个人信息保护职责的部门应当公开接受投诉、举报的方式，完善投诉、举报的处理程序，建立方便、快捷的投诉举报处理机制。对属于本部门职责的，收到投诉、举报后，应当根据投诉、举报的内容、性质等依法、及时作出处理。对不属于本部门职责的，收到举报的部门应当及时移送有权处理的部门，接受移送的部门也应当在规定的时限内依法及时处理，不能相互推诿、拖延、塞责。

四、组织对应用程序等个人信息保护情况进行测评，并公布测评结果

当前，移动互联网 App 数量巨大，正逐步成为各类企业提供服务的主要方式，以及收集个人信息的主要途径。对 App 处理个人信息的情况进行测评，能够及时发现 App 是否存在违法违规处理个人信息等问题。为落实应用程序的开发、运营者的个人信息保护义务，履行个人信息保护职责的部门应当定期组织对应用程序收集、使用个人信息的情况进行测评，对发现的问题应用程序应当要求有关个人信息处理者及时整改，并向社会公布测评结果。对应用程序处理个人信息情况进行测评，可以根据情况组织有关专业机构、专业人员参加，也可以委托有关第三方专业测评机构进行。

五、调查、处理违法个人信息处理活动

履行个人信息保护职责的部门应当根据日常监督检查发现的线索和举报、

投诉提供的线索，依照法定程序对涉嫌违法处理个人信息的活动进行调查，并根据调查结果及时作出处理、处罚。

六、法律、行政法规规定的其他职责

本条对履行个人信息保护职责部门的主要职责作出了规定，本法还对国家网信部门的统筹协调职责、个人信息的出境安全评估等职责作出了规定，其他法律、行政法规还可能对履行个人信息保护职责部门的其他职责作出规定。履行个人信息保护职责的部门应当依照本法和其他有关法律、行政法规的规定，切实履行法定职责，加强个人信息保护工作，维护公民、组织的合法权益。

第六十二条　国家网信部门统筹协调有关部门依据本法推进下列个人信息保护工作：

（一）制定个人信息保护具体规则、标准；

（二）针对小型个人信息处理者、处理敏感个人信息以及人脸识别、人工智能等新技术、新应用，制定专门的个人信息保护规则、标准；

（三）支持研究开发和推广应用安全、方便的电子身份认证技术，推进网络身份认证公共服务建设；

（四）推进个人信息保护社会化服务体系建设，支持有关机构开展个人信息保护评估、认证服务；

（五）完善个人信息保护投诉、举报工作机制。

［释义］本条是关于国家网信部门统筹协调职责的规定。

一、制定个人信息保护具体规则、标准

本法对个人信息保护的各项基本原则和规则、个人的权利、个人信息处理者的义务等作出了全面系统的规定，但仍需要将详细具体的配套规定予以细化，适应个人信息处理的不同场景、不同环节，以利于法律的有效实施。这些配套规定，既包括依法制定的行政法规、规章、规范性文件等强制性规范，也包括推荐性标准、指南等指导性规范。国家网信部门作为负责统筹协调个人信息保护工作的部门，本条授权其根据本法和有关法律、行政法规的规定，组织制定个人信息保护具体规则、标准。目前，国家网信部门已经出台了《儿童个人信

息网络保护规定》《常见类型移动互联网应用程序必要个人信息范围规定》《App违法违规收集使用个人信息行为认定方法》等多部规章、规范性文件，推动标准化主管部门制定了《信息安全技术　个人信息安全规范》《信息安全技术　个人信息安全影响评估指南》《信息安全技术　移动互联网应用程序（App）收集个人信息基本规范》等标准。

二、针对小型个人信息处理者、处理敏感个人信息以及人脸识别、人工智能等新技术、新应用，制定专门的个人信息保护规则、标准

对于一些特殊类型的个人信息处理者、个人信息处理活动以及一些尚在发展阶段的相关技术和应用涉及的个人信息处理，还应当结合其具体特点，制定专门的个人信息保护规则和标准等制度规范，本条对此提出了明确要求。一是与大型个人信息处理者相比，小型个人信息处理者处理个人信息的数量少、处理活动相对简单，且在专业人才、技术能力和资金水平等方面都相对较弱，需要适当减轻其合规成本。因此，本条授权国家网信部门就小型个人信息处理者制定相关规则，在充分保护个人信息的前提下，对这类主体的个人信息保护义务作出有针对性的规定。二是由于敏感个人信息一旦泄露或者被非法使用，极易导致自然人的人格尊严受到侵害或者人身、财产安全受到危害，本法对处理敏感个人信息作了严格限制。为了充分保护人民群众的个人信息权益，需要由国家网信部门根据本法规定，针对处理敏感个人信息的不同情形制定更加具体的规范，为敏感个人信息保护提供更有针对性、更加有效的保护。三是当前，人脸识别、人工智能等新技术、新应用不断涌现，在服务经济社会发展、方便人民群众生产生活的同时，也对个人信息保护工作提出了新挑战，需要由国家网信部门统筹协调有关部门探索本法规定的个人信息保护原则、规则在新技术、新应用中的实施规范，及时制定相关专门规则、标准。

三、支持研究开发和推广应用安全、方便的电子身份认证技术，推进网络身份认证公共服务建设

我国网络安全法、关于加强网络信息保护的决定、反恐怖主义法等法律和有关部门制定的《电话用户真实身份信息登记规定》《互联网用户账号名称管理规定》《中国互联网络域名管理办法》等对网络实名制作了规定，要求在申

请网络接入、域名注册、电话入网等服务，以及使用即时通信、信息发布等应用时应提供真实身份信息，有关网络服务提供者应当对用户身份进行核验，保证网络信息的可追溯，为查处利用网络从事违法犯罪活动提供条件。另外，有关部门在办理电子政务，商业机构在提供互联网服务中，根据业务性质也可能需要核验用户身份。个人的真实身份信息对个人有重大影响，一旦被滥用和泄露将产生重大风险，应予特别保护。实现网络身份可信，减少对身份证号码等身份信息的使用，从而创造可信、安全的数字环境，对于保护个人信息权益、促进数字化发展具有重要意义。世界上一些国家高度重视网络可信身份体系建设，旨在通过建立身份生态系统，使个人和组织能够在充满信心、增强隐私保护的环境下，运用安全、高效、易用、可操作的数字身份使用网络在线服务。欧盟在有关计划中提出要建立一个覆盖整个欧盟的身份管理体系，通过该体系的建设，来加强个人、组织以及各个实体之间的相互信任，将使成员国之间的互相可操作性为所有公共和私人服务提供者接受，建立强大的身份验证、数据保护和隐私保护能力。我国也提出了加强网络可信身份体系建设的有关举措，本条在网络安全法有关规定的基础上，要求国家网信部门发挥统筹协调职能，支持研究开发和推广应用安全、方便的电子身份认证技术，推进网络身份认证公共服务建设，为加强个人信息保护和信息技术发展应用提供支撑。

四、推进个人信息保护社会化服务体系建设，支持有关机构开展个人信息保护评估、认证服务

认证评估是按照相关标准和操作规程所进行的合格评定程序，是我国标准化法确立的重要制度，也是国际通行做法。借助专业服务机构对个人信息处理者处理个人信息的风险、遵守个人信息保护法律法规的情况、采取个人信息安全保护措施的有效性等进行认证评估，有利于提高个人信息处理活动的透明度、规范性和个人信息保护措施的合法性、有效性。从国际上来看，经济合作与发展组织（OECD）、欧盟等将经过主管部门认可的认证评估作为个人信息处理者证明其履行了个人信息保护义务的证明，或者作为向境外提供个人信息的条件。当前，我国有关个人信息保护认证评估服务的专业机构还处于发展中，存在数量少、服务水平不高等问题。本法有关条款对个人信息保护影响评估、向境外提供个人信息的安全评估和认证、合规审计等作出了规定，这些评估、认证、审计需要专业服务机构来进行。此外，在实践中，一些企业为提高个人信息保护能力和水平，提升企业信誉，自愿委托专业服务机构开展个人信息保护认证评估等。为进一步促进个人信息保护社会化服务的发展，发挥其提升个人信息保护水平方面的积极作用，本条要求国家网信部门统筹协调有关主管部门推进个人信息保护社会化服务体系建设，支持有关机构开展个人信息保护评估、认证服务。

五、完善个人信息保护投诉、举报工作机制

本法第六十一条规定了履行个人信息保护职责的部门接受、处理与个人信息保护有关的投诉、举报的职责。为了便于社会公众对违法处理个人信息的活动进行投诉、举报，根据提高行政效率的要求，本条要求国家网信部门统筹协调有关主管部门完善个人信息保护投诉、举报工作机制，通过建立统一的投诉、举报平台，畅通社会公众投诉、举报的渠道，规范投诉、举报受理、处理程序。

第六十三条　履行个人信息保护职责的部门履行个人信息保护职责，可以采取下列措施：

（一）询问有关当事人，调查与个人信息处理活动有关的情况；

（二）查阅、复制当事人与个人信息处理活动有关的合同、记录、账簿以及其他有关资料；

（三）实施现场检查，对涉嫌违法的个人信息处理活动进行调查；

（四）检查与个人信息处理活动有关的设备、物品；对有证据证明是用于违法个人信息处理活动的设备、物品，向本部门主要负责人书面报告并经批准，可以查封或者扣押。

履行个人信息保护职责的部门依法履行职责，当事人应当予以协助、配合，不得拒绝、阻挠。

［**释义**］本条是关于监督检查措施和当事人配合义务的规定。

一、履行个人信息保护职责的部门可以采取的措施

履行个人信息保护职责的部门为实施日常监督检查，以及对涉嫌违法处理个人信息的活动进行调查时，可以依据本条的规定采取相应的措施。包括：

1. 询问有关当事人、调查与个人信息处理活动有关的情况。本项措施主要是针对实施日常监督检查所作出的。询问、调查当事人的范围通常应限于个人信息处理者及其工作人员，询问、调查的方式包括要求当事人提供有关情况并对有关情况作出解释说明，根据当事人提供的情况进行核实。履行个人信息保护职责的部门应制作询问、调查笔录，并由当事人签名或者盖章，询问、调查不得限制或者变相限制当事人的人身自由。

2. 查阅、复制当事人与个人信息处理活动有关的合同、记录、账簿以及其他有关资料。与个人信息处理活动有关的合同、记录、账簿等资料能够反映处理个人信息的数量、种类、目的和所采取的保护措施，以及个人信息向其他组织、个人转移、获利等情况。通过查阅、复制上述资料，能够有效查明个人信息处理者履行个人信息保护义务的情况，以及是否存在违法处理个人信息的行为。需要注意的是，查阅和复制的文件和资料必须与调查事项有关，不得扩大查阅和复制的范围。

3. 实施现场检查，对涉嫌违法的个人信息处理活动进行调查。现场检查是指进入个人信息处理者的工作和经营场所，对有关人员进行询问，对有关文件资料、设备物品等进行检查。对实施日常监督检查以及根据投诉、举报获取的违法线索，履行个人信息保护职责的部门应当依法进行调查，查明违法个人信息处理活动的性质、危害以及相关当事人的责任，并获取必要的证据，为依法作出处罚决定提供依据。履行个人信息保护职责的部门来实施现场检查、调查时，应当遵守有关法律、行政法规的规定，防止对个人信息处理者正常的生产经营活动造成不必要的干扰。

4. 检查、查封、扣押有关设备、物品。个人信息处理者的设备、物品对其生产经营活动有较大影响，其工作人员的有关设备、物品可能还涉及个人隐私。据此本项对检查、查封、扣押有关设备、物品作了专门规定，赋予履行个人信息保护职责的部门检查与个人信息处理活动有关的设备、物品的权力，并对查封、扣押有关设备、物品这一行政强制措施作了严格的限制。履行个人信息保护职责的部门采取查封、扣押措施时应当慎重：一是应当评估查封、扣押措施，是否为行政强制法所规定的制止违法行为、防止证据毁损、避免危害发生、控制危险扩大所必需；二是查封、扣押措施应限于确有证据证明被用于违法处理个人信息活动的设备、物品；三是采取查封、扣押措施，必须向本部门主要负责人书面报告并经批准；四是采取查封、扣押措施后，应当及时查清事实，作出处理决定，发现采取查封、扣押措施不当的，应当立即解除查封、扣押措施。

二、有关当事人的配合义务

对个人信息处理活动进行监督检查，并对涉嫌违法处理个人信息的活动进行调查处理，是履行个人信息保护职责部门的法定职责，而配合、协助履行个人信息保护职责部门依法履职是有关当事人的法定义务。履行个人信息保护职责部门依法履行职责，采取本条规定的措施，相关当事人应当如实提供有关情况和材料，配合检查和调查，不得拒绝或者阻碍。

第六十四条　履行个人信息保护职责的部门在履行职责中，发现个人信息处理活动存在较大风险或者发生个人信息安全事件的，可以按照规定的权限和程序对该个人信息处理者的法定代表人或者主要负责人进行约谈，或者要求个人信息处理者委托专业机构对其个人信息处理活动进行合规审计。个人信息处理者应当按照要求采取措施，进行整改，消除隐患。

履行个人信息保护职责的部门在履行职责中，发现违法处理个人信息涉嫌犯罪的，应当及时移送公安机关依法处理。

［**释义**］本条是关于个人信息保护的监管约谈、强制合规审计和涉嫌犯罪案件移送的规定。

一、个人信息保护的监管约谈

对个人信息处理者的负责人进行约谈是一种行政指导行为，通过约谈，一是可以向社会传递一种约谈对象没有积极履行法律义务和责任的信息，引起媒体及社会公众的持续关注和监督，具有警示告诫的作用。二是要求约谈对象说明情况，分析原因，提出整改措施，有助于督促其履行个人信息保护义务。三是通过面对面的沟通交流，履行个人信息保护职责的部门可以了解被约谈对象的实际情况，以便采取更有效的措施，指导、帮助被约谈对象履行个人信息保护义务。

履行个人信息保护职责的部门可以针对以下两种情形采取约谈措施：一是发现个人信息处理活动存在较大风险，二是发生个人信息安全事件。约谈的对象主要是个人信息处理者的法定代表人或者主要负责人，他们是个人信息处理者内部承担个人信息保护责任的主体。约谈应当按照规定的权限和程序进行，约谈的内容主要包括：了解、掌握个人信息处理者开展个人信息处理活动和采取个人信息保护措施的基本情况，分析评估个人信息处理活动存在的风险或者个人信息安全事件发生的原因、性质以及可能造成的危害，提出消除风险或者处置个人信息安全事件的监管措施。

被约谈的个人信息处理者应当按照约谈部门的要求采取措施，及时消除风险，妥善处置个人信息安全事件，同时应当采取更加有效的个人信息保护管理和技术措施，加强个人信息保护，防范类似的安全事件再次发生。被约谈对象无正当理由不接受约谈或者不落实整改要求的，约谈部门可以采取进一步的监管和追责措施。

二、个人信息保护强制的合规审计

当个人信息处理者的个人信息处理活动存在较大风险或者发生个人信息安全事件时，除按照规定的权限和程序对有关个人信息处理者的负责人进行约谈外，履行个人信息保护职责的部门还可以要求有关个人信息处理者委托专业机构对其个人信息处理活动进行合规审计。强制外部审计的作用在于，利用外部审计机构的独立地位，以及专业知识和经验，对个人信息处理者处理个人信息是否遵守本法规定的个人信息保护原则和规则，所采取的管理措施和技术措施对保护个人信息是否有效等进行评估、审查，督促个人信息处理者提升个人信息处理活动的合法合规水平和个人信息保护能力。履行个人信息保护职责的部门根据合规审计情况可以对个人信息处理者采取进一步的监管措施。

三、涉嫌犯罪案件的移送

履行个人信息保护职责部门在查处违法个人信息处理活动中，可能遇到有关违法活动涉嫌犯罪的情况，超出了履行个人信息保护职责部门的职权范围，应由犯罪案件侦查机关依法处理。根据行政处罚法第八条第二款的规定，违法行为构成犯罪的，行政机关必须将案件移送司法机关，并依法追究刑事责任，不得以行政处罚代替刑事处罚。这里所说的“涉嫌犯罪”，是指根据已有证据，能够初步认定违法处理个人信息的活动已经达到刑法规定的犯罪构成要件，履行个人信息保护职责的部门发现涉嫌犯罪行为的，应当及时移送公安机关侦查处理。

第六十五条　任何组织、个人有权对违法个人信息处理活动向履行个人信息保护职责的部门进行投诉、举报。收到投诉、举报的部门应当依法及时处理，并将处理结果告知投诉、举报人。

履行个人信息保护职责的部门应当公布接受投诉、举报的联系方式。

［释义］本条是关于对违法个人信息处理活动进行投诉、举报的规定。

投诉、举报是指个人、组织以口头或书面形式向有关部门投诉、检举其所发现或了解到的有关违法行为并要求其处理的制度。投诉、举报是我国法律赋予公民、组织的一项权利。及时受理、处理个人、组织的投诉、举报，有利于国家机关加强同人民群众的联系，充分发挥人民群众对违法行为的监督作用，对主管部门及时掌握违法行为的情况、线索，开展进一步调查处理起到了积极作用。

同样地，本条对个人、组织投诉、举报个人信息违法处理活动作出了规定。本条中的“任何组织、个人”既包括合法权益受到侵害的组织和个人，也包括没有受到侵害但是掌握相关情况、线索的组织和个人。

接到投诉、举报的部门应当按照规定的程序和权限及时处理，对不属于本部门职责权限的，应当及时移送有关部门处理，并应当向投诉、举报人回复、反馈处理情况，保障投诉、举报制度的有效性；同时向社会公开接受投诉、举报的联系方式，并通过适当形式对投诉、举报联系方式进行宣传，方便人民群众投诉、举报违法处理个人信息的活动。接受、处理投诉、举报的部门还应当对投诉、举报人的身份信息和投诉、举报的内容等予以严格保密，不得泄露。

第七章　法律责任

第六十六条　违反本法规定处理个人信息，或者处理个人信息未履行本法规定的个人信息保护义务的，由履行个人信息保护职责的部门责令改正，给予警告，没收违法所得，对违法处理个人信息的应用程序，责令暂停或者终止提供服务；拒不改正的，并处一百万元以下罚款；对直接负责的主管人员和其他直接责任人员处一万元以上十万元以下罚款。

有前款规定的违法行为，情节严重的，由省级以上履行个人信息保护职责的部门责令改正，没收违法所得，并处五千万元以下或者上一年度营业额百分之五以下罚款，并可以责令暂停相关业务或者停业整顿、通报有关主管部门吊销相关业务许可或者吊销营业执照；对直接负责的主管人员和其他直接责任人员处十万元以上一百万元以下罚款，并可以决定禁止其在一定期限内担任相关企业的董事、监事、高级管理人员和个人信息保护负责人。

［释义］本条是关于违法处理个人信息以及处理个人信息未依法履行个人信息保护义务的行政处罚规定，在网络安全法等法律的基础上，完善并强化了对违法处理个人信息行为的处罚。

一、关于本条规定的违法行为

本法未按照其他法律的通行做法对应受处罚的违法行为作具体列举，主要考虑的是个人信息处理活动涉及的环节众多，违法行为的表现有很大差别，本法对个人信息处理活动的行为规范规定得十分具体，因此对违反这些行为规范的情形一一列举比较困难。根据本法规定，违法处理个人信息的行为主要包括以下几个方面：一是违反本法规定的个人信息保护基本原则处理个人信息的行为；二是违反本法规定的个人信息保护处理规则处理个人信息的行为；三是拒不响应或者无正当理由拒绝个人行使权利请求的行为；四是不按照本法规定采取管理措施、技术措施履行个人信息保护义务的行为。

二、本条对违法处理个人信息的行为设置了不同梯次的行政处罚

1. 对一般违法行为，由履行个人信息保护职责的部门责令改正，给予警告，没收违法所得，对违法处理个人信息的应用程序，责令暂停或者终止提供服务。

2. 对拒不改正的，并处一百万元以下罚款；对直接负责的主管人员和其他直接责任人员处一万元以上十万元以下罚款。

3. 对违法处理个人信息数量巨大，违法处理个人信息导致大量个人信息遭到泄露、篡改、丢失等情节严重的违法行为，由省级以上履行个人信息保护职责的部门责令改正，没收违法所得，并处五千万元以下或者上一年度营业额百分之五以下罚款，并可以责令暂停相关业务或者停业整顿、通报有关主管部门吊销相关业务许可或者吊销营业执照；对直接负责的主管人员和其他直接责任人员处十万元以上一百万元以下罚款，并可以决定禁止其在一定期限内担任相关企业的董事、监事、高级管理人员和个人信息保护负责人。

第六十七条　有本法规定的违法行为的，依照有关法律、行政法规的规定记入信用档案，并予以公示。

［**释义**］本条是关于信用惩戒的规定。

信用档案是政府部门对个人、组织的信用信息进行采集、保存、加工而形成的信用资料，体现了个人、组织在经济社会活动中的可信度、公信力，是判断个人、组织信用状况、进行信用惩戒的重要依据。本条根据推进社会信用体系建设的需要和有关法律、行政法规的规定，将有本法规定违法行为的个人信息处理者及受到处罚的责任人，违法行为的具体情况以及所受到的行政处罚，记入信用档案，同时要求有关部门向社会公示，发挥信用惩戒作用。公示应当通过政府网站、报刊等大众传播媒介等便于公众知悉的方式进行。

第六十八条　国家机关不履行本法规定的个人信息保护义务的，由其上级机关或者履行个人信息保护职责的部门责令改正；对直接负责的主管人员和其他直接责任人员依法给予处分。

履行个人信息保护职责的部门的工作人员玩忽职守、滥用职权、徇私舞弊，

尚不构成犯罪的，依法给予处分。

［**释义**］本条是关于国家机关不履行个人信息保护义务和履行个人信息保护职责部门的工作人员渎职的处罚规定。

一、国家机关不履行个人信息保护义务的处罚

国家机关在履行经济社会事务管理、提供公共服务等职责的过程中，同样需要大量收集、使用公民个人信息，本条将国家机关处理个人信息的活动纳入本法的调整范围，同样应当遵循本法规定的个人信息处理的原则和规则，响应个人行使权利的请求，采取必要措施保证所处理的个人信息的安全。但考虑到国家机关的运行资金来源于财政，因此本条对不履行个人信息保护义务的国家机关未规定罚款处罚。对不履行本法规定的个人信息保护义务的国家机关，由其上级机关或者履行个人信息保护职责的部门责令改正，对直接负责的主管人员和其他直接责任人员依法给予处分。处分包括给予警告、记过、记大过、降级、撤职或者开除。

二、履行个人信息保护职责部门的工作人员渎职行为的处罚

履行个人信息保护职责部门的工作人员代表国家履行个人信息保护职责，应当依照法律、行政法规的规定进行，必须忠于职守、严格依法办事，不得玩忽职守、滥用职权、徇私舞弊。不得利用自己的职务便利牟取不正当的利益。玩忽职守，是指国家机关工作人员不履行、不正确履行或者放弃履行职责的行为；滥用职权，是指国家机关工作人员违反法律规定的职责权限和程序滥用职权或者超越职权的行为；徇私舞弊，是指国家机关工作人员徇个人私利或者亲友私情而从事玩忽职守、滥用职权的行为。

履行个人信息保护职责部门的工作人员玩忽职守、滥用职权、徇私舞弊的，应当依法给予警告、记过、记大过、降级、撤职、开除等处分。根据公务员法第六十一条第一款、第六十二条、第六十四条的规定，公务员因违纪违法应当承担纪律责任的，依照公务员法给予处分，处分分为：警告、记过、记大过、降级、撤职、开除。公务员在受处分期间不得晋升职务、职级和级别，其中受记过、记大过、降级、撤职处分的，不得晋升工资档次。受处分的期间为：警告，六个月；记过，十二个月；记大过，十八个月；降级、撤职，二十四个月。

受撤职处分的，按照规定降低级别。此外，有处分权的单位可根据违法的国家机关工作人员所犯违法事实的情节轻重分别给予不同的处罚，以达到教育惩戒的目的。

履行个人信息保护职责部门的工作人员玩忽职守、滥用职权、徇私舞弊，情节严重构成犯罪的，应当依照刑法的有关规定追究其刑事责任。根据刑法第三百九十七条的规定，国家机关工作人员滥用职权或者玩忽职守，致使公共财产、国家和人民利益遭受重大损失的，处三年以下有期徒刑或者拘役；情节特别严重的，处三年以上七年以下有期徒刑。国家机关工作人员徇私舞弊，犯前款罪的，处五年以下有期徒刑或者拘役；情节特别严重的，处五年以上十年以下有期徒刑。同时都规定了“本法另有规定的，依照规定”。

第六十九条　处理个人信息侵害个人信息权益造成损害，个人信息处理者不能证明自己没有过错的，应当承担损害赔偿等侵权责任。

前款规定的损害赔偿责任按照个人因此受到的损失或者个人信息处理者因此获得的利益确定；个人因此受到的损失和个人信息处理者因此获得的利益难以确定的，根据实际情况确定赔偿数额。

［**释义**］本条是关于处理个人信息侵权责任的规定。

一、侵害个人信息权益的侵权责任

根据民法典第一千一百六十五条的规定，行为人因过错侵害他人民事权益造成损害的，应当承担侵权责任；依照法律规定推定行为人有过错，其不能证明自己没有过错的，应当承担侵权责任。本条与民法典的上述规定相衔接，规定个人信息处理者侵害他人个人信息权益，按照过错推定原则承担责任。

1. 本条规定的承担侵权责任主体是个人信息处理者。个人信息处理者是个人信息处理目的、处理方式的决定者，应对其个人信息处理行为负责，因其个人信息处理行为侵害他人个人信息权益造成损害的，应当依法承担侵权责任。个人信息处理者委托他人处理个人信息，侵害个人信息权益造成损害的，原则上也应当由个人信息处理者承担侵权责任；按照民法典的有关规定，受托人也应当承担侵权责任的适用其规定。按照本条和民法典的有关规定，侵害个人信息权益的责任承担方式主要包括停止侵害、排除妨碍、消除危险、赔偿损失、消除影响、恢复名誉、赔礼道歉等。

2. 关于侵害个人信息权益的个人信息处理行为，本条未作具体列举，按照本法有关规定应当包括以下几个方面：违反本法规定的个人信息保护基本原则处理个人信息的行为；违反本法规定的个人信息保护处理规则处理个人信息的行为；拒不响应或者无正当理由拒绝个人行使权利请求的行为；不按照本法规定采取管理措施、技术措施履行个人信息保护义务的行为。

3. 侵害他人个人信息权益的损害。造成损害是承担侵权责任的必备条件，没有损害就没有责任。损害包括物质上的损失，又称为经济损失，是指能够以金钱予以衡量或者加以计算的损失；精神损害，又称为非物质性损害，是指不能以金钱予以衡量或者加以计算，也不能基于市场交易将其物化为具体财产类型的损害，主要表现为精神上的焦虑或痛苦。根据民法典的有关规定，造成损害是承担侵权责任的条件之一，但是只有造成严重的精神损害才能请求精神损害赔偿。同时，按照民法的基本原理，只有在侵权行为与损害之间存在因果关系时，才承担侵权责任。

4. 关于侵权责任的过错。过错通常也是承担侵权责任的必备条件之一，过错包括故意和过失。根据本条规定，侵害个人信息权益的侵权责任，适用过错推定原则，即因个人信息处理行为侵害个人信息权益造成个人损害的，推定个人信息处理者具有过错，应当承担侵权责任，除非个人信息处理者能够举证证明自己没有过错，方可不承担责任。个人信息保护法作此规定，主要考虑的是在个人信息处理活动中，相对于个人信息处理者来说，个人处于相对弱势的地位，个人信息处理情况和相关证据通常只有个人信息处理者掌握，个人作为被侵权人很难获得，因此要求个人证明个人信息处理者存在过错非常困难。对此，国外相关立法就个人信息侵权也有类似规定，如欧盟《通用数据保护条例》第八十二条规定，因违反本条例的规定导致受到物质或者非物质损害的任何人有权就其遭受的损害从个人数据控制者或者处理者处获得赔偿；如果个人数据控制者或者处理者能够证明不应在任何方面对引起损害的事件负责的，则可以免除承担责任。韩国《个人信息保护法》第三十九条规定，因个人信息处理者违法处理所造成的任何损害，数据主体可以要求对个人信息处理者追究责任；除非该个人信息处理者能够证明其不存在故意或者过失，否则不得免除其损害赔偿责任。

二、关于赔偿数额的确定

关于侵害个人信息权益的损害赔偿，本条规定了三种计算方法。一是按照给个人造成的财产损失确定；二是按照个人信息处理者因个人信息处理行为所获利益确定；三是在个人所受到的损失和个人信息处理者所获的利益都难以确定的情况下，由人民法院在案件审理中根据实际情况合理确定赔偿数额。同时，根据民法典的规定，侵害个人信息权益给个人造成严重精神损害的，个人有权请求精神损害赔偿。需要说明的是，因个人信息处理行为侵害个人信息权益，在很多情况下不会给个人造成财产损失，只会给个人带来精神上的焦虑或者对个人的生活安宁造成侵扰，在司法实践中，人民法院通常也会酌情要求个人信息处理者给予象征性的赔偿。

第七十条　个人信息处理者违反本法规定处理个人信息，侵害众多个人的权益的，人民检察院、法律规定的消费者组织和由国家网信部门确定的组织可以依法向人民法院提起诉讼。

［**释义**］本条是关于个人信息保护公益诉讼的规定。

在信息化时代，个人信息在广泛的领域被大量处理，通常违法处理个人信息的行为会涉及大量个人，将侵害众多个人的个人信息权益。同时，侵害个人信息权益的行为对特定个人来说造成的损害较小，且被侵权人在举证方面存在很多困难，导致个人起诉要求个人信息处理者承担侵权责任的情况较少，因此有必要根据有关法律规定在个人信息保护领域确立公益诉讼制度，从而更好地维护广大公众的个人信息权益和社会公共利益。

根据我国民事诉讼法第五十八条的规定，对污染环境、侵害众多消费者合法权益等损害社会公共利益的行为，法律规定的机关和有关组织可以向人民法院提起诉讼。人民检察院在履行职责中发现破坏生态环境和资源保护、食品药品安全领域侵害众多消费者合法权益等损害社会公共利益的行为，在没有前款规定的机关和组织或者前款规定的机关和组织不提起诉讼的情况下，可以向人民法院提起诉讼。前款规定的机关或者组织提起诉讼的，人民检察院可以支持起诉。根据消费者权益保护法第四十七条的规定，对侵害众多消费者合法权益的行为，中国消费者协会以及在省、自治区、直辖市设立的消费者协会，可以向人民法院提起诉讼。本条在上述规定的基础上，明确了可以提起侵害个人信息权益公益诉讼的主体：一是与民事诉讼法的规定相衔接，明确人民检察院可以提起公益诉讼；二是与消费者权益保护法的规定相衔接，明确法律规定的消费者组织，包括中国消费者协会以及在省、自治区、直辖市设立的消费者协会可以提起公益诉讼；三是根据本法规定的部门职责和保护个人信息权益的需要，明确国家网信部门确定的组织可以提起公益诉讼。

第七十一条　违反本法规定，构成违反治安管理行为的，依法给予治安管理处罚；构成犯罪的，依法追究刑事责任。

［**释义**］本条是关于违反本法行为的治安管理处罚和刑事责任的衔接性规定。

违法处理个人信息，除应当依照本法规定承担相应的行政和民事法律责任外，还可能构成违反治安管理行为或者构成犯罪，应当依法给予治安管理处罚或者追究其刑事责任。

我国先后通过刑法修正案（七）和刑法修正案（九），补充完善侵犯公民个人信息的犯罪，扩大侵犯公民个人信息犯罪的适用主体和犯罪行为，完善刑罚标准。对于违法处理个人信息，侵害个人权益构成犯罪的行为，主要适用刑法第二百五十三条之一的规定，即违反国家有关规定，向他人出售或者提供公民个人信息，情节严重的，处三年以下有期徒刑或者拘役，并处或者单处罚金；情节特别严重的，处三年以上七年以下有期徒刑，并处罚金。违反国家有关规定，将在履行职责或者提供服务过程中获得的公民个人信息，出售或者提供给他人的，依照前款的规定从重处罚。窃取或者以其他方法非法获取公民个人信息的，依照第一款的规定处罚。单位犯前三款罪的，对单位判处罚金，并对其直接负责的主管人员和其他直接责任人员，依照各该款的规定处罚。除上述规定外，刑法还有一些规定可能涉及侵犯公民个人信息的行为，如第二百五十二条规定的隐匿、毁弃或者非法开拆他人信件，侵犯公民通信自由权利犯罪；第二百五十三条规定的邮政工作人员私自开拆或者隐匿、毁弃邮件、电报的犯罪；第一百七十七条之一规定的窃取、收买或者非法提供他人信用卡信息资料的犯罪；第二百八十四条规定的非法使用窃听、窃照专用器材的犯罪等。如果行为人从事违法处理个人信息的行为构成上述犯罪的，应当依法追究其刑事责任。

目前，我国治安管理处罚法对违法处理个人信息侵害个人信息权益的行为，没有直接规定治安管理处罚，但治安管理处罚法的有关规定涉及违法处理个人信息，如第四十二条关于偷窥、偷拍、窃听、散布他人隐私的规定，第二十九条关于危害计算机信息系统安全的规定等。个人信息处理者违法处理个人信息构成上述行为的，应当依照治安管理处罚法的规定给予治安管理处罚。

第八章　附　　则

第七十二条　自然人因个人或者家庭事务处理个人信息的，不适用本法。

法律对各级人民政府及其有关部门组织实施的统计、档案管理活动中的个人信息处理有规定的，适用其规定。

［释义］本条是关于个人信息处理特别情形的法律适用的规定。

一、关于自然人因个人或者家庭事务处理个人信息的法律适用

自然人因个人或者家庭事务处理个人信息，处理的个人信息数量有限，不具有利用个人信息获取经济利益的目的，且当事人地位平等，从尊重私人生活角度考虑也没有必要由有关部门过多介入。自然人因个人或者家庭事务处理个人信息，应当适用传统民事法律有关民事权利保护和救济的规范，不适用本法。

二、关于各级政府及有关部门组织实施的统计、档案管理活动中个人信息处理的法律适用

根据统计法的规定，统计的基本任务是对经济社会发展情况进行统计调查、统计分析，提供统计资料和统计咨询意见，实行统计监督。

根据档案法的规定，档案是指过去和现在的机关、团体、企业事业单位和其他组织以及个人从事经济、政治、文化、社会、生态文明、军事、外事、科技等方面活动直接形成的对国家和社会具有保存价值的各种文字、图表、声像等不同形式的历史记录。

各级政府及有关部门通过实施统计和档案管理活动，收集、整理和保存的统计、档案资料中包含了大量个人信息，统计法、档案法对统计资料和档案的收集、整理、保护和利用都作了严格规范，形成了系统的统计资料和档案管理制度。各级政府及有关部门组织实施的统计、档案管理活动涉及的个人信息处理，原则上应当优先适用统计法、档案法等法律的规定。

第七十三条　本法下列用语的含义：

（一）个人信息处理者，是指在个人信息处理活动中自主决定处理目的、处理方式的组织、个人。

（二）自动化决策，是指通过计算机程序自动分析、评估个人的行为习惯、兴趣爱好或者经济、健康、信用状况等，并进行决策的活动。

（三）去标识化，是指个人信息经过处理，使其在不借助额外信息的情况下无法识别特定自然人的过程。

（四）匿名化，是指个人信息经过处理无法识别特定自然人且不能复原的过程。

［释义］本条是关于本法一些关键用语含义的规定。

一、关于个人信息处理者

个人信息处理者是本法的核心概念之一，是个人信息处理活动的责任主体。在本法立法过程中，对于在个人信息处理活动中居于主导地位、承担主体责任的人，使用何种用语有不同的建议。欧盟《通用数据保护条例》使用了数据控制者的用语。考虑到本法规范的是个人信息处理活动，使用“个人信息处理者”的用语更为符合汉语的语言习惯，同时在个人信息处理活动中强调个人的决定权、控制权，因此本法使用了“个人信息处理者”的用语，强调个人信息处理者在个人信息处理活动中自主决定处理目的、处理方式与按照委托人确定的处理目的、处理方式具体实施个人信息处理行为的受托人相区别。

二、关于自动化决策

自动化决策是指在没有人工参与的情况下，通过计算机程序作出的决策。自动化决策通常包括两个环节：一是“用户画像”，即通过计算机程序和算法模型对个人特征进行分析、评估，并进行分类或者标识的行为；二是利用“用户画像”的结果对个人作出决策。

三、关于去标识化

去标识化，又被称为脱敏或者假名化，是指对个人信息进行技术处理去除其中的可识别信息，使其无法直接识别特定自然人。对个人信息进行去标识化处理，是个人信息处理者采取的风险控制措施，经过去标识化处理的个人信息在利用过程中能够防止或减少因泄露或滥用对个人权益造成的威胁，欧盟、美国、日本等国家和地区在个人信息保护立法中均鼓励采用去标识化作为保障个人信息安全的技术措施。由于个人信息处理者对个人信息进行去标识化处理后，通常保留原始的个人信息和去标识化的方法，仍可以重新识别个人身份，因此个人信息处理者对去标识化的个人信息仍应采取必要的保护措施。

四、关于匿名化

匿名化与去标识化一样，也是通过技术手段去除个人信息中可识别特征的过程。但相对去标识化，匿名化去除个人身份特征更为彻底，或者所采用的技术方法更为复杂，使匿名化后的信息在不付出高额成本的情况下难以复原，具有较高的安全性。因此，本法明确匿名化信息不属于个人信息，不适用本法规定。

第七十四条　本法自2021年11月1日起施行。

［**释义**］本条是关于本法施行日期的规定。

法律的施行日期，即法律的生效日期，也就是一部法律产生法律效力的时间。立法法第五十七条规定，法律应当明确规定施行日期。一部法律何时生效，一般是由该法律的性质和实施条件决定的。我国立法实践中通常有三种做法：一是规定自法律公布之日起施行；二是规定法律实施的起止时间，在该时间段内法律有效；三是规定法律在公布一段时间后施行，为法律的实施留出一定的宣传和准备时间，这一方式目前使用最多。

本法由第十三届全国人大常委会第三十次会议于2021年8月20日通过，并于同日由国家主席习近平签署第九十一号主席令公布，自2021年11月1日起施行，为本法的实施留出了必要的准备时间。有关部门应当加强个人信息保护法的宣传培训工作，及时制定、修改有关配套法规、规章和标准、指南等，保证本法顺利、有效实施。

第三部分

附　　录

附录一

关于《中华人民共和国个人信息保护法（草案)》的说明

——2020年10月13日在第十三届全国人民代表大会

常务委员会第二十二次会议上

全国人大常委会法制工作委员会副主任　刘俊臣

全国人民代表大会常务委员会：

我受委员长会议的委托，作关于《中华人民共和国个人信息保护法（草案)》的说明。

一、关于制定本法的必要性

随着信息化与经济社会持续深度融合，网络已成为生产生活的新空间、经济发展的新引擎、交流合作的新纽带。截至2020年3月，我国互联网用户已达9亿，互联网网站超过400万个、应用程序数量超过300万个，个人信息的收集、使用更为广泛。虽然近年来我国个人信息保护力度不断加大，但在现实生活中，一些企业、机构甚至个人，从商业利益等出发，随意收集、违法获取、过度使用、非法买卖个人信息，利用个人信息侵扰人民群众生活安宁、危害人民群众生命健康和财产安全等问题仍十分突出。在信息化时代，个人信息保护已成为广大人民群众最关心最直接最现实的利益问题之一。社会各方面广泛呼吁出台专门的个人信息保护法，本届以来，全国人大代表共有340人次提出39件相关议案、建议，全国政协委员共提出相关提案32件。党中央高度重视网络空间法治建设，对个人信息保护立法工作作出部署。习近平总书记多次强调，要坚持网络安全为人民、网络安全靠人民，保障个人信息安全，维护公民在网络空间的合法权益，对加强个人信息保护工作提出明确要求。为及时回应广大人民群众的呼声和期待，落实党中央部署要求，制定一部个人信息保护方面的专门法律，将广大人民群众的个人信息权益实现好、维护好、发展好，具有重要意义。

第一，制定个人信息保护法是进一步加强个人信息保护法制保障的客观要求。党的十八大以来，全国人大及其常委会在制定关于加强网络信息保护的决定、网络安全法、电子商务法、修改消费者权益保护法等立法工作中，确立了个人信息保护的主要规则；在修改刑法中，完善了惩治侵害个人信息犯罪的法律制度；在编纂民法典中，将个人信息受法律保护作为一项重要民事权利作出规定。我国个人信息保护法律制度逐步建立，但仍难以适应信息化快速发展的现实情况和人民日益增长的美好生活需要。因此，应当在现行法律基础上制定出台专门法律，增强法律规范的系统性、针对性和可操作性，在个人信息保护方面形成更加完备的制度、提供更加有力的法律保障。

第二，制定个人信息保护法是维护网络空间良好生态的现实需要。网络空间是亿万民众共同的家园，必须在法治轨道上运行。违法收集、使用个人信息等行为不仅损害人民群众的切身利益，而且危害交易安全，扰乱市场竞争，破坏网络空间秩序。因此，应当制定出台专门法律，以严密的制度、严格的标准、严厉的责任，规范个人信息处理活动，落实企业、机构等个人信息处理者的法律义务和责任，维护网络空间良好生态。

第三，制定个人信息保护法是促进数字经济健康发展的重要举措。当前，以数据为新生产要素的数字经济蓬勃发展，数据的竞争已成为国际竞争的重要领域，而个人信息数据是大数据的核心和基础。党的十九大报告提出了建设网络强国、数字中国、智慧社会的任务要求。按照这一要求，应当统筹个人信息保护与利用，通过立法建立权责明确、保护有效、利用规范的制度规则，在保障个人信息权益的基础上，促进信息数据依法合理有效利用，推动数字经济持续健康发展。

二、关于起草工作和把握的几点

制定个人信息保护法列入了十三届全国人大常委会立法规划和年度立法工作计划。栗战书委员长和王晨副委员长等常委会领导同志高度重视这项立法工作，多次作出指示批示。2018 年全国人大常委会法制工作委员会会同中央网络安全和信息化委员会办公室，着手研究起草个人信息保护法草案。在起草过程中，认真梳理研究近年来全国人大代表、政协委员提出的建议，召开座谈会听取部分全国人大代表的意见；委托专家组开展专题研究，搜集整理国内外立法资料，形成研究报告；通过多种方式深入调研，广泛征求有关部门、企业和专家等各方面意见。在上述工作的基础上，经反复研究修改，形成了《中华人民共和国个人信息保护法（草案)》。

起草工作注意把握以下几点：一是，坚持立足国情与借鉴国际经验相结合。从我国实际出发，深入总结网络安全法等法律、法规、标准的实施经验，将行之有效的做法和措施上升为法律规范。从上世纪 70 年代开始，经济合作与发展组织、亚太经济合作组织和欧盟等先后出台了个人信息保护相关准则、指导原则和法规，有 140 多个国家和地区制定了个人信息保护方面的法律。草案充分借鉴有关国际组织和国家、地区的有益做法，建立健全适应我国个人信息保护和数字经济发展需要的法律制度。二是，坚持问题导向和立法前瞻性相结合。既立足于个人信息保护领域存在的突出问题和人民群众的重大关切，建立完善可行的制度规范。同时，对一些尚存争议的理论问题，在本法中留下必要空间，对新技术新应用带来的新问题，在充分研究论证的基础上作出必要规定，体现法律的包容性、前瞻性。三是，处理好与有关法律的关系。把握权益保护的立法定位，与民法典等有关法律规定相衔接，细化、充实个人信息保护制度规则。同时，与网络安全法和已提请全国人大常委会审议的数据安全法草案相衔接，对于网络安全法、数据安全法草案确立的网络和数据安全监管相关制度措施，本法不再作规定。

三、关于草案的主要内容

草案共八章七十条，主要内容包括：

（一）明确本法适用范围

一是，对本法相关用语作出界定，规定：个人信息是以电子或者其他方式记录的与已识别或者可识别的自然人有关的各种信息；个人信息的处理包括个人信息的收集、存储、使用、加工、传输、提供、公开等活动。

二是，明确在我国境内处理个人信息的活动适用本法的同时，借鉴有关国家和地区的做法，赋予本法必要的域外适用效力，以充分保护我国境内个人的权益，规定：以向境内自然人提供产品或者服务为目的，或者为分析、评估境内自然人的行为等发生在我国境外的个人信息处理活动，也适用本法；并要求境外的个人信息处理者在境内设立专门机构或者指定代表，负责个人信息保护相关事务。

（二）健全个人信息处理规则

一是，确立个人信息处理应遵循的原则，强调处理个人信息应当采用合法、正当的方式，具有明确、合理的目的，限于实现处理目的的最小范围，公开处理规则，保证信息准确，采取安全保护措施等，并将上述原则贯穿于个人信息处理的全过程、各环节。

二是，确立以“告知—同意”为核心的个人信息处理一系列规则，要求处理个人信息应当在事先充分告知的前提下取得个人同意，并且个人有权撤回同意；重要事项发生变更的应当重新取得个人同意；不得以个人不同意为由拒绝提供产品或者服务。考虑到经济社会生活的复杂性和个人信息处理的不同情况，草案还对基于个人同意以外合法处理个人信息的情形作了规定。

三是，根据个人信息处理的不同环节、不同个人信息种类，对个人信息的共同处理、委托处理、向第三方提供、公开、用于自动化决策、处理已公开的个人信息等提出有针对性的要求。

四是，设专节对处理敏感个人信息作出更严格的限制，只有在具有特定的目的和充分的必要性的情形下，方可处理敏感个人信息，并且应当取得个人的单独同意或者书面同意。

五是，设专节规定国家机关处理个人信息的规则，在保障国家机关依法履行职责的同时，要求国家机关处理个人信息应当依照法律、行政法规规定的权限和程序进行。

在应对新冠肺炎疫情中，大数据应用为联防联控和复工复产提供了有力支持。为此，草案将应对突发公共卫生事件，或者紧急情况下保护自然人的生命健康，作为处理个人信息的合法情形之一。需要强调的是，在上述情形下处理个人信息，也必须严格遵守本法规定的处理规则，履行个人信息保护义务。

（三）完善个人信息跨境提供规则

一是，明确关键信息基础设施运营者和处理个人信息达到国家网信部门规定数量的处理者，确需向境外提供个人信息的，应当通过国家网信部门组织的安全评估；对于其他需要跨境提供个人信息的，规定了经专业机构认证等途径。

二是，对跨境提供个人信息的“告知—同意”作出更严格的要求。

三是，对因国际司法协助或者行政执法协助，需要向境外提供个人信息的，要求依法申请有关主管部门批准。

四是，对从事损害我国公民个人信息权益等活动的境外组织、个人，以及在个人信息保护方面对我国采取不合理措施的国家和地区，规定了可以采取的相应措施。

（四）明确个人信息处理活动中个人的权利和处理者义务

一是，与民法典的有关规定相衔接，明确在个人信息处理活动中个人的各项权利，包括知情权、决定权、查询权、更正权、删除权等，并要求个人信息处理者建立个人行使权利的申请受理和处理机制。

二是，明确个人信息处理者的合规管理和保障个人信息安全等义务，要求其按照规定制定内部管理制度和操作规程，采取相应的安全技术措施，并指定负责人对其个人信息处理活动进行监督；定期对其个人信息活动进行合规审计；对处理敏感个人信息、向境外提供个人信息等高风险处理活动，事前进行风险评估；履行个人信息泄露通知和补救义务等。

（五）关于履行个人信息保护职责的部门

个人信息保护涉及各个领域和多个部门的职责。草案根据个人信息保护工作实际，明确国家网信部门负责个人信息保护工作的统筹协调，发挥其统筹协调作用；同时规定：国家网信部门和国务院有关部门在各自职责范围内负责个人信息保护和监督管理工作。

此外，草案还对违反本法规定行为的处罚及侵害个人信息权益的民事赔偿等作了规定。

个人信息保护法（草案）和以上说明是否妥当，请审议。

中华人民共和国个人信息保护法（草案）

目　　录

第一章　总　　则

第二章　个人信息处理规则

　　第一节　一般规定

　　第二节　敏感个人信息的处理规则

　　第三节　国家机关处理个人信息的特别规定

第三章　个人信息跨境提供的规则

第四章　个人在个人信息处理活动中的权利

第五章　个人信息处理者的义务

第六章　履行个人信息保护职责的部门

第七章　法律责任

第八章　附　　则

第一章　总　　则

第一条　为了保护个人信息权益，规范个人信息处理活动，保障个人信息依法有序自由流动，促进个人信息合理利用，制定本法。

第二条　自然人的个人信息受法律保护，任何组织、个人不得侵害自然人的个人信息权益。

第三条　组织、个人在中华人民共和国境内处理自然人个人信息的活动，适用本法。

在中华人民共和国境外处理中华人民共和国境内自然人个人信息的活动，有下列情形之一的，也适用本法：

（一）以向境内自然人提供产品或者服务为目的；

（二）为分析、评估境内自然人的行为；

（三）法律、行政法规规定的其他情形。

第四条　个人信息是以电子或者其他方式记录的与已识别或者可识别的自然人有关的各种信息，不包括匿名化处理后的信息。

个人信息的处理包括个人信息的收集、存储、使用、加工、传输、提供、公开等活动。

第五条　处理个人信息应当采用合法、正当的方式，遵循诚信原则，不得通过欺诈、误导等方式处理个人信息。

第六条　处理个人信息应当具有明确、合理的目的，并应当限于实现处理目的的最小范围，不得进行与处理目的无关的个人信息处理。

第七条　处理个人信息应当遵循公开、透明的原则，明示个人信息处理规则。

第八条　为实现处理目的，所处理的个人信息应当准确，并及时更新。

第九条　个人信息处理者应当对其个人信息处理活动负责，并采取必要措施保障所处理的个人信息的安全。

第十条　任何组织、个人不得违反法律、行政法规的规定处理个人信息，不得从事危害国家安全、公共利益的个人信息处理活动。

第十一条　国家建立健全个人信息保护制度，预防和惩治侵害个人信息权益的行为，加强个人信息保护宣传教育，推动形成政府、企业、相关行业组织、社会公众共同参与个人信息保护的良好环境。

第十二条　国家积极参与个人信息保护国际规则的制定，促进个人信息保护方面的国际交流与合作，推动与其他国家、地区、国际组织之间的个人信息保护规则、标准等的互认。

第二章　个人信息处理规则

第一节　一般规定

第十三条　符合下列情形之一的，个人信息处理者方可处理个人信息：

（一）取得个人的同意；

（二）为订立或者履行个人作为一方当事人的合同所必需；

（三）为履行法定职责或者法定义务所必需；

（四）为应对突发公共卫生事件，或者紧急情况下为保护自然人的生命健康和财产安全所必需；

（五）为公共利益实施新闻报道、舆论监督等行为在合理的范围内处理个人信息；

（六）法律、行政法规规定的其他情形。

第十四条 处理个人信息的同意，应当由个人在充分知情的前提下，自愿、明确作出意思表示。法律、行政法规规定处理个人信息应当取得个人单独同意或者书面同意的，从其规定。

个人信息的处理目的、处理方式和处理的个人信息种类发生变更的，应当重新取得个人同意。

第十五条 个人信息处理者知道或者应当知道其处理的个人信息为不满十四周岁未成年人个人信息的，应当取得其监护人的同意。

第十六条 基于个人同意而进行的个人信息处理活动，个人有权撤回其同意。

第十七条 个人信息处理者不得以个人不同意处理其个人信息或者撤回其对个人信息处理的同意为由，拒绝提供产品或者服务；处理个人信息属于提供产品或者服务所必需的除外。

第十八条 个人信息处理者在处理个人信息前，应当以显著方式、清晰易懂的语言向个人告知下列事项：

（一）个人信息处理者的身份和联系方式；

（二）个人信息的处理目的、处理方式，处理的个人信息种类、保存期限；

（三）个人行使本法规定权利的方式和程序；

（四）法律、行政法规规定应当告知的其他事项。

前款规定事项发生变更的，应当将变更部分告知个人。

个人信息处理者通过制定个人信息处理规则的方式告知第一款规定事项的，处理规则应当公开，并且便于查阅和保存。

第十九条 个人信息处理者处理个人信息，有法律、行政法规规定应当保密或者不需要告知的情形的，可以不向个人告知前条规定的事项。

紧急情况下为保护自然人的生命健康和财产安全无法及时向个人告知的，个人信息处理者应当在紧急情况消除后予以告知。

第二十条 个人信息的保存期限应当为实现处理目的所必要的最短时间。法律、行政法规对个人信息的保存期限另有规定的，从其规定。

第二十一条 两个或者两个以上的个人信息处理者共同决定个人信息的处理目的和处理方式的，应当约定各自的权利和义务。但是，该约定不影响个人向其中任何一个个人信息处理者要求行使本法规定的权利。

个人信息处理者共同处理个人信息，侵害个人信息权益的，依法承担连带责任。

第二十二条 个人信息处理者委托处理个人信息的，应当与受托方约定委托处理的目的、处理方式、个人信息的种类、保护措施以及双方的权利和义务等，并对受托方的个人信息处理活动进行监督。

受托方应当按照约定处理个人信息，不得超出约定的处理目的、处理方式等处理个人信息，并应当在合同履行完毕或者委托关系解除后，将个人信息返还个人信息处理者或者予以删除。

未经个人信息处理者同意，受托方不得转委托他人处理个人信息。

第二十三条 个人信息处理者因合并、分立等原因需要转移个人信息的，应当向个人告知接收方的身份、联系方式。接收方应当继续履行个人信息处理者的义务。接收方变更原先的处理目的、处理方式的，应当依照本法规定重新向个人告知并取得其同意。

第二十四条 个人信息处理者向第三方提供其处理的个人信息的，应当向个人告知第三方的身份、联系方式、处理目的、处理方式和个人信息的种类，并取得个人的单独同意。接收个人信息的第三方应当在上述处理目的、处理方式和个人信息的种类等范围内处理个人信息。第三方变更原先的处理目的、处理方式的，应当依照本法规定重新向个人告知并取得其同意。

个人信息处理者向第三方提供匿名化信息的，第三方不得利用技术等手段重新识别个人身份。

第二十五条 利用个人信息进行自动化决策，应当保证决策的透明度和处理结果的公平合理。个人认为自动化决策对其权益造成重大影响的，有权要求个人信息处理者予以说明，并有权拒绝个人信息处理者仅通过自动化决策的方式作出决定。

通过自动化决策方式进行商业营销、信息推送，应当同时提供不针对其个人特征的选项。

第二十六条 个人信息处理者不得公开其处理的个人信息；取得个人单独同意或者法律、行政法规另有规定的除外。

第二十七条 在公共场所安装图像采集、个人身份识别设备，应当为维护公共安全所必需，遵守国家有关规定，并设置显著的提示标识。所收集的个人图像、个人身份特征信息只能用于维护公共安全的目的，不得公开或者向他人提供；取得个人单独同意或者法律、行政法规另有规定的除外。

第二十八条 个人信息处理者处理已公开的个人信息，应当符合该个人信息被公开时的用途；超出与该用途相关的合理范围的，应当依照本法规定向个人告知并取得其同意。

个人信息被公开时的用途不明确的，个人信息处理者应当合理、谨慎地处理已公开的个人信息；利用已公开的个人信息从事对个人有重大影响的活动，应当依照本法规定向个人告知并取得其同意。

第二节 敏感个人信息的处理规则

第二十九条 个人信息处理者具有特定的目的和充分的必要性，方可处理敏感个人信息。

敏感个人信息是一旦泄露或者非法使用，可能导致个人受到歧视或者人身、财产安全受到严重危害的个人信息，包括种族、民族、宗教信仰、个人生物特征、医疗健康、金融账户、个人行踪等信息。

第三十条 基于个人同意处理敏感个人信息的，个人信息处理者应当取得个人的单独同意。法律、行政法规规定处理敏感个人信息应当取得书面同意的，从其规定。

第三十一条 个人信息处理者处理敏感个人信息的，除本法第十八条规定的事项外，还应当向个人告知处理敏感个人信息的必要性以及对个人的影响。

第三十二条 法律、行政法规规定处理敏感个人信息应当取得相关行政许可或者作出更严格限制的，从其规定。

第三节 国家机关处理个人信息的特别规定

第三十三条 国家机关处理个人信息的活动适用本法；本节有特别规定的，适用本节规定。

第三十四条 国家机关为履行法定职责处理个人信息，应当依照法律、行政法规规定的权限、程序进行，不得超出履行法定职责所必需的范围和限度。

第三十五条 国家机关为履行法定职责处理个人信息，应当依照本法规定向个人告知并取得其同意；法律、行政法规规定应当保密，或者告知、取得同意将妨碍国家机关履行法定职责的除外。

第三十六条 国家机关不得公开或者向他人提供其处理的个人信息，法律、行政法规另有规定或者取得个人同意的除外。

第三十七条 国家机关处理的个人信息应当在中华人民共和国境内存储；确需向境外提供的，应当进行风险评估。风险评估可以要求有关部门提供支持与协助。

第三章 个人信息跨境提供的规则

第三十八条 个人信息处理者因业务等需要，确需向中华人民共和国境外提供个人信息的，应当至少具备下列一项条件：

（一）依照本法第四十条的规定通过国家网信部门组织的安全评估；

（二）按照国家网信部门的规定经专业机构进行个人信息保护认证；

（三）与境外接收方订立合同，约定双方的权利和义务，并监督其个人信息处理活动达到本法规定的个人信息保护标准；

（四）法律、行政法规或者国家网信部门规定的其他条件。

第三十九条 个人信息处理者向中华人民共和国境外提供个人信息的，应当向个人告知境外接收方的身份、联系方式、处理目的、处理方式、个人信息的种类以及个人向境外接收方行使本法规定权利的方式等事项，并取得个人的单独同意。

第四十条 关键信息基础设施运营者和处理个人信息达到国家网信部门规定数量的个人信息处理者，应当将在中华人民共和国境内收集和产生的个人信息存储在境内。确需向境外提供的，应当通过国家网信部门组织的安全评估；

法律、行政法规和国家网信部门规定可以不进行安全评估的，从其规定。

第四十一条 因国际司法协助或者行政执法协助，需要向中华人民共和国境外提供个人信息的，应当依法申请有关主管部门批准。

中华人民共和国缔结或者参加的国际条约、协定对向中华人民共和国境外提供个人信息有规定的，从其规定。

第四十二条 境外的组织、个人从事损害中华人民共和国公民的个人信息权益，或者危害中华人民共和国国家安全、公共利益的个人信息处理活动的，国家网信部门可以将其列入限制或者禁止个人信息提供清单，予以公告，并采取限制或者禁止向其提供个人信息等措施。

第四十三条 任何国家和地区在个人信息保护方面对中华人民共和国采取歧视性的禁止、限制或者其他类似措施的，中华人民共和国可以根据实际情况对该国家或者该地区采取相应措施。

第四章　个人在个人信息处理活动中的权利

第四十四条 个人对其个人信息的处理享有知情权、决定权，有权限制或者拒绝他人对其个人信息进行处理；法律、行政法规另有规定的除外。

第四十五条 个人有权向个人信息处理者查阅、复制其个人信息；有本法第十九条第一款规定情形的除外。

个人请求查阅、复制其个人信息的，个人信息处理者应当及时提供。

第四十六条 个人发现其个人信息不准确或者不完整的，有权请求个人信息处理者更正、补充。

个人请求更正、补充其个人信息的，个人信息处理者应当对其个人信息予以核实，并及时更正、补充。

第四十七条 有下列情形之一的，个人信息处理者应当主动或者根据个人的请求，删除个人信息：

（一）约定的保存期限已届满或者处理目的已实现；

（二）个人信息处理者停止提供产品或者服务；

（三）个人撤回同意；

（四）个人信息处理者违反法律、行政法规或者违反约定处理个人信息；

（五）法律、行政法规规定的其他情形。

法律、行政法规规定的保存期限未届满，或者删除个人信息从技术上难以实现的，个人信息处理者应当停止处理个人信息。

第四十八条 个人有权要求个人信息处理者对其个人信息处理规则进行解释说明。

第四十九条 个人信息处理者应当建立个人行使权利的申请受理和处理机制。拒绝个人行使权利的请求的，应当说明理由。

第五章 个人信息处理者的义务

第五十条 个人信息处理者应当根据个人信息的处理目的、处理方式、个人信息的种类以及对个人的影响、可能存在的安全风险等，采取必要措施确保个人信息处理活动符合法律、行政法规的规定，并防止未经授权的访问以及个人信息泄露或者被窃取、篡改、删除：

（一）制定内部管理制度和操作规程；

（二）对个人信息实行分级分类管理；

（三）采取相应的加密、去标识化等安全技术措施；

（四）合理确定个人信息处理的操作权限，并定期对从业人员进行安全教育和培训；

（五）制定并组织实施个人信息安全事件应急预案；

（六）法律、行政法规规定的其他措施。

第五十一条 处理个人信息达到国家网信部门规定数量的个人信息处理者应当指定个人信息保护负责人，负责对个人信息处理活动以及采取的保护措施等进行监督。

个人信息处理者应当公开个人信息保护负责人的姓名、联系方式等，并报送履行个人信息保护职责的部门。

第五十二条 本法第三条第二款规定的中华人民共和国境外的个人信息处理者，应当在中华人民共和国境内设立专门机构或者指定代表，负责处理个人信息保护相关事务，并将有关机构的名称或者代表的姓名、联系方式等报送履行个人信息保护职责的部门。

第五十三条 个人信息处理者应当定期对其个人信息处理活动、采取的保护措施等是否符合法律、行政法规的规定进行审计。履行个人信息保护职责的部门有权要求个人信息处理者委托专业机构进行审计。

第五十四条 个人信息处理者应当对下列个人信息处理活动在事前进行风险评估，并对处理情况进行记录：

（一）处理敏感个人信息；

（二）利用个人信息进行自动化决策；

（三）委托处理个人信息、向第三方提供个人信息、公开个人信息；

（四）向境外提供个人信息；

（五）其他对个人有重大影响的个人信息处理活动。

风险评估的内容应当包括：

（一）个人信息的处理目的、处理方式等是否合法、正当、必要；

（二）对个人的影响及风险程度；

（三）所采取的安全保护措施是否合法、有效并与风险程度相适应。

风险评估报告和处理情况记录应当至少保存三年。

第五十五条 个人信息处理者发现个人信息泄露的，应当立即采取补救措施，并通知履行个人信息保护职责的部门和个人。通知应当包括下列事项：

（一）个人信息泄露的原因；

（二）泄露的个人信息种类和可能造成的危害；

（三）已采取的补救措施；

（四）个人可以采取的减轻危害的措施；

（五）个人信息处理者的联系方式。

个人信息处理者采取措施能够有效避免信息泄露造成损害的，个人信息处理者可以不通知个人；但是，履行个人信息保护职责的部门认为个人信息泄露可能对个人造成损害的，有权要求个人信息处理者通知个人。

第六章　履行个人信息保护职责的部门

第五十六条 国家网信部门负责统筹协调个人信息保护工作和相关监督管理工作。国务院有关部门依照本法和有关法律、行政法规的规定，在各自职责范围内负责个人信息保护和监督管理工作。

县级以上地方人民政府有关部门的个人信息保护和监督管理职责，按照国家有关规定确定。

前两款规定的部门统称为履行个人信息保护职责的部门。

第五十七条 履行个人信息保护职责的部门履行下列个人信息保护职责：

（一）开展个人信息保护宣传教育，指导、监督个人信息处理者开展个人信息保护工作；

（二）接受、处理与个人信息保护有关的投诉、举报；

（三）调查、处理违法个人信息处理活动；

（四）法律、行政法规规定的其他职责。

第五十八条 国家网信部门和国务院有关部门按照职责权限组织制定个人信息保护相关规则、标准，推进个人信息保护社会化服务体系建设，支持有关机构开展个人信息保护评估、认证服务。

第五十九条 履行个人信息保护职责的部门履行个人信息保护职责，可以采取下列措施：

（一）询问有关当事人，调查与个人信息处理活动有关的情况；

（二）查阅、复制当事人与个人信息处理活动有关的合同、记录、账簿以及其他有关资料；

（三）实施现场检查，对涉嫌违法个人信息处理活动进行调查；

（四）检查与个人信息处理活动有关的设备、物品；对有证据证明是违法个人信息处理活动的设备、物品，可以查封或者扣押。

履行个人信息保护职责的部门依法履行职责，当事人应当予以协助、配合，不得拒绝、阻挠。

第六十条 履行个人信息保护职责的部门在履行职责中，发现个人信息处理活动存在较大风险或者发生个人信息安全事件的，可以按照规定的权限和程序对该个人信息处理者的法定代表人或者主要负责人进行约谈。个人信息处理者应当按照要求采取措施，进行整改，消除隐患。

第六十一条 任何组织、个人有权对违法个人信息处理活动向履行个人信息保护职责的部门进行投诉、举报。收到投诉、举报的部门应当依法及时处理，并将处理结果告知投诉、举报人。

履行个人信息保护职责的部门应当公布接受投诉、举报的联系方式。

第七章　法律责任

第六十二条　违反本法规定处理个人信息，或者处理个人信息未按照规定采取必要的安全保护措施的，由履行个人信息保护职责的部门责令改正，没收违法所得，给予警告；拒不改正的，并处一百万元以下罚款；对直接负责的主管人员和其他直接责任人员处一万元以上十万元以下罚款。

有前款规定的违法行为，情节严重的，由履行个人信息保护职责的部门责令改正，没收违法所得，并处五千万元以下或者上一年度营业额百分之五以下罚款，并可以责令暂停相关业务、停业整顿、通报有关主管部门吊销相关业务许可或者吊销营业执照；对直接负责的主管人员和其他直接责任人员处十万元以上一百万元以下罚款。

第六十三条　有本法规定的违法行为的，依照有关法律、行政法规的规定记入信用档案，并予以公示。

第六十四条　国家机关不履行本法规定的个人信息保护义务的，由其上级机关或者履行个人信息保护职责的部门责令改正；对直接负责的主管人员和其他直接责任人员依法给予处分。

第六十五条　因个人信息处理活动侵害个人信息权益的，按照个人因此受到的损失或者个人信息处理者因此获得的利益承担赔偿责任；个人因此受到的损失和个人信息处理者因此获得的利益难以确定的，由人民法院根据实际情况确定赔偿数额。个人信息处理者能够证明自己没有过错的，可以减轻或者免除责任。

第六十六条　个人信息处理者违反本法规定处理个人信息，侵害众多个人的权益的，人民检察院、履行个人信息保护职责的部门和国家网信部门确定的组织可以依法向人民法院提起诉讼。

第六十七条　违反本法规定，构成违反治安管理行为的，依法给予治安管理处罚；构成犯罪的，依法追究刑事责任。

第八章　附　　则

第六十八条　自然人因个人或者家庭事务而处理个人信息的，不适用本法。

法律对各级人民政府及其有关部门组织实施的统计、档案管理活动中的个人信息处理有规定的，适用其规定。

第六十九条 本法下列用语的含义：

（一）个人信息处理者，是指自主决定处理目的、处理方式等个人信息处理事项的组织、个人。

（二）自动化决策，是指利用个人信息对个人的行为习惯、兴趣爱好或者经济、健康、信用状况等，通过计算机程序自动分析、评估并进行决策的活动。

（三）去标识化，是指个人信息经过处理，使其在不借助额外信息的情况下无法识别特定自然人的过程。

（四）匿名化，是指个人信息经过处理无法识别特定自然人且不能复原的过程。

第七十条 本法自 年 月 日起施行。

全国人民代表大会宪法和法律委员会关于《中华人民共和国个人信息保护法（草案）》修改情况的汇报

全国人民代表大会常务委员会：

常委会第二十二次会议对个人信息保护法草案进行了初次审议。会后，法制工作委员会将草案印发各省（区、市）、中央有关部门和部分基层立法联系点、人大代表、企业、研究机构等征求意见，在中国人大网全文公布草案征求社会公众意见。宪法和法律委员会、法制工作委员会联合召开座谈会，听取中央有关部门和部分人大代表、专家、企业的意见，到北京、深圳、湖南调研，听取地方意见，并就草案的有关问题与有关方面交换意见，共同研究。宪法和法律委员会于4月1日召开会议，根据常委会组成人员的审议意见和各方面意见，对草案进行了逐条审议。中央网络安全和信息化委员会办公室有关负责同志列席了会议。4月20日，宪法和法律委员会召开会议，再次进行了审议。现将个人信息保护法草案主要问题修改情况汇报如下：

一、草案第五条至第八条规定了个人信息处理应遵循的原则。一些常委会组成人员和地方、部门、专家、社会公众提出，当前，个人信息收集、使用规则不透明及过度收集、使用等问题仍很突出，建议有针对性地完善上述内容。宪法和法律委员会经研究，建议对上述规定予以修改完善，进一步明确：不得通过“胁迫”方式处理个人信息；处理个人信息应当限于实现处理目的所必要的最小范围、采取对个人权益影响最小的方式；处理个人信息应当公开个人信息处理规则，明示处理目的、方式和范围，并应当保证个人信息的质量，避免因个人信息不准确、不完整对个人权益造成不利影响。

二、根据一些常委会组成人员和地方、部门、专家、企业、社会公众的意见，宪法和法律委员会经研究，建议进一步完善个人信息处理规则，对草案作以下修改：一是增加规定：个人信息处理者应当为个人提供便捷的撤回同意的方式；个人撤回同意，不影响撤回同意前已进行的个人信息处理活动的效力。二是规定：通过自动化决策方式进行商业营销、信息推送，应当同时提供不针对其个人特征的选项，或者向个人提供拒绝的方式。三是明确：个人信息跨境提供的合同应“按照国家网信部门制定的标准合同”订立。

三、有的常委委员和专家、社会公众提出，民法典中规定，死者的姓名、肖像、名誉等受到侵害的，其近亲属有权依法请求行为人承担民事责任。建议参照上述内容对死者的个人信息保护问题作出规定。宪法和法律委员会经研究，建议增加一条规定：自然人死亡的，个人在个人信息处理活动中的权利由其近亲属行使。

四、有的部门、专家建议，强化超大型互联网平台的个人信息保护义务，并加强监督。宪法和法律委员会经研究，建议增加一条规定：提供基础性互联网平台服务、用户数量巨大、业务类型复杂的个人信息处理者，应当履行下列义务：（一）成立主要由外部成员组成的独立机构，对个人信息处理活动进行监督；（二）对严重违反法律、行政法规处理个人信息的平台内的产品或者服务提供者，停止提供服务；（三）定期发布个人信息保护社会责任报告，接受社会监督。

五、有的常委委员和部门、专家提出，接受委托处理个人信息的受托方，不属于本法规定的个人信息处理者，但仍应履行相应的个人信息安全保护义务，建议增加这方面的内容。宪法和法律委员会经研究，建议增加一条规定：接受委托处理个人信息的受托方，应当履行第五章规定的相关义务，采取必要措施保障所处理的个人信息的安全。

六、有的部门、专家提出，应当充分发挥国家网信部门的统筹协调作用，推进配套规定制定等工作，保证本法有效贯彻实施。宪法和法律委员会经研究，建议在有关条款中明确由国家网信部门统筹推进个人信息保护有关工作，包括：制定个人信息保护具体规则、标准；针对敏感个人信息以及人脸识别、人工智能等新技术、新应用制定专门的个人信息保护规则、标准；支持研究开发安全、方便的电子身份认证技术等。

七、草案第六十五条规定，因个人信息处理活动侵害个人信息权益，个人信息处理者能够证明自己没有过错的，可以减轻或者免除责任。一些常委委员和地方、部门、专家、企业建议，根据过错推定责任原则确定侵害个人信息权益的损害赔偿责任。宪法和法律委员会经研究，建议根据民法典有关规定，将上述规定修改为：个人信息权益因个人信息处理活动受到侵害，个人信息处理者不能证明自己没有过错的，应当承担损害赔偿等侵权责任。

此外，还对草案作了一些文字修改。

草案二次审议稿已按上述意见作了修改，宪法和法律委员会建议提请本次常委会会议继续审议。

草案二次审议稿和以上汇报是否妥当，请审议。

全国人民代表大会宪法和法律委员会

2021 年 4 月 26 日

全国人民代表大会宪法和法律委员会关于《中华人民共和国个人信息保护法（草案）》审议结果的报告

全国人民代表大会常务委员会：

常委会第二十八次会议对个人信息保护法草案进行了二次审议。会后，法制工作委员会在中国人大网全文公布草案征求社会公众意见。宪法和法律委员会、法制工作委员会召开座谈会，分别听取有关专家、企业和法院系统的意见；就草案的有关问题与有关方面交换意见，共同研究。宪法和法律委员会于7月14日召开会议，根据7月9日委员长会议精神、常委会组成人员审议意见和各方面的意见，对草案进行了逐条审议。中央网络安全和信息化委员会办公室有关负责同志列席了会议。7月28日，宪法和法律委员会召开会议，再次进行了审议。宪法和法律委员会认为，为加强个人信息保护，维护人民群众在网络空间的合法权益，并促进信息合理利用，制定本法是必要的，草案经过两次审议修改，已经比较成熟。同时，提出以下主要修改意见：

一、有的常委委员和社会公众、专家提出，我国宪法规定，国家尊重和保障人权；公民的人格尊严不受侵犯；公民的通信自由和通信秘密受法律保护。制定实施本法对于保障公民的人格尊严和其他权益具有重要意义，建议在草案二次审议稿第一条中增加规定“根据宪法”制定本法。宪法和法律委员会经研究，赞同上述意见，建议予以采纳。

二、一些常委会组成人员和地方、部门、社会公众建议，进一步完善个人信息处理规则，特别是对应用程序（App）过度收集个人信息、大数据杀熟以及非法买卖、泄露个人信息等作出有针对性规范。宪法和法律委员会经研究，建议对草案二次审议稿作以下修改：一是进一步明确处理个人信息应当遵循合法、正当、必要原则。二是将第六条修改为：处理个人信息应当具有明确、合理的目的，并应当与处理目的直接相关，采取对个人权益影响最小的方式。收集个人信息，应当限于实现处理目的的最小范围。三是增加规定，任何组织、个人不得非法收集、使用、加工、传输他人个人信息，不得非法买卖、提供或者公开他人个人信息。四是增加规定，利用个人信息进行自动化决策，不得对个人在交易价格等交易条件上实行不合理的差别待遇。五是增加规定，履行个人信息保护职责的部门应当组织对应用程序等个人信息保护情况进行测评、公布测评结果，对违法处理个人信息的应用程序，责令暂停或者终止提供服务。

三、有的常委委员和企业、专家提出，现实中有关企业、单位在人力资源管理工作中需要处理个人信息，建议在草案中将此类情况作为允许收集和处理个人信息的情形。宪法和法律委员会经研究，建议采纳上述意见，在草案二次审议稿第十三条中增加相应规定。

四、一些常委会组成人员和地方、部门、企业、专家建议，进一步做好草案有关条款与民法典有关规定的衔接。宪法和法律委员会经研究，建议对草案二次审议稿作以下修改：一是将第二十八条修改为，个人信息处理者可以在合理的范围内处理已合法公开的个人信息，个人明确拒绝的除外；对个人权益有重大影响的，应当取得个人同意。二是将第五十六条中的“个人信息泄露”修改为“个人信息泄露、篡改、丢失”。

五、有些常委会组成人员建议，将未成年人个人信息作为敏感个人信息予以严格保护。宪法和法律委员会经研究，建议明确将不满十四周岁未成年人的个人信息作为敏感个人信息，并要求个人信息处理者对此制定专门的个人信息处理规则。

六、有的常委委员和部门、专家提出，按照我国缔结或者参加的经贸合作等国际条约，可以向境外提供个人信息，草案中应当考虑规定这种情形，同时，也需要规定，对转移到境外的个人信息的保护，不应低于我国的保护标准。宪法和法律委员会经研究，建议增加规定：中华人民共和国缔结或者参加的国际条约、协定对向境外提供个人信息的条件等有规定的，可以按照其规定执行；个人信息处理者应当采取必要措施，保障境外接收方处理个人信息的活动达到本法规定的个人信息保护标准。

七、有的常委委员和社会公众、部门、专家提出，为方便个人获取并转移其个人信息，建议借鉴有关国家和地区的立法，增加个人信息可携带权的规定。宪法和法律委员会经研究，建议增加规定：个人请求将其个人信息转移至其指定的个人信息处理者，符合国家网信部门规定条件的，个人信息处理者应当提供转移的途径。

八、草案二次审议稿第四十九条对死者个人信息的保护作了规定。有的常委委员和专家提出，死者的近亲属行使相关权利应当有合理的理由，并尊重死者生前的安排，建议对上述规定再作研究。宪法和法律委员会经研究，建议将这一条修改为：自然人死亡的，其近亲属为了自身的合法、正当利益，可以对死者的个人信息行使本章规定的查阅、复制、更正、删除等权利；死者生前另有安排的除外。

九、有的部门、专家提出，大型互联网企业制定有关个人信息保护的平台规则时，应当公平合理地对待平台内经营者。有的常委委员和企业、专家提出，对处理信息数量少、处理活动简单的小型个人信息处理者，应适当减轻其合规成本。宪法和法律委员会经研究，建议对草案二次审议稿作以下修改：一是增加规定，大型互联网企业应当遵循公开、公平、公正的原则，制定有关个人信息保护的平台规则；二是授权国家网信部门针对小型个人信息处理者制定相关规则。

十、有的常委委员和部门、社会公众提出，有关部门应完善个人信息保护投诉、举报机制，并在案件查处方面加强协同配合。宪法和法律委员会经研究，建议在草案二次审议稿中增加以下规定：一是国家网信部门统筹协调有关部门完善个人信息保护投诉、举报工作机制。二是履行个人信息保护职责的部门发现违法处理个人信息涉嫌犯罪的，应当及时移送公安机关依法处理；对有关责任人员可以决定禁止其在一定期限内担任相关企业的董事、监事、高级管理人员和个人信息保护负责人等职务。

此外，还对草案二次审议稿作了一些文字修改。

7 月 28 日，法制工作委员会召开会议，邀请部分全国人大代表、专家学者以及基层立法联系点、地方有关部门、企业等方面的代表，就草案中主要制度规范的可行性、法律出台时机、法律实施的社会效果和可能出现的问题等进行评估。普遍认为，草案适应我国信息化发展需要，聚集人民群众重大关切，深入总结现行法律实施经验，健全完善个人信息保护制度规则，对于维护广大人民群众网络空间合法权益具有重要意义。草案内容全面、系统，针对性和可操作性较强，并具有一定的包容性、前瞻性，建议尽快通过实施。与会人员还对草案提出了一些具体修改意见，有的意见已经采纳。

草案三次审议稿已按上述意见作了修改，宪法和法律委员会建议提请本次常委会会议审议通过。

草案三次审议稿和以上报告是否妥当，请审议。

全国人民代表大会宪法和法律委员会
2021 年 8 月 17 日

全国人民代表大会宪法和法律委员会关于《中华人民共和国个人信息保护法（草案三次审议稿）》修改意见的报告

全国人民代表大会常务委员会：

本次常委会会议于8月17日下午对个人信息保护法草案三次审议稿进行了分组审议。普遍认为，草案已经比较成熟，建议进一步修改后，提请本次常委会会议表决通过。同时，有些常委会组成人员和列席人员还提出了一些修改意见和建议。宪法和法律委员会于8月17日晚召开会议，逐条研究了常委会组成人员的审议意见，对草案进行了审议。宪法和法律委员会认为，草案是可行的，同时，提出以下修改意见：

一、一些常委委员建议，根据最小必要原则，在草案已有规定的基础上，进一步强调不得过度收集个人信息。宪法和法律委员会经研究，建议采纳上述意见，在草案三次审议稿第六条中增加相应规定。

二、有的常委委员建议，对草案三次审议稿中关于为人力资源管理所必需处理个人信息的规定作出必要限制。宪法和法律委员会经研究，建议将草案有关规定修改为：按照依法制定的劳动规章制度和依法签订的集体合同实施人力资源管理所必需。

三、有的常委委员提出，应当要求个人信息处理者提供便捷的途径，并明确个人向人民法院起诉寻求救济的权利，以更好保障个人行使个人信息查询、复制等权利。宪法和法律委员会经研究，建议在草案三次审议稿第五十条中增加以下规定：一是个人信息处理者应当建立“便捷的”个人行使权利的申请受理和处理机制；二是个人信息处理者拒绝个人行使权利的请求的，个人可以依法向人民法院提起诉讼。

四、有的常委委员提出，应当要求大型互联网平台建立个人信息保护合规体系，加强内部合规管理。宪法和法律委员会经研究，建议在草案三次审议稿第五十八条中增加规定，大型互联网平台应当“按照国家规定建立健全个人信息保护合规制度体系”。

五、有关部门提出，为减少网络身份认证中对个人信息的过度采集，有关方面遵循自愿原则正在试点应用网络身份认证公共服务，建议在草案中增加相应规定。宪法和法律委员会经研究，建议在草案三次审议稿第六十二条中增加规定，国家网信部门统筹协调有关部门“推进网络身份认证公共服务建设”。

六、中国消费者协会建议，与消费者权益保护法有关规定相衔接，在本法中明确法律规定的消费者组织可以对违法处理个人信息侵害众多个人权益的行为提起诉讼。宪法和法律委员会经研究，建议采纳上述意见，在草案三次审议稿第七十条中增加相应规定。

经与有关部门研究，建议将本法的施行时间确定为2021年11月1日。

此外，根据常委会组成人员的审议意见，还对草案三次审议稿作了一些文字修改。

草案修改稿已按上述意见作了修改，宪法和法律委员会建议本次常委会会议审议通过。

草案修改稿和以上报告是否妥当，请审议。

全国人民代表大会宪法和法律委员会
2021年8月19日

附录二

国外关于个人信息保护基本原则的规定

个人信息保护基本原则是规范收集、处理个人信息行为的核心规则，是个人信息保护法律制度的主要内容之一。现将一些国际组织、国家和地区的个人信息保护基本原则梳理介绍如下：

一、经济合作与发展组织（OECD）

1980 年，OECD 制定了《隐私保护和个人数据[①]跨境流动指南》，在个人信息的收集、处理方面提出了八项原则：

1. 收集限制原则。个人信息的收集应受到限制，任何此类信息的获得都应该通过合法和公正的方式，在适当的情况下应经过信息主体的默示或明示同意。

2. 信息质量原则。个人信息应与使用目的相关，为实现使用目的个人信息应准确、完整并保持最新状态。

3. 目的明确原则。收集个人信息前应当详细列明目的，随后的使用应限于实现这些目的，或者那些与前述目的并不矛盾的目的和每次更改后确定的目的。

4. 使用限制原则。除非获得信息主体的同意或者法律授权，个人信息不应被公开、被他人获取或在列明目的之外使用。

5. 安全保护原则。个人信息应受到合理的安全保护，以防止丢失或未经授权的访问、损毁、使用、修改或泄露等风险。

6. 公开原则。个人信息的开发、应用和规则等一般政策应当公开；应提供可行的方式以确定个人信息的存在、性质、使用目的，以及信息控制者的身份和住所。

7. 个人参与原则。个人有权从信息控制者处确认其是否持有本人的信息；

① “个人信息”“个人数据”的表述在不同国家、地区和国际组织的立法和文件中均有使用，为方便阅读，在此统一为“个人信息”，下同。

信息控制者应在合理期限内以适当的方式和易理解的形式告知个人与其相关的信息（如收费，费用不应过高）；如果请求被拒绝，个人有权获知理由并提出异议；个人有权对与本人相关的信息提出异议，如果异议成立可要求对信息进行删除、补充或修改。

8. 责任原则。信息控制者有责任遵守上述原则并采取相应的措施。

该指南是国际上第一个就个人信息保护达成共识的文件，被之后许多国家的立法借鉴采用。2013 年，OECD 对指南进行了修订，但对八项原则未作调整。

二、欧盟

欧洲是最早对个人信息保护进行立法的地区。1970 年，德国黑森州率先对政府机关收集、处理个人信息的活动进行立法，此后瑞典、联邦德国、奥地利、丹麦、法国、挪威等国家也相应制定了个人信息保护相关法律。欧盟在相关国家立法的基础上于 1995 年颁布了《关于涉及个人数据处理的保护以及此类数据自由流通的指令》（95/46/EC），确立了正当合法、目的特定、最小必要、信息准确、存储限制、责任等六项原则，建立了欧盟范围内的个人信息保护框架。2016 年，欧盟制定了《通用数据保护条例》，并于 2018 年 5 月正式实施以取代 1995 年指令，成为欧盟各成员国统一适用的法律规则。条例在继承 1995 年指令的基础上规定了处理个人信息应遵循七项原则：

1. 应以合法、公正、透明的方式处理个人信息。

2. 应基于特定、明确、合法的目的收集个人信息，且不得采取与该目的相悖的方式进行处理。为公共利益、科学或历史研究、统计目的进一步处理个人信息不视为与最初目的相悖。

3. 应在处理目的必要范围内处理充分的、相关的个人信息。

4. 应采取合理措施保持个人信息的准确、完整和适时更新，并确保错误信息可被及时删除或更正。

5. 以可识别信息主体的形式存储个人信息不得超出实现处理目的所需的时间，为公共利益、科学或历史研究、统计目的可存储更长时间。

6. 应以适当、安全的方式处理个人信息，包括采取技术和管理措施防止个人信息遭未经授权或非法的处理、意外遗失、灭失或损毁。

7. 信息控制者应负责上述原则的落实并予以证明。

同时，条例还根据以上原则制定了具体规则：

1. 合法处理的情形包括：信息主体同意以特定目的处理其个人信息，16 周岁以下儿童需征得其父母同意；为履行合同或依信息主体请求；信息控制者为履行法定义务；为保护信息主体或其他自然人的重要权利；为实现公共利益或履行法律赋予的职权；在不超越信息主体基本权利和自由的前提下为保障信息控制者或第三方的合法利益。

2. 同意规则：要求“同意”应是信息主体自愿作出的明确、知情且清晰的意思表示；信息控制者对信息主体的同意负有证明责任；如果同意是以书面声明的方式作出且声明还包括其他事项，则同意事项应以易于理解且与其他事项能够显著区别的形式呈现，否则声明不具约束力；信息主体可随时撤回同意，并应在作出同意前被告知此项权利，撤回同意与作出同意应同样容易；评估信息主体的同意是否基于自由意志作出，特别是合同的履行是以信息主体的同意为前提条件，但该信息处理行为并非履行合同所必需。

3. 信息主体的权利包括：访问和知情权，信息主体能够访问其信息并获得副本，以及信息控制者身份信息、信息种类、处理目的及其合法基础、收集依据及不提供的法律后果、信息来源、存储期限、信息主体享有的权利、信息是否用于自动化决策分析机制及该机制的决策逻辑、信息是否被披露给其他接收者（包括第三国和国际组织）等；更正权，信息主体有权要求信息控制者及时更正不准确的信息；拒绝权，信息主体有权拒绝信息控制者处理其个人信息（除非信息控制者有合法的理由抗辩），并可以随时拒绝以直接营销为目的对其个人信息的处理；限制处理权，在信息准确性存疑需进一步确认、信息处理非法但信息主体反对删除、信息控制者已不需要信息但因信息主体提起诉讼或应诉而保留、信息控制者因反对信息主体行使拒绝权但尚需确认其抗辩理由等情形下，信息主体有权限制信息控制者对其个人信息的处理；删除权（被遗忘权），在信息对处理目的而言已无必要、信息主体撤回同意或行使拒绝权、信息被非法处理、依法应当删除、信息主体是儿童等情形下，信息主体有权要求信息控制者及时删除其个人信息，包括信息控制者已公开披露的信息；信息可携带权，当信息控制者是基于信息主体的同意或合同约定并以自动化方式处理信息时，信息主体有权获取其信息并将这些信息提供给其他信息控制者而不受限制；自主决定权，信息主体有权不受基于自动化决策分析机制而作出的决定的限制，并应保障其要求人为干预以表达观点和质疑的权利。

4. 信息控制者的义务包括：信息控制者在决定和实施信息处理时应以有效的方法实施适当的技术和管理措施，如将匿名化机制和信息最小化机制融入处理中；应确保在默认情形下，处理的信息对特定目的而言是必要的，在无人为介入时无法被不特定的人所访问；应采取的技术和管理措施包括对信息假名化或加密，保持信息系统的完整性、保密性和可用性，发生事故后的恢复能力，定期测试评估措施的有效性等；信息控制者在信息处理前，特别是采用新技术时，应对处理操作方式进行影响评估；信息控制者应记录处理活动的有关信息；信息控制者应在发生信息泄露时通知监管机构和信息主体。

三、亚太经济合作组织（APEC）

2005 年，APEC 在 OECD 指南的基础上制定了隐私框架，提出个人信息保护的九项原则：

1. 防止损害原则。应基于防止个人信息滥用设计个人信息保护制度；此外，具体义务应考虑因滥用个人信息导致的风险，补救措施应与个人信息收集、使用、转移行为产生损害的可能性和严重程度成比例。

2. 告知原则。个人信息控制者应就个人信息方面的应用和政策提供清晰且容易查阅的声明，包括个人信息被收集的事实、收集目的、披露对象的类型、控制者的身份及地址，以及个人查阅、更正其信息和限制其信息被使用或披露的途径和方式；应采取合理可行的措施确保在收集时或收集前已提供上述告知，否则，应在条件具备后尽快提供告知；公开信息的收集和使用可不提供告知。

3. 收集限制原则。应采取合法、正当的方式收集与目的相关的个人信息，并在适当的情况下告知个人或取得其同意。

4. 目的一致原则。除已取得个人同意、为个人提供其要求的产品或服务、法律另有规定的情形外，个人信息的使用应限于与收集目的相一致或相关的范围内。

5. 选择原则。在适当的情况下，应提供清晰的、明显的、易理解且可负担的机制，便于个人对收集、使用、披露其个人信息进行选择；收集公开信息可不提供此类机制。

6. 完整性原则。为达到必要的使用目的，个人信息应准确、完整并及时更新。

7. 安全保护原则。个人信息控制者应采取适当的安全措施防止发生诸如丢失或未经授权的访问、损毁、使用、修改或泄露、滥用等风险；所采取的安全措施应与损害发生的概率和严重程度、信息的敏感程度和保存环境相适应，并对保护措施进行定期审查和评估。

8. 查阅和更正原则。个人可从个人信息控制者处确认其是否持有本人的个人信息，在提供充分身份证明后可在合理期限内、以适当的费用（如收费）、合理的方式和易理解的形式获取有关其个人信息的通知，可以对信息的准确性提出异议并在适当的情况下更正、补充或删除其信息；个人信息控制者应提供查阅和更正的机会，但如果存在提供查阅的成本明显不合理或与个人隐私受侵害的风险不成比例、法律另有规定或为保护商业秘密、可能会侵害他人隐私等情形，可以拒绝提供但应说明理由，个人可对该拒绝提出异议。

9. 责任原则。个人信息控制者应确保上述原则得以实施。向第三方转移个人信息应取得个人同意并确保第三方能够采取与本框架相一致的保护措施。

四、国际标准化组织

国际标准化组织（ISO）和国际电工委员会（IEC）于2011年联合发布的《ISO29100隐私框架》，提出十一项处理个人可识别信息的原则：

1. 同意和选择原则。应向信息主体提供是否允许处理其可识别信息的选择机制，收集或处理敏感可识别信息应获得信息主体的明示同意，在获得信息主体同意前应告知其享有的权利，应向信息主体解释其同意或拒绝的含义，应给予信息主体选择如何处理其信息的机会并允许无条件撤回同意。

2. 目的合法和特定原则。确保信息使用目的符合法律并具有可接受的法律基础，在收集信息或第一次用于新的目的时应告知信息主体使用目的。

3. 收集限制原则。个人可识别信息的收集应限定在法律允许和特定目的的真实、必要范围内。

4. 信息最小化原则。最大限度减少所处理的个人可识别信息的范围和隐私利益相关者的数量，确保“必要知道”原则的采用，使用或提供默认选项尽可能在不涉及识别信息主体身份的活动和交易中减少对其行为的可观测性和个人信息的可链接性，目的一经实现应将可识别信息予以删除。

5. 使用、存储和披露限制原则。应限制个人可识别信息的使用、存储和披露，使用应限制在收集目的限定的范围内，保存仅限于实现目的的时限，目的达成后应封存、销毁或匿名化相关信息以避免进一步处理。

6. 准确和质量原则。确保个人可识别信息对使用目的而言是准确、完整、最新、充分和相关的，在处理前应确认从其他来源收集的个人可识别信息的可靠性，对个人可识别信息作出任何改变前应以适当的方法确认信息主体提出的要求的有效性和准确性，制定相应程序确保个人可识别信息的质量并建立监测机制定期进行检查。

7. 公开、透明和通知原则。信息控制者以清晰和易懂的方式向信息主体提供有关信息处理的政策、程序和规则，应向信息主体告知本人的信息是否被收集、收集的目的、披露给第三方的信息类型、控制者的身份以及访问、更正、删除本人信息的方式，当处理程序有重大变化时应提示信息主体。

8. 个人参与和访问原则。应使身份经过验证的信息主体能够访问和审核其信息，允许信息主体对其信息的准确性和完整性提出异议并尽可能给予修改、更正、清除的机会，可以要求信息处理者和已获取信息的第三方修改、更正、清除其信息，制定能够使信息主体简单、快速、高效行使其权利的程序。

9. 责任原则。应对与隐私相关的政策、程序和应用进行记录和沟通，建立有效的内部投诉和解决机制，告知信息主体可能导致隐私泄露的情形及解决措施，根据法律要求和风险程度向隐私利益相关者告知隐私泄露，当隐私泄露时允许受侵害的信息主体获得救济，在隐私无法恢复到受侵害前的情况下应启动赔偿程序。

10. 信息安全原则。信息控制者应使个人可识别信息处于控制下，在运营、系统设计和策略三个层面采取适当措施确保信息的完整性、保密性和可用性，在全生命周期中防止未经授权的访问、损毁、使用、修改、披露、丢失等风险。

11. 隐私合规原则。定期进行审计以确认和证明信息的处理符合信息保护和隐私安全的要求，建立适当的内部控制和独立监督机制，对信息处理的系统设计和服务提供过程是否符合信息保护和隐私安全的要求进行风险评估。

五、美国

1973 年，美国健康教育和福利部《记录、计算机与公民权利》的报告中提出“公平信息实践”五项原则：

1. 不允许存在秘密的个人信息记录系统。

2. 个人应有渠道获知其哪些信息被记录及如何被使用。

3. 个人应有渠道防止为特定目的采集的个人信息未经其同意用于其他目的。

4. 个人应有渠道发现和更正其个人信息。

5. 个人信息处理机构须确保信息用于特定目的的可靠性，并采取合理措施预防信息的不当使用。

这五项原则成为美国相关立法的基础：

1. 《隐私法》要求联邦机构收集个人信息时，仅可收集与任务目的相关且必要的信息，并保证信息的准确性与安全性；除执法和保护个人健康和安全外，禁止在没有个人书面同意的情况下披露包含个人信息的政府记录；个人有权知道联邦机构是否保存有其本人的记录，并可要求查看并复制，对不准确的记录可要求修改或删除。

2. 《金融服务现代化法》要求金融机构需向用户告知其隐私政策；金融机构如向非关联机构分享用户信息需履行告知义务，明示哪些信息将向谁披露，并向用户说明如何行使退出权。

3. 《健康保险携带和责任法》及其相关隐私保护规则，对医疗服务提供者使用、披露相关健康信息是需得到信息主体的书面授权，还是仅需提供同意或反对的机会，以及无须通知的不同情形作出了规定；同时要求将相关健康信息限定于最小必要的范围，并确保电子版健康信息的保密性、完整性和可用性，防止可预见的风险，保证员工遵守安全保护规则。

4. 《儿童在线隐私保护法》要求网站收集、使用 13 岁以下儿童的任何信息，需征得其父母的同意。

六、俄罗斯

俄罗斯于 2006 年制定的《联邦个人数据法》规定了五项原则：

1. 个人信息处理的目的和方式应合法且善意。

2. 处理目的应符合事先确定的和在收集个人信息时声明的目的以及处理者的权限。

3. 所处理的个人信息的范围、性质及处理方式应符合处理目的。

4. 个人信息对处理目的而言是准确、充分的，禁止对处理目的之外的个人信息进行处理。

5. 禁止将为不同目的而建立的个人信息系统信息库相关联。

同时，该法也对具体规则作出了规定：

1. 同意规则：处理者在征得信息主体同意后可处理个人信息；无须征得同意的情形包括：依据法律授权，为履行合同，为统计或其他科学目的处理不具识别性的个人信息，为保护信息主体的生命健康等重大利益，为邮政机构递送信件或通信运营者与用户进行电子结算，在不损害信息主体权利的前提下为实现新闻、科学、文化等目的，依法应公开的公职人员信息。

2. 敏感信息的处理限制：处理生物识别信息需取得信息主体的书面同意，但为执行法院判决或根据相关法律的规定，可不经信息主体的同意；原则上不允许处理涉及种族、民族、政治观点、宗教、信仰、健康状况、私生活等特殊种类的个人信息，但下列情形例外：取得信息主体的书面同意，个人信息已成为公开信息，为保护信息主体生命健康等切身利益必须处理其健康信息，医务人员为提供医疗服务，社会团体或宗教组织依法处理其成员个人信息（但未经书面同意不得传播），为司法审判，依据联邦安全、搜救、刑事等方面法律处理个人信息。

3. 公开信息：可以建立个人信息的公开来源（包括指南、地址簿），在取得信息主体同意后，可记录其姓名、父称、出生年和地点、地址、职业信息及信息主体提供的其他信息；依据信息主体的要求或法院、授权机关的决定，可随时从公开来源中删除信息主体的信息。

4. 信息主体的权利：信息主体有权获取有关处理者及其地址等信息、有权从处理者处确认是否存有其个人信息并知悉其个人信息；如果个人信息是不完整、过时、不准确、非法取得的或者不是声明的处理目的所必需的，信息主体有权要求予以详细说明，并有权要求中止处理或者销毁其个人信息，以及有权采取法律措施保护自己的权利；信息主体有权获得处理的有关信息，包括：个人信息被处理的事实及处理的目的、处理的方式、接触或可能接触本人个人信息的人、所处理的个人信息的清单及其来源、处理和保管的期限、个人信息的处理可能会对信息主体产生的法律后果；以推广商品、工作、服务为目的通过电信手段与潜在消费者进行直接联系，或为政治宣传目的而处理个人信息，须经信息主体事先同意，且处理者有义务按照信息主体的要求立即停止处理；禁止仅依据自动化处理作出对信息主体产生法律后果或者以其他方式作出涉及其权利和合法利益的决定，除非取得信息主体的书面同意或依据法律规定保障信息主体的权利和合法利益，处理者须向信息主体阐明作出上述决定的方式、可能的法律后果及保护其权利和合法利益的方式，并提供声明反对的机会。

5. 处理者的责任：处理者和可以接近个人信息的第三方应保护个人信息的秘密性，除非个人信息已不具备可识别特征或个人信息已成为公开信息；处理者应对信息主体的同意进行证明，或证明其处理的信息是公开信息；处理者有义务采取必要的管理和技术措施，包括使用密码（加密）手段，保护个人信息免受非法或意外的接近、销毁、修改、中止处理、复制、传播及其他非法行为；遵守联邦政府对个人信息处理的安全要求，以及生物识别信息载体和信息系统以外的个人信息的保管技术要求；向信息主体提供了解其个人信息的机会；按照信息主体或保护机关的要求，对不完整、过时、不准确、非法取得及处理目的以外的信息进行修改、销毁、中止处理或消除违法行为的损害；当处理目的达成后应停止处理并销毁信息；处理个人信息前向保护机关通告其处理目的。

七、韩国

韩国 2011 年制定的《个人信息保护法》规定了八项原则：

1. 目的应明确，并为达成必要目的合法正当收集最小限度的个人信息。

2. 应在实现目的必要适当范围内处理个人信息，不得另作它用。

3. 应确保个人信息的准确性、完整性和及时性。

4. 应安全处理个人信息，防止信息主体的权利被侵犯。

5. 应公开个人信息处理的相关事项，包括但不限于处理政策、信息主体的权利。

6. 应尽可能以对信息主体隐私侵害最小化的方式处理个人信息。

7. 应确保在任何可能的情况下对个人信息匿名化处理。

8. 应努力履行法定责任和义务，获得信息主体的信任。

同时，该法也对具体规则作出了规定：

1. 收集使用规则：只有在取得信息主体同意、法律另有规定或为履行法定义务、公共机构因执行公务、为履行合同、为保障信息主体或第三人的人身和财产权益但无法事先征得同意、个人信息控制者为实现其合理必要的正当权益且已优先考虑过信息主体的权利等情形下，可以收集使用个人信息；处理敏感信息前需取得信息主体的单独同意；收集的个人信息应限于必要、最小的范围，该证明责任由个人信息控制者承担；收集最小限度之外的信息应先告知信息主体有不提供的权利，且不得以此为由拒绝向信息主体提供服务。

2. 告知事项：在取得信息主体同意或向第三方提供个人信息时应告知收集使用目的、信息种类、保存期限、信息的接收者、信息主体有权拒绝及拒绝的不利后果，上述事项如变更也应告知并取得同意；从信息主体以外渠道收集信息时，经信息主体请求应向其告知收集来源、处理目的、信息主体可要求中止处理的权利。

3. 对外提供：只有取得信息主体同意或法律另有规定的情形下，个人信息控制者可将个人信息向第三人提供；个人信息控制者以及从个人信息控制者处获取个人信息的机构和人员，不得超过既定范围使用或向第三人提供个人信息；向位于海外的第三人提供的同样应告知相关事项并取得同意，且不得违反本法达成跨境个人信息传输合同。

4. 信息主体的权利：获取个人信息处理相关信息的权利；选择和决定是否同意处理其个人信息的权利；确认其个人信息是否被处理以及查阅、复制其个人信息的权利；要求暂停处理、更正、删除和销毁个人信息的权利；获取救济的权利。

5. 个人信息控制者的责任：制定内部管理制度，采取技术、管理和物理等必要措施，防止个人信息丢失、被盗、泄露、篡改或毁损；制定个人信息处理政策，并以信息主体可阅览的方式公开；指定专人承担个人信息处理相关职责；除法律规定需要保存的情形外，当个人信息持有到期或达到处理目的后，应立即销毁个人信息，并采取措施避免个人信息被恢复或再利用。

八、日本

日本于2003年制定了《个人信息保护法》，并于2015年进行了修订，对个人信息的收集处理规则作出了规定：

1. 收集规则：商业经营者不得通过欺骗或其他误导手段获取个人信息；应尽可能特定化其使用目的，如需变更使用目的应与之前的目的相关联且不超出合理范畴；在获取个人信息时应告知个人或向公众披露使用目的，如变更使用目的应将变更后的目的告知个人或向公众披露，并对无须告知的例外作出了规定。

2. 限制处理和提供：在未取得个人同意的情况下不得超出使用目的处理个人信息和向第三方提供个人信息；在未取得个人同意前不得获取和向第三方提供种族、信仰、病史、犯罪记录等敏感信息；商业经营者由于并购或其他原因继承其他商业经营者的个人信息，在未取得个人同意前不得超出继承前的使用目的处理个人信息。

3. 匿名化处理：匿名化处理个人信息时应依据个人信息保护委员会规定的标准，使其无法识别特定个人及被恢复，采取安全措施防止已删除的个人信息、个人识别码及处理方法的泄露；处理和向第三方提供匿名信息时应进行公示并向第三方声明该信息为匿名化处理后的信息，处理匿名信息时不得与其他信息对照进行再次识别。

4. 个人权利：个人可以要求商业经营者提供留存的其个人可识别信息，商业经营者收到请求后除特殊情形外应立即提供，如果决定不予提供或信息不存在时应立即通知个人并说明理由；个人要求商业经营者修改、增加或删除不准确的信息时，除法律另有规定外，商业经营者应立即进行必要调查，并将修正或不予修正的结果告知个人；个人有权以违法为由要求商业经营者中止使用、删除或停止向第三方提供个人信息，如果请求理由正当，商业经营者应立即采取相应措施并告知个人，如决定不予采取措施应向个人说明理由。

5. 商业经营者的责任：商业经营者应尽量保证个人信息的准确性和及时性，并删除不再使用的个人信息；应采取必要和适当的措施防止个人信息的泄露、丢失或损毁，对其雇员实施必要和适当的监督；委托他人处理个人信息，应对受托人实施必要和适当的监督；向第三方提供个人信息时应记录提供的日期、第三方的名称等信息并按规定的期限保存记录；从第三方接收个人信息时应对第三方的名称、地址以及第三方获取个人信息的有关情形进行确认。

九、新加坡

新加坡于2012年制定的《个人信息保护法》对个人信息的收集使用规则等作出了规定：机构收集、使用、披露个人信息前应获得个人的同意，或者个人的行为依法可视作同意；视作同意的情形包括个人为特定目的自愿向机构提供、个人对其提供个人信息的目的是明知且明确的、个人提供信息的情形是合理的；机构收集、使用、披露个人信息必须出于合理的目的，且限于已告知个人的目的；机构应当在收集、使用、披露个人信息前将目的告知个人；当收集目的已达成或留存已不符合法律规定、商业目的时，机构应当删除个人信息，或取消个人信息与特定个人之间的关联；机构应当采取措施确保其收集的个人信息的准确性和完整性；除法律另有规定外，机构应根据法定情形或个人要求在尽可能合理的范围内向个人提供其控制的个人信息；个人可以要求机构对错误、遗漏的信息进行修正；机构应当制定和实施法定义务所要求的政策和措施，公开有关政策、措施、投诉等信息。此外，《个人信息保护法》还通过附表的形式，对无须同意即可收集、使用、披露个人信息的情形作出了规定。

境外立法关于个人信息定义的规定

从一些国家和地区的个人信息保护立法看，在定义中可能使用“个人信息”“个人数据”“个人资料”等多种表述，其基本含义是指与特定自然人相关的各种信息。现将有关情况简介如下：

一、欧盟《通用数据保护条例》

个人数据是指任何与已识别或可识别的自然人相关的信息；可识别的自然人是指可以通过相关信息直接或间接识别的自然人，这些据以识别的信息主要包括姓名、身份证号、地理位置、在线身份标识，或身体、生理、遗传、心理、经济、文化、社会身份等。

特殊类型个人数据（敏感数据）包括：能够揭示种族或民族、政治观点、宗教或哲学信仰、工会身份、基因、生物识别特征、健康、性生活或性取向等的数据。

二、美国《加州消费者隐私法案》

个人信息指直接或间接地识别、关系、描述、能够关联或可合理地链接到特定消费者或家庭的信息，包括但不限于：（1）姓名、别名、邮政地址、唯一个人标识符、在线标识符、互联网协议地址、电子邮箱地址、账户名称、社会安全号码、驾驶证号码、护照号码的标识符或其他类似标识符，以及加州民法典第1798.80节（e）条规定的个人信息。（2）加州或联邦法律下受保护的个人分类特征。（3）商业信息，包括购买、获得或意向购买的财产、产品、服务或其他消费的记录。（4）生物信息，即个人的生理、生物或行为特征，包括基因、虹膜、视网膜、指纹、脸部、手掌、静脉图案和声纹图像等数据，以及可识别个人的步态节奏、睡眠、健康、运动数据。（5）网络活动信息，包括浏览历史、搜索历史以及与网站、应用程序或广告的交互信息等数据。（6）地理位置数据。（7）音频、电子、视觉、热量、嗅觉或类似信息。（8）专业或就业相关信息。（9）家庭教育权利和隐私法案中所定义的非公开的个人可识别信息。（10）从已识别的任何信息中得出的推论，并可以用于创建反映消费者偏好、特征、心理倾向、行为、态度、智力、能力和资质的画像。个人信息不包括公开可用的信息和去标识化的消费者信息或信息集合。

三、英国《1998年个人数据保护法》

个人数据是指与自然人相关的，可以单独或与其他由数据控制者占有的数据组合后识别特定自然人的数据，以及数据控制者或其他主体对特定自然人的看法或评价。

个人敏感数据包括：涉及种族或民族、政治观点、宗教信仰或具有相同性质的其他信仰、工会身份、身体或精神健康状况、性生活、犯罪及涉及犯罪的指控和诉讼的相关数据。

四、德国《联邦个人数据保护法》

个人数据是指与已识别、可识别的自然人（数据主体）的客观情况相关的数据。

个人敏感数据包括：涉及种族或族裔、政治见解、宗教或哲学信仰、工会身份、健康或者性生活的任何个人数据。

五、俄罗斯《联邦个人数据法》

个人数据是指任何直接或间接属于特定的或可识别的自然人（个人数据主体）的信息。

特殊类型的个人数据（敏感数据）包括：涉及种族、民族、政治观点、宗教信仰或者哲学信仰、健康状况、私生活的数据。

六、巴西《通用数据保护法》

个人数据是指与已识别或可识别的自然人有关的信息。

个人敏感数据包括：涉及种族或族裔、宗教信仰、政治观点、工会或宗教、哲学或政治组织成员身份的数据，与自然人有关的健康或性生活、基因或生物数据。

七、日本《个人信息保护法》

个人信息包括：（1）可以单独或与其他信息对照后识别特定个人的信息，包括姓名、出生年月日或其他个人信息中包含的表述。（2）个人标识符，包括以电子方式记录的可以识别特定个人的特征信息，以及能够识别出服务的使用者或货物的购买者的相关标志、卡片或其他文件。

需要注意的个人信息（敏感个人信息）是指，法律规定可能引发针对个人的歧视、偏见等需要在处理上予以特殊注意的个人信息，包括：种族、信仰、社会身份、病历、犯罪记录、因犯罪被害的事实等。

八、韩国《个人信息保护法》

个人信息是指与自然人相关的，可以通过姓名、居民身份证号码及影像等对个人进行识别的信息（包含与其他信息结合后即可识别个人的信息）。

敏感信息包括：涉及信仰、工会身份、政党身份、政治观点、健康、性生活等的信息，以及其他由总统令规定的可能会明显侵害个人私生活的个人信息。

九、印度《个人数据保护法案草案》

个人数据是指与可直接或间接识别的自然人相关的数据，包括线上和线下涉及自然人的身份、特点、属性等特征，这些特征的组合或这些特征与其他信息的组合，以及从上述数据中得出的任何用于分析或预测数据主体行为、属性或者兴趣的推论（数据画像）。

个人敏感数据是指揭示、关联或构成下列数据的个人数据：财务数据、健康数据、官方标识符、性生活、性取向、生物数据、基因数据、跨性别身份、双性人身份、种姓或部落、宗教或政治信仰，以及中央政府、数据保护局及有关监管部门协商确定的其他敏感数据。

十、新加坡《个人数据保护法》

个人数据是指不论真实与否，可以直接或与有关组织和个人获取的其他信息结合后识别出特定自然人的数据。

十一、中国香港特别行政区《个人资料（私隐）条例》

个人资料是指能够直接或间接识别个人身份并与自然人相关的，且能够实际查询或处理的资料。

十二、中国澳门特别行政区《个人资料保护法》

个人资料是指与某个身份已确定或可确定的自然人（数据当事人）相关的任何性质或载体形式的信息，包括声音和影像，尤其是特定的识别编码，以及身体、生理、心理、经济、文化或社会身份等相关信息。

敏感数据包括：涉及世界观、政治和宗教信仰、政治社团和工会关系、私人生活、种族或民族起源，以及包括基因在内的与健康和性生活相关的各类数据。

一些国家和地区死者个人信息保护的规定

关于死者个人信息保护问题，一些国家和地区的立法在个人信息定义或法律适用范围中明确排除了死者个人信息，如英国《数据保护法》规定，个人信息是指与可直接或间接识别的活着的人有关的信息。一些国家和地区对死者个人信息的查询、复制、删除等权利的行使作出了规定；有的还规定了死者个人信息的保护期限。还有一些国家和地区在有关专门立法中对特定种类的死者个人信息保护作出了规定，如死者生前的医疗健康信息、纳税信息以及政府部门掌握的死者个人信息等。

一、欧盟及其成员国

欧盟《通用数据保护条例》在引言中明确该条例不适用于死者的个人信息，同时授权成员国可就死者个人信息的处理另行作出规定。法国、意大利、西班牙、匈牙利等国在本国立法中规定了死者个人信息的处理规则。

1. 法国。根据法国《数据保护法》，个人可以在生前指定死后管理其个人信息的代理人，也可以就死后个人信息的查询、更正和删除等事宜向个人信息处理者作出指示。个人信息处理者依据指示处理死者个人信息的，视为获得了同意，但不得在一般服务条款中要求预先放弃死后个人信息相关权利。如个人生前没有作出指示或指定代理人，其继承人有权行使查询、复制、更正和拒绝处理等权利。

法国《数据保护法》还规定，网络服务提供商有义务向用户告知其死后个人信息的处理方式，用户有权要求提供商在其死后将个人信息转移给指定的接收方。

2. 意大利。根据意大利《隐私法》，通用数据保护条例规定的查询权、更正权、删除权、限制处理权、可携带权和自动化处理异议权等权利可以由死者生前指定的代理人、与死者个人信息有直接利害关系的主体、因家庭原因需保护死者个人信息的主体行使，但不包括法律明确禁止的、死者生前书面声明禁止的主体，死者的声明不得妨碍他人的继承权或诉讼权利。

3. 西班牙。根据西班牙《数据保护法》，以下主体有权查询、删除或更正死者的个人信息：（1）死者的亲属、法定继承人或遗嘱执行人等；（2）死者生前指定的代理人；（3）未成年人或无民事行为能力人的监护人或相关政府部门。

4. 匈牙利。根据匈牙利《电子信息自由法》，死者死后5年内，《通用数据保护条例》规定的个人信息相关权利可以由死者生前指定的代理人行使，指定代理人应当经过公证或以书面方式通知个人信息处理者；死者生前未指定代理人的，由死者近亲属行使相关权利。

二、美国

美国《健康保险携带与责任法》《经济与临床健康信息技术法》对死者健康信息的管理作出了规定：在死者死后的50年内，死者的代理人或遗嘱执行人有权查询、授权使用或披露姓名、地址、生物信息、医疗记录、保险信息等在内的死者健康信息。如死者生前没有指定代理人或遗嘱执行人，则根据各州法律规定的遗产继承顺序，由相关继承人行使查询权。此外，医疗机构还可以向死者生前已经知悉相关信息的死者亲属、朋友和照看人员提供死者的健康信息。在死者死后的50年后，医疗机构有权决定死者健康信息的处理方式。

三、加拿大

加拿大一些地方立法规定了公共部门掌握的死者个人信息的管理要求。以阿尔伯塔省《信息自由与隐私保护法》（Freedom of Information and Protection of Privacy Act）为例，个人信息包括与死者有关的信息，公共部门收集、使用死者个人信息应当遵守个人信息保护的相关规则。在死者死亡25年内，死者的遗产管理人有权查询、更正死者个人信息，死者的亲属可以申请查询、更正死者个人信息。死者死亡25年后，公共部门可以决定披露其掌握的死者信息，公共部门为通知不明身份死者的亲属也可以披露其掌握的死者信息。

四、新加坡

根据新加坡《个人数据保护法》，涉及个人数据披露和保护的规定可以适用于死亡10年以内的死者。新加坡个人数据保护委员会对这一规定作了细化：

死者生前指定的代理人或遗嘱执行人作为死者个人信息处理活动的联络人，有权作出或撤销处理死者个人信息的同意，并对泄露或侵犯死者个人信息的处理者提起投诉或诉讼。死者生前未指定代理人及遗嘱执行人，或代理人及遗嘱执行人无法行使权利的，由死者的近亲属行使。

个人信息可携带权制度介绍

2018 年起实施的欧盟《通用数据保护条例》创设了个人信息可携带权制度，赋予个人将其相关个人信息从数据控制者直接传输给其他控制者的权利。之后，新加坡、印度和澳大利亚等国立法相继作出了规定，谷歌等互联网公司采取措施支持个人信息可携带权的实现。现将有关情况简介如下：

一、部分国家和地区关于可携带权的规定

1. 欧盟。欧盟《通用数据保护条例》规定，在基于个人同意和合同关系开展的，以自动化方式进行的个人信息处理活动中，个人有权以结构化且通用的机器可读格式获取其提供给数据控制者的个人信息，以便无障碍地提供给另一个控制者；在技术可行的情况下，个人有权将个人信息直接从一个控制者传输到另一个控制者。

2. 新加坡。新加坡《个人数据保护法草案》规定，针对部分用户自行向经营者提供的个人信息和经营者拥有的用户活动信息，用户有权请求经营者以通用的机器可读格式提供相关信息的副本，并有权要求传输给其他在新加坡设立机构的经营者。

3. 印度。印度《个人数据保护法草案》规定，在以自动化方式进行的个人信息处理活动中，个人有权以结构化且通用的机器可读格式获取其向数据控制者提供的个人信息、控制者在提供产品或服务中产生的信息以及构成用户画像的个人信息等，并有权要求将相关信息传输给其他控制者。数据控制者为履行法定职责或义务开展的数据处理活动，以及提供信息可能导致商业秘密泄露或技术上不可行的除外。

4. 澳大利亚。澳大利亚《消费者数据权利法案》规定，在金融、能源、通信等领域，消费者有权要求经营者提供与自身相关的信息，并有权要求经营者将信息向指定的其他经营者开放。

5. 巴西。巴西《通用数据保护法》规定，在不侵犯商业秘密的前提下，个人有权要求将控制者正在处理的个人信息传输至另一个产品或者服务提供商；基于个人同意或合同关系开展的个人信息处理活动中，个人有权要求控制者以便于后续使用的格式提供其个人信息的完整电子副本。

二、关于可携带权的行使条件

从有关国家和地区上述的法律规定看，可携带权的行使存在较多限制。《通用数据保护条例》要求，可携带权适用的个人信息主要限于直接向个人获取的个人信息，包括个人主动提供的信息，以及在使用相关产品和服务过程中形成的活动信息等，不包括从第三方等其他渠道间接获取的个人信息。适用的处理活动主要是基于个人同意或者合同关系开展的，以自动化方式进行的个人信息处理活动，基于其他情形开展的个人信息处理活动，以及通过手动进行的处理活动，无法主张携带权。新加坡、巴西、印度等国家的立法规定的可携带权的行使条件，与欧盟《通用数据保护条例》规定的条件基本相同。

另外，欧盟还出台了专门的可携带权指南对行使可携带权时个人信息控制者的义务、与他人权利的关系等事项作了说明。一是在个人行使可携带权的过程中，个人信息的提供方和接收方都需要履行对应的个人信息保护义务。对于数据提供方而言，应当采取必要措施，保障按照个人要求的格式和内容对外提供信息，无须向接收方保证数据质量，但不得通过限制数据格式或付费等方式阻碍个人行使权利；提供数据后，数据提供方与个人的权利义务关系不受影响。对于数据接收方而言，将作为新的数据控制者承担法定的个人信息保护义务。二是针对通讯录、银行流水等涉及多个主体的信息，个人行使可携带权时，可能影响他人的合法权益。在这种情况下，如果数据接收方没有处理他人个人信息的合法性基础，则相关信息只能由行使可携带权的个人直接控制，并且只能用于个人或者家庭事务。OECD《隐私保护和个人数据跨境流动指南》还指出，个人行使可携带权不得侵害他人的版权、数据库权利等知识产权，并鼓励个人信息控制者在协助个人行使可携带权时剔除可能侵犯他人权利的数据。

三、关于可携带权的商业实践

可携带权的实现需要统一机器可读的数据格式，且数据提供方与接收方之间需建立转移数据的通道。2018 年以来，部分大型互联网公司为落实欧盟《通用数据保护条例》的要求开展了一些实践。谷歌、微软、苹果、脸书和推特等企业共同建立了一个开源的数据传输工具（Data Transfer Project，DTP），并不断吸收一些中小企业在其运营的产品和服务中部署并协助改善这一工具。数据传输工具为企业提供专门的数据和身份验证适配程序，企业将相关程序与自身的应用程序接口对接后，可以将需转移的数据转换为通用格式，在不同企业间传输。工具本身没有强制设置统一的后台服务器，并在每次数据传输完成后删除相关的授权和传输记录，以保障数据安全，这一数据传输工具为用户在不同的应用之间转移个人信息提供了便捷、可信的途径。目前，仅谷歌一家公司就有 70 多种产品和服务支持用户通过数据传输工具获取和转移照片、邮件记录等个人信息，月均文件传输量可达 200 万条，2019 年文件传输量达到了 2000 亿条。

四、关于可携带权的一些争议

欧盟等国家和地区设立可携带权的考虑主要有两方面：一是赋予个人自由获取和转移个人信息的权利，增强个人对其个人信息的控制权；二是减少大型互联网企业利用市场优势地位对用户的“锁定效应”，改善竞争环境，促使企业提升产品和服务质量。从实施效果看，欧盟在《通用数据保护条例》实施两周年的评估报告中提出，可携带权对于提升消费者福利，改善竞争环境和促进创新等方面起到了明显作用。谷歌在评价数据传输工具的作用时也提出，可携带权的行使不仅为用户提供了便捷高效获取和转移个人信息的方式，帮助用户在更短的时间内选择新的产品服务，还有效打破了新兴企业获取数据的门槛，为激励行业竞争和技术创新提供了良好的环境。

与此同时，一些学者对可携带权制度的引入和实施存在一些争论，一是目前互联网行业的产品和服务种类众多，不同经营者使用的技术系统和数据格式普遍存在差异，可携带权的实施存在较多技术上的困难。二是建立高效安全的信息传输系统需要大量的资金和技术投入，可能加重企业的运营负担。三是可携带的数据中可能涉及多人的信息，存在滥用可携带权导致侵害他人隐私、商业秘密等权利的风险。四是考虑到大型互联网企业在各方面的优势地位，可能主导信息传输工具的开发和数据格式的设定，通过可携带权鼓励市场竞争的作用能否发挥还有待进一步观察。

数据跨境流动制度情况介绍

数据跨境流动是指将个人信息等数据从一个国家或地区传输到另一个国家或地区的行为。随着信息化、全球化程度的不断加深，特别是云计算、物联网等新技术的发展，数据跨境流动成为国际经贸往来、信息交流的重要组成部分。数据跨境流动在促进经济发展的同时，对个人隐私和数据安全保护带来新的威胁和挑战。许多国家和地区制定了限制数据跨境流动的法律或政策。现将主要情况简介如下：

一、有关国家对数据跨境流动的规制

数据流动的限制包括数据必须在本国或地区内存储和处理、数据出境要由监管方进行审查批准、数据需要在本国备份、对数据出境征收出口税等多种限制数据自由跨境流动的措施。

关于数据跨境流动限制有不同的观点。有的观点认为，数据跨境流动限制有违贸易自由精神。一是数据本地化要求企业在当地建立数据中心，但数据中心所需核心设备从国外进口，运行自动化程度高，运行能耗大，对所在国经济拉动和就业促进作用不明显，却加重企业负担。有的甚至提出，限制数据跨境流动是非关税壁垒形式的贸易保护主义。二是数据本地化还导致数据隔离，影响云计算、物联网等新技术的创新和运用，消费者也无法享受到全球范围内的低成本、高质量的信息服务。另外，数据面临的安全威胁包括黑客攻击、内部人泄密等，保护数据安全关键在于提升安全防范技术和完善管理制度等，与数据存储的地理位置没有直接关系。美国等国家出于经济利益等考虑，主张数据自由流动。有的观点认为，无序的数据跨境自由流动会导致数据安全得不到有效保护，给个人隐私和国家安全带来巨大威胁，完全靠市场机制无法解决该问题，需要通过立法在保障数据正常流动的基础上适当限制数据跨境流动。

20 世纪 70 年代开始，有关国家开始关注个人信息相关的隐私保护问题，数据跨境流动限制措施开始逐渐被研究和采用。1974 年瑞典资料调查委员会以英国不具有资料保护法为由禁止向英国转移个人资料。1980 年，经济合作与发展组织制定了《隐私保护和个人数据跨境流动指南》。2013 年“棱镜门事件”后，多国加快建立和完善数据本地化制度。据不完全统计，目前共有 46 个国家和地区采取了数据本地化制度，其中欧洲有 30 个国家，包括欧盟各成员国、土耳其和俄罗斯。亚洲有 8 个国家，包括中国、韩国、印度、印度尼西亚、马来西亚、越南、伊朗、哈萨克斯坦。美洲有 5 个国家，包括美国、加拿大（British Columbia 和 Nova Scotia 两省）、巴西、阿根廷和委内瑞拉。澳大利亚、新西兰和尼日利亚也规定了数据本地化。这些国家和地区对数据本地化的要求可分为以下几类：

1. 根据不同的数据控制者分别作出规定。一是政府等公共机构掌握的数据。如加拿大 British Columbia 和 Nova Scotia 两省规定，学校、医院、政府等公共机构掌握的个人信息应当在加拿大存储和处理；法国要求政府数据的处理使用本国云服务；荷兰规定公共档案必须存储在本国档案馆中；印度规定政府数据必须存储在本地数据中心，为政府机构提供服务的云计算服务商必须将数据存储在印度境内；印度尼西亚规定提供公共服务的电子系统运营者需要把数据中心和灾难恢复中心建立在本国境内；尼日利亚要求政府信息都必须存储在境内。二是对企业数据的本地化存储作出规定，主要包括企业自身数据（企业财务等特殊数据以及特殊行业企业的数据）和企业掌握的个人信息（瑞典、比利时、芬兰、巴西、印度）、商业信息（新西兰）、地图数据（韩国），电子商务、电子支付等企业的数据（印度尼西亚、土耳其、波兰、委内瑞拉），在线服务商如社交网站、游戏服务提供者、门户网站等企业的数据（越南规定在越南至少应当有一台服务器，以便根据政府的要求用于数据的监管、存储、提供），金融机构数据（瑞典、卢森堡）、媒体公司数据（希腊）、赌博公司数据（保加利亚、罗马尼亚、波兰，其中波兰规定存储在欧盟境内）、发送垃圾广告的企业的数据（越南）。

2. 对一般个人信息和特定个人信息分别作出规定。欧盟、土耳其、阿根廷、俄罗斯、伊朗、哈萨克斯坦、韩国规定个人信息的出境均需要受到限制。有的国家规定特定个人信息需要存储在境内，如德国规定通信元数据（包括通信当事人、时间、地点、方式）需要在德国境内存储，澳大利亚个人控制电子健康记录法规定个人健康记录信息需要在本国境内存储，印度规定个人敏感信息需要在本国境内存储。

3. 从立法形式可按照是否有专门立法进行区分。有的国家和地区在特定的个人信息保护法律中规定数据本地化，如马来西亚、俄罗斯、韩国的个人信息保护法，澳大利亚的个人控制电子健康记录法。有的则分散在其他法律中，如荷兰公共档案法，保加利亚赌博法等。有些国家是政府在行政管理中提出数据本地化要求，如丹麦数据保护机构在执法过程中多次认定，未使用标准合同条款情况下在非欧盟国家处理丹麦政府数据是违法的；美国一些州在政府采购方面对供应商提出了本地化存储的要求；2015 年，美国国防部规定为该部提供云服务的供应商应当将数据存储在美国境内。

另外，除了上述关于数据跨境流动的直接限制性规定，有关商品或服务进出口管制的法律法规也间接涉及数据跨境流动问题，例如密码出口管制、技术出口管制等。

二、允许数据出境的情形

考虑到数据跨境流动对国际交往的重要性，一些国家和地区对允许数据出境的情形作出了相应规定。卢森堡规定，金融机构要在境内处理信息，如果获得信息主体的明确同意也可以在境外处理；印度规定企业财务信息如果存储在境外，应当在印度存有备份。

2018 年实施的欧盟《通用数据保护条例》对数据跨境流动问题作了比较全面的规定，强调个人信息从欧盟向欧盟以外传输不得削弱对该个人信息的保护力度。《通用数据保护条例》规定了可以向欧盟以外传输个人信息的情形。

一是在获得充分保护认定基础上的传输。如果一国被欧盟认定为对个人信息提供了充分保护，则数据可以向该国传输，该制度也被称为“白名单制度”。评估保护水平的充分性时需要考虑的因素包括该国的法律制度、监管机构设置、参加国际公约情况等。对于被认定为提供充分保护的国家，至少每四年定期审查评估情况，如发现不再符合要求，可以取消对其认定。欧盟的该认定比较严格，目前只有新加坡、瑞士、乌拉圭、阿根廷、安道尔等十几个国家被列入“白名单”。

二是受到适当保障的传输。对于未被列入“白名单”的国家的企业等数据控制者或处理者，在满足以下条件之一的情况下，也可以进行数据跨境传输：（1）其所在国与欧盟达成数据传输方面的协议；（2）采用欧盟委员会通过（或成员国通过但经欧盟委员会批准）的标准数据保护条款；（3）遵守有关协会或机构编写且经欧盟监管机构批准的行为准则以及数据控制者、处理者自身关于数据保护的承诺。

三是通过“有约束力的公司规则”进行跨境传输。“有约束力的公司规则”主要是为了方便企业集团或跨国公司及其雇员内部的数据跨境传输。“有约束力的公司规则”由企业集团或跨国公司制定，经监管部门批准后有效。内容应当包括受规则约束的所有成员组织结构和详细信息，普遍数据保护原则以及详细的数据传输内容，如个人信息种类、处理方式、处理目的以及受影响的数据主体种类等。“有约束力的公司规则”强调数据控制者、处理者对数据的保护责任，确保数据跨境传输的安全。

四是特定情况下的例外。包括数据主体的知情同意，为履行数据主体与控制者之间的合同或先合同义务，为履行控制者与他人订立的符合数据主体利益的合同，基于欧盟或成员国认可的公共利益需要，基于法定请求权的确立、行使和抗辩，在数据主体无法作出同意表示的情况下为了数据主体的重要利益进行传输，在法律允许范围内为公众提供查询。

另外，《通用数据保护条例》还规定了兜底条款，符合以下条件也可以进行跨境传输：（1）仅涉及有限主体的非重复传输；（2）数据控制者追求的利益令人信服；（3）不与数据主体的权利相冲突；（4）控制者对传输环境进行安全评估且采取适当保护措施。

三、数据跨境流动的国际合作措施

为解决美欧之间数据跨境流动问题，2000 年美国与欧盟达成“安全港框架协议”，美国企业可以自愿加入“安全港框架协议”，承诺遵守相关原则和履行相关义务，包括通知原则、选择原则、连续转移原则、安全原则、资料完整原则、获取原则、执行原则，欧盟数据监管机构不再对加入安全港的企业实行事先审批限制，从而确保这些企业进行数据跨境传输。2013 年的“棱镜门事件”引发各国对美国数据安全的担忧和不满。2015 年欧洲法院在 Schrems 一案中认定欧盟委员会2000 年通过的认可欧美“安全港框架协议”的决定无效。经过谈判磋商，2016 年，美国和欧盟达成“隐私盾框架协议”，该协议被认为是“安全港框架协议”的升级版，强化了美方义务，增加了以国家安全为目的的数据跨境传输的规范；并规定美国应当向欧盟递交书面声明，确保规范行政机关的执法行为，为欧盟公民维护自身合法权益提供高效、低成本的纠纷解决途径等。

联合国、经济合作与发展组织、非盟等全球性或地区性组织都有涉及隐私和数据流动政策的公约或文件，有的地区性组织还鼓励非本地区的成员国加入其公约，尽管许多政策尚处于初期发展阶段，且大多缺乏强制约束力，但也有些政策确立的原则被广泛认可和接受，对未来普遍性国际规则的形成将产生重要影响。

数据跨境流动问题逐渐成为国际贸易谈判和贸易规则的重要内容。跨太平洋伙伴关系协定确立了新的平衡隐私保护和贸易自由的规则，该规则将来很有可能被其他国际贸易条约所采用。包括美国、欧盟、日本在内的 50 多个国家和地区签署的服务贸易协定旨在消除服务贸易壁垒，该协定内容保密，但联合国有关机构推测其很可能包含数据跨境流动条款。

一些国家和地区个人信息保护机构介绍

个人信息保护机构对于个人信息保护法律的实施十分重要，是个人信息保护立法核心问题之一。从各国和地区的立法看，个人信息保护机构的设置可分为三种模式：（1）成立独立的个人信息保护专门机构，欧盟及其成员国、日本、韩国等采取此种模式；（2）指定由政府某一部门作为个人信息保护机构或在部门下设个人信息保护机构，俄罗斯和新加坡采取此种模式；（3）实行跨领域的执法机构加各行业监管部门的执法体制，美国采取此种模式。现将一些国家和地区的个人信息保护机构情况介绍如下：

一、欧盟及其成员国

1. 欧盟。1995 年《个人数据保护指令》要求在欧盟层面和成员国层面设立专门的数据保护机构。欧盟成立了欧洲数据保护监督机构和第 29 条工作组分别负责欧盟自身机构和其他领域的个人信息保护。其中，欧洲数据保护监督机构的主要职责包括：负责数据保护指令在欧盟相关机构内实施；向欧洲议会、欧盟理事会、欧盟委员会提供咨询；对外交流与合作。第 29 条工作组是根据指令第 29 条规定建立的“在个人数据处理中保护个人的工作组”，是一个独立的咨询机构，主要任务是向欧盟委员会提供专家意见、促进指令在所有欧盟成员国的一致性应用。

在成员国层面，各成员国都成立了数据保护的专门机构，如英国内阁设立了信息专员办公室，法国总统府设立了国家信息与自由委员会，德国联邦议会设立了联邦数据保护与信息自由保护专员办公室等。主要职责包括：在拟定涉及保护个人数据处理中个人权利的行政措施和规定时，提供咨询；对个人信息处理行为进行审计和调查；暂停特定的数据处理活动；封存、删除或销毁违法收集的个人数据；对违法行为提出警告、建议或进行处罚和制裁等。

2016 年，欧盟通过的《通用数据保护条例》（2018 年 5 月 25 日生效）规定，在欧盟层面成立由各成员国数据监管机构的负责人以及欧洲数据保护监督机构的负责人或其代表组成的欧洲数据保护委员会（EDPB），取代了原第 29 条工作组，其主要职责是确保《通用数据保护条例》在欧盟境内的统一适用，包括：向欧盟委员会提出关于个人数据保护的相关建议；对数据控制者、处理者和监管者之间信息交流的形式和程序提出建议；发布实施《通用数据保护条例》的指南、参考和最佳实践；发布数据控制者履行报告和通知义务、数据传输标准、向非欧盟国家或组织传输个人数据的例外情况的指南、参考和最佳实践；为成员国监管部门行使监管权限和行政处罚提供指南；鼓励建立数据保护认证机制、进行认证机构的鉴定和定期评审；向欧盟委员会提供关于第三国或国际组织能否对个人数据提供充分性保护的意见；促进成员国监管机构之间的信息共享、经验和人才交流等。同时，《通用数据保护条例》要求各成员国都要设立数据保护监督机构，行使包括数据泄露案件、现场检查在内的数据处理业务的监督职权。为保证监管的协调统一性，《通用数据保护条例》采取了一站式监管机制，规定数据控制者、处理者主营业场所所在国的监管机构作为主监管机构，其监管效力适用于整个欧盟地区，如果其他成员国对此提出异议，则交由欧洲数据保护委员会处理。

除欧洲数据保护委员会（EDPB）外，欧盟还依据《欧盟机构个人数据保护条例》（EU2018/1725）成立了欧洲数据保护局（EDPS），主要职责包括：监督欧盟机构的个人数据保护，对违法处理个人数据的欧盟机构进行处罚；就涉及个人数据保护相关立法事宜向欧盟提供建议；就有关个人数据保护案件向欧盟法院提供专业意见；评估可能影响个人数据保护的新技术等。在实际工作中，欧洲数据保护委员会和欧洲数据保护监管局有着紧密的联系，之间的合作通过备忘录的形式进行了确定，如为欧洲数据保护委员会提供行政、后勤、内外交往支持的秘书处设立在欧洲数据保护监管局，秘书处的工作人员也隶属于欧洲数据保护监管局，但仅在欧洲数据保护委员会主席的指示下工作。

2. 德国。根据《联邦个人数据保护法》，德国设立了联邦数据保护与信息自由保护专员办公室，作为联邦层面的个人信息保护的独立监督机构，直接由联邦议会领导。联邦数据保护专员由联邦议会选举产生，任期 5 年，主要负责监督联邦公共机构[①]对《联邦个人数据保护法》和其他数据保护规定的执行情况，并且可以延伸至通信、邮政通讯、通讯隐私等领域。联邦保护专员具有很强的独立性，不得兼职，只受联邦政府的法律监督，而不受事务监督，免职条件比照终身任职法官的免职规定，联邦数据保护专员的工作人员的任命、调职、委派等都需要数据保护专员的同意。近年来，数据保护专员的职权呈现出不断扩大的趋势，主要包括：接受投诉并开展调查，被调查的公共部门必须配合数据保护专员履行其职责，答复专员的问题并提供相关的文件；如果发现联邦公共机构违反了《联邦个人数据保护法》和其他数据保护条款的规定时，数据保护专员可直接提起诉讼；向联邦议会提交行动报告，汇报在数据保护方面的重要发展；向联邦政府和公共部门提出改善数据保护的建议等。除联邦数据保护专员外，德国的 16 个州也设置了州一级的数据保护监管机关，负责监督州一级公共机构和私营机构有关数据保护规定的执行情况，主要职权包括：定期公布

---

① 《联邦个人数据保护法》第二条规定，联邦公共机构指联邦行政机关、司法机关和其他联邦公法机构以及联邦国有公司、各种基金会和协会等。

行动报告；发现违反数据保护法的行为，告知数据主体并向负责起诉和处罚的机关报告；对需要进行强制登记的自动化处理交易进行登记；指派监督人员进行现场检查和核实；采取措施纠正私营机构违法行为或者违规行为，可以禁止私营机构收集、处理或者使用个人数据；免除不具备履职资格的数据保护官的职务；应欧盟其他成员国的请求提供协助等。

3. 法国。根据《信息技术、数据文件和公民自由法》（Information Technology, Data Files and Civil Liberties），法国成立国家信息与自由委员会作为隐私和个人数据保护方面的独立、专门的行政机关。委员会由 17 名成员构成，多数由其所属的议会或辖区推选产生，委员会在成员范围内选举主席，并确保在选举过程中不受任何其他部门的干扰。主要职责包括：接收公民提出的清除网上个人数据、拒绝商务邮件以及个人数据更新等投诉；向涉及数据保护的产品或流程颁发许可证；对数据控制者进行事后监管，包括有权检查法国境内视频监控系统，对违法行为可作出警告、罚款、勒令停止、撤销授权等措施；规范个人数据在欧盟以外的公司间传输的“约束公司规则”的发展；对政府可能影响数据保护的立法草案提出意见；宣传和教育等。

二、美国

美国没有设立统一的个人信息保护机构，而是采取了一种综合管理模式。其中，联邦贸易委员会作为消费者权益保护机构，对美国大部分商业实体隐私保护相关事宜具有管辖权，并有权在特定领域，如电话营销、商业电子邮件和儿童隐私等领域内，发布和执行隐私条例。联邦贸易委员会负责隐私执法的具体部门是 2006 年在消费者保护局下成立的隐私和身份保护部，其通过政策、规则制定，采取多种执法手段来保护消费者的个人信息，主要包括：通过执法行动要求企业采取切实的措施纠正违法行为；要求企业执行全面的隐私和安全计划；要求企业聘请独立专家进行定期评估；要求企业删除非法获取的用户信息；要求企业向用户提供明确的通知和选择机制；要求违法企业对用户进行赔偿；对企业的违法行为进行处罚等。联邦贸易委员会已经采取多项执法行动，处理了大量的隐私和数据安全案件。

除联邦贸易委员会外，通信行业、金融服务等多个领域的相关行业主管部门有权发布和执行隐私条例，如联邦通信委员会作为通信监管机构，可依照

《通信法》的授权，针对电信运营商涉及个人信息保护的市场活动实施监管。根据2016年美国商务部和欧盟委员会通过的《隐私盾框架》，商务部国际贸易管理局享有对自愿加入隐私盾的美国企业的个人信息保护自我声明予以审查以及开展定期合规评估的权利，交通运输部有权对航空业等交通运输领域自愿参加隐私盾的美国企业履行个人信息保护义务进行监督、作出处罚和制裁。根据《多德·弗兰克华尔街改革和消费者保护法》，美联储下设的金融消费者保护局，对提供信用卡、抵押贷款等消费者金融产品及服务的金融机构实施监管，保护包括用户个人信息安全在内的金融消费者权益。

三、日本

根据2015年《个人信息保护法修正案》的规定，日本成立了专门的个人信息保护委员会，作为独立的个人信息保护机构对商业经营者的个人信息处理活动实施统一监管，从而改变了过去由行业主管部门分别负责本行业个人信息保护工作的监管模式。个人信息保护委员会的主要职责包括：制定个人信息保护基本方针；监督个人信息和匿名化信息的处理，包括进行指导、提出建议，要求企业提交报告，或者进行现场调查等；对个人信息保护的民间团体进行认证；对可能存在个人信息泄露风险、需要进行自我评估的政府机关，规定评估内容和程序并批准评估报告；接受用户投诉并进行调解；向国会报告委员会工作情况，进行必要的调查、研究等。个人信息保护委员会直接对首相负责，该委员会由1名主席和8名委员组成，其中主席和4名委员为全职人员，其余4名委员为兼职，任期5年，主席掌管委员会规则和程序，并对外代表委员会。

对行政机关的个人信息处理活动，主要由总务省依据《行政机关个人信息保护法》进行监管。依据该法，行政机关处理个人信息前应向总务大臣报送以下事项：个人信息文件的名称、该行政机关以及负责处理个人信息文件的组织的名称、处理目的、个人信息文件所记录的项目、个人信息的收集方法、向第三方提供个人信息的有关记录、受理个人行使相关权利的组织的名称和地址等。上述事项如发生变更的，也应向总务大臣报送。总务大臣可要求行政机关每一年度就有关个人信息保护的实施情况提交报告，汇总并公布报告概要。此外，总务大臣认为有必要的，可要求行政机关就处理个人信息的有关情况提供资料和说明，向行政机关提出意见。

四、韩国

根据《个人信息保护法》的规定，韩国专门设立了直属于总统的个人信息保护委员会，由 1 名委员长、1 名常任委员和非常任委员组成。其中，委员长由总统从非公务员中选任，常任委员被任命为公务员，委员由总统在相关人员中任命或委任。委员会的地位高于各部委并独立行使职权，但委员会主要定位于拟定政策，审议和通过个人信息保护事项的决议。在委员会的指导下，由内政部统一负责政府部门和非政府部门个人信息保护的监管。其主要职责包括：制定和实施与个人信息保护相关的基础计划；制定个人信息保护相关的政策、法规、制度；协调公共机构、非公共机构对个人信息的管理；解释法规等。此外，根据《个人信息保护法》的规定，韩国还成立了个人信息纠纷调解委员会，负责处理个人信息保护相关纠纷。

五、俄罗斯

俄罗斯由联邦通信和大众传媒部负责个人信息保护工作，该部门成立于 2008 年，是俄罗斯联邦政府的组成部门之一，受总理领导，监管范围涵盖电信、大众传媒、信息技术和邮政行业。联邦通信和大众传媒部下设俄罗斯联邦通信、信息技术与大众传媒监督局，负责电子媒体、大众通信和信息通信等方面的监管，同时基于上述职责也负责个人信息保护执法活动。主要职责包括：要求处理人更正、封存或销毁不真实或以非法途径取得的个人信息；向法院起诉以保护信息主体的权力；对违法行为主体作出行政处罚，涉嫌犯罪的移送相关司法机关处理等。

六、新加坡

根据《个人数据保护法》的规定，新加坡成立了个人数据保护委员会，该委员会是通信信息部的分支机构，设在信息媒体发展局下，是通信信息部用来监督个人信息保护事项，起草相关政策的机构。委员会的主要职责包括：颁发法律指引、对法律进行解释；审查与数据保护规则有关的企业行为；对争议进行调解；对企业违法行为作出相应决定并可申请法院强制执行，包括要求停止违法收集、使用或者披露数据的活动，要求企业销毁违法取得的数据，对违法企业及其高管人员进行罚款等。该委员会下设由三人组成的领导小组和数据保护咨询委员会，前者负责执法等日常管理工作，后者主要是向个人数据保护委员会提出与审查、实施个人数据保护框架问题相关的建议。

七、中国香港特别行政区

根据1995年《个人资料（私隐）条例》的规定，我国香港特区成立了个人资料私隐专员公署，负责公共领域和私营领域的个人信息保护。公署以私隐专员为首，私隐专员任期5年，由特别行政区行政长官委任，负责推广、监管条例的实施，副私隐专员和下设的行政部、法律部、执行部等负责协助私隐专员。公署的主要职责包括：接受法律援助申请，对所投诉的个案进行调查；对隐私风险显著的领域采取主动调查措施；颁布指引推动条例的实施；加强宣传和教育，促进社会各界全面参与隐私保护工作等。

八、中国澳门特别行政区

根据2005年《个人资料保护法》的规定，我国澳门特区成立了个人资料保护办公室，在特别行政区行政长官的监督下独立运作，由一名主任和一名副主任组成，均由行政长官定期委任。办公室的主要职责包括：颁布规范性指引；接收个人资料处理的通知并登记；审批许可申请；接受个人资料保护方面的投诉和举报，对违法行为进行调查和处罚；开展宣传教育和国际交流等。

美国《公平信用报告法》的主要内容

市场经济是信用经济，市场主体的信用状况对评估风险、确定价格、达成交易、履行合同发挥着关键作用。美国较早建立了信用报告制度，信用报告公司通过多种途径收集公民信息制作信用报告，提供给债权人、雇主、银行、保险公司等作为决策参考。不准确的信用报告会导致公民在信用消费和就业等方面遭受不公平对待，过度收集个人信息还会侵害公民隐私权。美国《公平信用报告法》对信用报告制度作出了规定，现将主要内容简介如下：

一、《公平信用报告法》的出台背景

信用报告制度是美国信用体系的重要组成部分，是指信用报告机构提供的有关消费者信用状况、消费特点或生活方式的信息，信用报告可以是口头和书面等多种形式。20 世纪 60 年代以来，计算机的广泛应用使信息收集和加工能力大幅提升，信用报告机构对个人信息的掌握更加全面，信用报告对经济运行的重要性更加凸显。据报道，信用报告机构掌握着全美上亿张信用卡的消费信息，90% 的美国公民成为信用报告机构收集信息的范围。如何确保信用报告的准确性、公平性以及保护公民隐私权，成为美国社会关注的问题。

1970 年，美国制定了《公平信用报告法》，规范信息提供者、信用报告机构和信用报告的使用者。《公平信用报告法》后来又经过多次修改，目前美国与征信管理相关的法律多达十几部，包括《公平信用报告法》《公平债务催收作业法》《平等信用机会法》《公平信用结账法》《诚实租借法》《信用卡发行法》《公平信用和贷记卡公开法》《社区再投资法》《信用修复机构法》等，其中《公平信用报告法》是整个征信法律体系的基础和关键。

二、信用报告的内容

信用报告机构会尽可能收集公民的各种信息，并对这些信息进行加工、存储，形成信用档案，主要包括以下信息：一是信用主体的身份识别信息，包含姓名、曾用名、当前及过去的地址、社会保险号、出生日期及电话号码。二是信用交易账户信息，即授信机构在该消费者名下报送的信贷账户信息，通常包含账户类型、账户开立和关闭的日期、信用额度或贷款额、还款日期、账户是否处于逾期或催收状态、账户余额等。三是公共记录信息，主要是指有金融性质的公共记录信息，包含破产、司法判决和联邦及州的税务信息等。四是催收信息，即第三方催收机构代表放贷机构报送的催收账户信息。五是信用主体本人要求添加的各种声明信息，如安全冻结声明、兵役冻结声明、欺诈示警声明以及针对档案中某个账户内容或整个档案的其他声明信息。

信用档案是信用报告机构内部存储的信息，信用报告是信用报告机构根据信用档案制作的、向第三方提供的信息，并非所有的信用档案信息都体现在信用报告中。根据《公平信用报告法》的规定，仅发生在信用报告机构与消费者之间的交易或往来信息，以及共有产权人之间或同一公司控制的下属机构之间传达的信息，不纳入信用报告。信用报告机构为雇佣用途提供的信用报告中不包含信用主体的信用评分、出生日期以及其他敏感信息。

《公平信用报告法》还对信用报告收录消费者的不利信息和负面信息予以限制。禁止将个人超过十年的破产信息以及超过七年的其他不利信息收录在报告中，但犯罪记录信息可能无限期地保留。严格限制医疗信息纳入信用报告，医疗信息在某些情况下也可以包含在报告中，但信用报告机构和债权人须遵守法律法规规定的程序和条件。

三、信息提供人、信用报告机构和信用报告使用人义务

1. 信息提供人的义务

拥有消费者金融活动相关信息的人可以将其与消费者之间的交易信息提供给信用报告机构，但信息提供人需承担特定义务：一是确保所提供信息的准确性的义务。如果信息提供人知道或有合理理由相信信息不准确，不得提供此类信息。二是向信息主体本人报告负面信息的义务。如果信息提供人向信用报告机构提供了信息主体的负面信息，信息提供人必须以书面形式通知信息主体本人。三是调查、修改不完整、不准确的信息。当信息提供人接到关于信息完整性、准确性异议的通知时，必须在规定的时间内进行调查并将调查结果向消费者报告，如果发现该信息是不完整或不准确的，必须将该调查结果向所有由其曾提供此信息的消费者报告机构进行报告，并提供修改后的准确信息。

2. 信用报告机构的义务

信用报告机构是指以营利或非营利目的，日常专职或兼职地从事收集或评估消费者信用信息或其他有关信息，以向第三人提供报告的任何人。美国主要有三家全国性的征信公司，分别是 Experian、Equifax 和 TransUnion。信用报告机构主要承担以下义务：

一是确保信息的准确性。信用报告机构应当遵守合理程序以确保报告所涉之人信息最大限度的准确性。在制作用于就业目的的信用报告时，信用报告机构还必须采取严格的程序确保可能对信息主体获得聘用产生不良影响的信息是完整的、最新的。

二是向消费者提供其掌握的该消费者的信用档案。如果消费者对其信用档

案中信息的准确性和完整性有异议，消费者报告机构有义务采取合理的调查措施。

三是只能将信用报告提供给特定的人。信用报告机构只有在以下情形中提供信用报告：(1) 根据法院的指令。(2) 应消费者本人请求。(3) 信用报告机构向其有理由相信符合下列情形的人提供：与消费者交易时涉及对其信用进行核查、评定或增信，出于雇佣目的（需要经信用主体书面同意），意在用于涉及消费者的保险业务，意在用于决定消费者获得某一执照以及其他由政府机关给予的利益的资格，潜在的投资者、服务商或者当前的承保人意在使用该信息评估当前的信用或预付款风险，其他对该信息有合法的商业需求的情形。(4) 应州或地方儿童抚养执行机构的要求。(5) 在特定情况下向联邦储蓄保险公司或者全国信用联盟管理局提供。

四是信用报告机构必须要求报告使用者证明其身份及信用报告的合法使用目的，并且不会将报告用于其他目的。信用报告机构应当在向新用户提供报告之前尽最大合理的努力证实新用户的身份及其使用目的。如果信用报告机构有理由相信报告不被用于本法规定的目的，不得向其提供报告。

3. 信用报告使用人的义务

信用报告使用人包括信用卡公司、保险公司、雇主、收债代理机构和政府机构等。除了需要严格按照法定目的使用信用报告外，信用报告使用人还应承担下列义务：

一是告知义务。信用报告使用人如果根据信用报告作出对消费者不利的决定，必须以口头、书面或者电子形式通知消费者，通知中必须包含提供此报告的消费者报告机构的姓名、地址、电话号码等信息。如果某一信用评分被用于作出对消费者不利的决定，信用报告使用人还需为消费者提供书面或者电子版本的信用评分记录，该记录须包括信用评分的范围，影响评分的因素，评分创建时期和信用评分的提供者。

二是雇主使用信用报告需要符合更严格的条件，包括获得信息主体的书面同意，告知消费者其信用报告将如何被使用，不滥用信用报告，在决定解雇或不雇佣该人的情况下为该人提供一份信用报告并给予该人针对信用报告中的信息提出异议的机会。

四、消费者享有的权利

《公平信用报告法》规定的消费者权利主要包括以下内容。

一是查询权。消费者提供适当的身份证明，每年可以要求全国性的信用报告机构提供一次信用档案中的任何信息，信用报告机构应在15天内免费提供信用报告副本。有以下情形之一的，消费者也可以免费从信用报告机构获得该信用报告：信用报告被用以作出对消费者不利的决定；信用报告中的信息不准确、消费者处于失业状态且计划在60天内寻找工作；消费者依靠社会福利生活。

二是知情权。消费者有权知道上一年度谁在申请查看自己的信用报告，以及过去两年内与就业有关的信用报告的被查询情况。如果信用报告被用来做出对信用主体不利的决定，消费者也有权知悉。如果有公司根据该信用报告做出了对消费者不利的决定，例如拒绝为其提供贷款等，那么该公司必须告知提供该信用报告的机构的名称、地址和联系方式。

三是要求删除或修改的权利。消费者如果认为自己信用报告中的信息是不完整或不准确的，有权向信用报告机构提出异议，信用报告机构必须对此进行调查。对于确属不完整、不准确的信息，有权要求信用报告机构删除或修改，信用报告机构应在三十天内予以删除或修改。

四是获得信用评分的权利。信用评分是利用信息报告中的信息通过计算得出一个数字，数字越高代表授予消费者信用的风险越小。个人有权向消费者报告机构提出此种请求，但该请求可能需要付费。

五是企业未经消费者同意向消费者发出信用卡和保险要约，其中必须包含免费电话以供消费者拨打，消费者可以通过拨打电话联系提供保险或信用卡的商家从名单中移除其个人姓名和地址。

六是冻结信用记录的权利。消费者可以要求信用报告机构冻结自己的信用报告，未经本人同意不得向第三人提供。

七是获得损害赔偿的权利。如果信息提供者、信用报告机构、信用报告使用人违反了《公平信用报告法》的有关规定，消费者可以请求赔偿。

五、对完善个人信息保护制度的启示

《公平信用报告法》试图平衡个人信息利用和保护之间的关系。一方面适当限制信用报告的适用范围，强化信息提供者、信用报告机构和信用报告者使用者的义务，另一方面赋予消费者更多的权利，包括知情权、更正权、通知权等，以及信息收集、加工和利用者的义务。《公平信用报告法》确立的信息主体的权利成为个人信息保护制度中的基本规则，我国2012年通过的《征信业管理条例》也有类似规定，2018年实施的欧盟《通用数据保护条例》规定的许多内容也仍然是对这些权利的进一步加强和完善。

需要指出的是，由于市场经济运行对信用报告的高度依赖，这意味着《公平信用报告法》必须在照顾到对个人信息利用需要的基础上完善个人信息保护措施。赋予信息主体知情权、更正权、删除权等权利尽管有利于加强对个人信息的保护，但这些更多的是程序性权利，难以从根本上防止对信息的非法使用。另外，即便法律赋予了消费者冻结个人信用记录的权利，但消费者也很难真正去行使该权利，因为冻结信用记录可能会导致申请信用卡、申请贷款、购买商业保险等遭到拒绝，极大地影响本人正常参与经济社会活动。在法律实施过程中，基于言论自由、经营自由等理念，法院对《公平信用报告法》中一些灵活性或模糊性条文的理解也倾向于保护信息利用而非个人的隐私权。

在目前普遍采用的“知情—同意”规则难以充分保护个人信息安全的情况下，如何进一步完善法律制度，平衡好信息利用和隐私保护，是各国个人信息保护立法都面临的核心难题，也是我国个人信息保护立法中需要重点研究的问题。

欧盟《关于非个人数据自由流动的框架条例》介绍

一直以来，欧盟高度重视数据自由流动对确保统一数字市场的作用，《通用数据保护条例》已经对个人数据的共享和转移等问题作了规定。针对非个人数据，欧盟颁布了《关于非个人数据自由流动的框架条例》（以下简称《条例》）及其适用指南，对限制非个人数据处理本地化、鼓励出台非个人数据转移行业准则和强化主管部门跨境调取非个人数据等问题作出了规定。现将主要内容简介如下：

一、关于《条例》的适用范围

《条例》主要适用于商业和跨境执法领域的非个人数据流动，与《通用数据保护条例》相衔接，共同为欧盟境内的数据流动提供法律依据。《条例》规定的非个人数据与《通用数据保护条例》规定的个人数据相对应，是指与自然人无关的各类数据，如工业生产数据和不可恢复的匿名数据等。条例不涉及市场主体之间处理非个人数据的权利义务，相关问题由市场主体自主决定。

考虑到实践中处理的数据以个人数据和非个人数据组成的“混合数据”为主，针对这类数据，《条例》明确适用于可分割的“混合数据”中的非个人数据部分；《通用数据保护条例》适用个人数据部分和不可分割的“混合数据”。关于“不可分割”的标准，《条例》和《通用数据保护条例》未作规定，由企业根据实际情况自行判断；但考虑到数据分割的技术难度和由此带来的经营成本，多数情况下企业倾向于按照《通用数据保护条例》处理混合数据的相关业务。

二、关于对非个人数据处理本地化的限制

《条例》规定，除因公共安全保留和主管部门临时采取的措施外，禁止成员国以任何方式要求非个人数据处理本地化，如限制数据存储地、对数据处理格式和设备实施国别认证等。成员国应及时修改涉及数据处理本地化的法律法规，并向欧盟委员会通报基于公共安全保留的本地化措施，经委员会审批后及时公开。《条例》实施后新增的本地化措施和超过180天的临时措施应及时向欧盟委员会通报并接受审查。

三、关于制定非个人数据转移的行业准则

考虑到大量数据转移对服务商成本的影响，以及非个人数据用户自行迁移数据的能力，《条例》未对非个人数据迁移作直接规定，而是鼓励数据服务行业在欧盟层面出台数据转移的自律准则，以市场化方式促进非个人数据流动的便利化。《条例》提出，制定行业准则应考虑三方面的因素：一是行业内的最佳实践，二是确保专业用户在数据服务合同订立前能够获得数据转移所必要的

技术细节等相关信息，三是探索建立数据服务商评价机制，为用户选择服务商提供参考。

四、关于主管部门跨境调取非个人数据

《条例》规定，主管部门按照法定职责要求调取非个人数据时，数据的所有人和服务商等相关主体不得以数据存储在其他成员国为由拒绝提供。主管部门有权处罚拒绝履行义务的主体，同时有权对在不同成员国转移数据逃避调查的主体采取临时措施，要求其固定数据存储地。此外，《条例》为成员国开展非个人数据领域的执法合作提供了新的渠道，尚未建立数据执法合作的成员国之间可通过《条例》规定的联络渠道提交针对非个人数据的执法协助请求。

附录三

民法典中关于个人信息保护的有关规定

第一百一十一条　自然人的个人信息受法律保护。任何组织或者个人需要获取他人个人信息的，应当依法取得并确保信息安全，不得非法收集、使用、加工、传输他人个人信息，不得非法买卖、提供或者公开他人个人信息。

第一千零三十二条　自然人享有隐私权。任何组织或者个人不得以刺探、侵扰、泄露、公开等方式侵害他人的隐私权。

隐私是自然人的私人生活安宁和不愿为他人知晓的私密空间、私密活动、私密信息。

第一千零三十三条　除法律另有规定或者权利人明确同意外，任何组织或者个人不得实施下列行为：

（一）以电话、短信、即时通讯工具、电子邮件、传单等方式侵扰他人的私人生活安宁；

（二）进入、拍摄、窥视他人的住宅、宾馆房间等私密空间；

（三）拍摄、窥视、窃听、公开他人的私密活动；

（四）拍摄、窥视他人身体的私密部位；

（五）处理他人的私密信息；

（六）以其他方式侵害他人的隐私权。

第一千零三十四条　自然人的个人信息受法律保护。

个人信息是以电子或者其他方式记录的能够单独或者与其他信息结合识别特定自然人的各种信息，包括自然人的姓名、出生日期、身份证件号码、生物识别信息、住址、电话号码、电子邮箱、健康信息、行踪信息等。

个人信息中的私密信息，适用有关隐私权的规定；没有规定的，适用有关个人信息保护的规定。

第一千零三十五条　处理个人信息的，应当遵循合法、正当、必要原则，不得过度处理，并符合下列条件：

（一）征得该自然人或者其监护人同意，但是法律、行政法规另有规定的除外；

（二）公开处理信息的规则；

（三）明示处理信息的目的、方式和范围；

（四）不违反法律、行政法规的规定和双方的约定。

个人信息的处理包括个人信息的收集、存储、使用、加工、传输、提供、公开等。

第一千零三十六条 处理个人信息，有下列情形之一的，行为人不承担民事责任：

（一）在该自然人或者其监护人同意的范围内合理实施的行为；

（二）合理处理该自然人自行公开的或者其他已经合法公开的信息，但是该自然人明确拒绝或者处理该信息侵害其重大利益的除外；

（三）为维护公共利益或者该自然人合法权益，合理实施的其他行为。

第一千零三十七条 自然人可以依法向信息处理者查阅或者复制其个人信息；发现信息有错误的，有权提出异议并请求及时采取更正等必要措施。

自然人发现信息处理者违反法律、行政法规的规定或者双方的约定处理其个人信息的，有权请求信息处理者及时删除。

第一千零三十八条 信息处理者不得泄露或者篡改其收集、存储的个人信息；未经自然人同意，不得向他人非法提供其个人信息，但是经过加工无法识别特定个人且不能复原的除外。

信息处理者应当采取技术措施和其他必要措施，确保其收集、存储的个人信息安全，防止信息泄露、篡改、丢失；发生或者可能发生个人信息泄露、篡改、丢失的，应当及时采取补救措施，按照规定告知自然人并向有关主管部门报告。

第一千零三十九条 国家机关、承担行政职能的法定机构及其工作人员对于履行职责过程中知悉的自然人的隐私和个人信息，应当予以保密，不得泄露或者向他人非法提供。

刑法中关于个人信息保护的有关规定

第二百五十三条之一 违反国家有关规定，向他人出售或者提供公民个人信息，情节严重的，处三年以下有期徒刑或者拘役，并处或者单处罚金；情节特别严重的，处三年以上七年以下有期徒刑，并处罚金。

违反国家有关规定，将在履行职责或者提供服务过程中获得的公民个人信息，出售或者提供给他人的，依照前款的规定从重处罚。

窃取或者以其他方法非法获取公民个人信息的，依照第一款的规定处罚。

单位犯前三款罪的，对单位判处罚金，并对其直接负责的主管人员和其他直接责任人员，依照各该款的规定处罚。